Knaur.

Im Knaur Taschenbuch Verlag ist bereits folgendes Buch der Autorin erschienen:
Spanien

Über die Autorin:
Carmen Rohrbach wuchs in der DDR auf, studierte in Greifswald und Leipzig Biologie und arbeitet heute als Reiseschriftstellerin, Kinderbuchautorin und Dokumentarfilmerin. Sie promovierte am Max-Planck-Institut in Seewiesen bei München, erhielt dort den Forschungsauftrag, das Leben der Meerechsen auf den Galapagosinseln zu dokumentieren. Über ihre abenteuerlichen Reisen nach Südamerika, Afrika, Asien und Arabien hat sie mehrere Bücher verfasst, u. a. *Jacobsweg – Wandern auf dem Himmelspfad, Muscheln am Weg* und *Im Reich der Königin von Saba.*

Carmen Rohrbach

Solange ich atme

Meine dramatische Flucht über die Ostsee
ans Ende der Welt – ein Lebensbericht

Knaur Taschenbuch Verlag

Besuchen Sie uns im Internet:
www.knaur.de

Vollständige Taschenbuchausgabe März 2005
Knaur Taschenbuch.
Ein Unternehmen der Droemerschen Verlagsanstalt
Th. Knaur Nachf. GmbH & Co. KG, München

Umschlaggestaltung: ZERO Werbeagentur, München
Umschlagabbildung: Frederking & Thaler
Satz: Ventura Publisher im Verlag
Druck und Bindung: Nørhaven Paperback A/S
Printed in Denmark
ISBN 978-3-426-77772-5

2 4 5 3

Inhaltsverzeichnis

Aufbruch

Es ist so weit. Ein letzter Blick aus dem Fenster. Menschenleer sind die Straßen. Bald ist es Mitternacht, und Jürgen wird mich abholen. Ich ziehe die Wohnungstür hinter mir zu. Sie fällt mit einem trockenen Klicken ins Schloss – wie immer. Irritiert verharre ich einen Moment. Es müsste doch anders klingen: unabänderlich, endgültig.

Den Fahrstuhl benutze ich nicht. Er ist oft defekt. Jetzt will ich nicht stecken bleiben. Langsam steige ich die Stufen vom 7. Stock hinab, gehe am Treppenfenster vorbei. Dahinter liegt dunkel die Nacht. In der Ecke hängt ein altes Spinnennetz. Es fängt nur noch grauen Staub.

Ich stoße die Haustür auf, die metallisch in ihren Angeln quietscht, und trete hinaus. Draußen empfängt mich eine laue Sommernacht. Es ist August. Über mir ein funkelnder Sternenhimmel. Ein heißes Glücksgefühl durchflutet mich. Alles Schwere ist wie fortgeweht. Ich werfe meine Arme mit einem Jauchzen in die Höhe und möchte fliegen. Frei sein. Ohne Mauern. Ohne Grenzen.

Ich warte auf dem Parkplatz hinter dem Hochhaus. Die glimmenden Bogenlampen lassen die Dunkelheit noch schwärzer erscheinen. Wieder schaue ich auf die Uhr. Beide Zeiger stehen auf zwölf. Jürgen müsste jetzt kommen. Vor einem Monat noch dachte ich nicht an Flucht. Zwar wollte ich die Welt kennen lernen, Expeditionen in ferne Länder unternehmen, den Himalaya und die Anden erkunden, Wälder und Wüsten durchqueren, auf die höchsten Berge klettern und in die tiefsten Meere tauchen. Von Feuerland bis Kamtschatka, von der Arktis bis zur Antarktis, die ganze runde Erde gehörte mir – in meiner Fantasie.

Als mich Jürgen eines Tages mit gedämpfter Stimme fragte: »Kommst du mit? Ich habe einen Fluchtplan«, war ich wie elektrisiert.

Wir saßen in Grüns Weinstuben, und ich starrte ihn an. Flüchten? Plötzlich entrollte sich mein Leben wie ein Film, der in eine Entwicklerlösung getaucht wird. Von einer Sekunde auf die andere wusste ich: Flucht ist der einzige Ausweg.

Jürgen beobachtete mich und sagte: »Du musst dich nicht sofort entscheiden. Nimm dir Zeit, alles abzuwägen. Nächste Woche treffen wir uns wieder.«

Ich schwieg, wollte in Ruhe nachdenken, vor allem über meine Beziehung zu ihm. Bisher hatte ich nicht daran gedacht, mit Jürgen zusammenzubleiben.

Im Mai vor drei Monaten, bei der theoretischen Schulung der Tauchsportler, hatte ich ihn kennen gelernt. Ich war neu in der Gruppe. Die Tür öffnete sich, und ein attraktiver Mann betrat den Raum, der von den Tauchschülern wie ein Filmstar begrüßt wurde.

»Wer ist denn das?«, fragte ich das Mädchen neben mir in der Bank.

»Unser Jürgen!«, erkärte sie mit verzücktem Lächeln.

»Ja und? Was macht er?«

»Jürgen ist unser Ausbilder. Nächste Woche fahren wir mit ihm ins Tauchlager. Himmlisch!«

Mit federnden Schritten durchquerte Jürgen den Raum, postierte sich vorn am Lehrerpult, breitete die Arme aus und lächelte. Angeber! Der sieht viel zu gut aus, um echt zu sein. So einen Typ kannte ich nur aus dem Kino. Die Haare sonnenblond, wie vom Sturm zerzaust. Die Augen blau blitzend, verwegen und erfolgsgewohnt. Ein sinnlicher Mund.

Ich war mir sicher, dass seine Ausstrahlung bei mir nicht zünden würde, und das glaubte ich auch noch, als ich mit ins Tauchlager fuhr. Amüsiert beobachtete ich, wie er von den Mädchen umschwärmt wurde. Nicht lange und er wandte sich mir zu; ich tat, als merkte ich es nicht, und verhielt mich betont kameradschaftlich.

Aber ich hatte ihn unterschätzt, er ging auf mein Spiel ein. Nach einer Woche im Tauchlager trafen wir uns öfter in Grüns Weinstuben, und von einem Mal zum andern musste ich mich mehr anstrengen, die Balance zwischen Freundschaft und Zuneigung aufrechtzuhalten.

Autoscheinwerfer zerschneiden die Dunkelheit, blenden meine Augen. Der Wagen bremst hart neben mir. Jürgen drückt die Beifahrertür auf, ich steige ein und setze mich neben ihn. Mehr als »Hallo!« bringe ich nicht hervor, meine Kehle ist wie zugeschnürt.

Gepäck habe ich keines dabei. Alles, was ich brauche, haben wir schon Tage zuvor eingepackt. Jürgen fährt sofort los, wie nebenbei fragt er: »Na, aufgeregt?«

Ich schüttle den Kopf. Nein, aufgeregt bin ich nicht. Es ist etwas anderes, wie ein Feuer, das in mir brennt. Ich gehe fort und kehre nie mehr zurück. Was es bedeutet, dass ich für immer meine Heimat verlasse, kann ich nicht wirklich begreifen, denn mich hat ein glücklicher Taumel erfasst. Beflügelt schwebe ich empor, immer höher, der Sonne entgegen, und tausend Schmetterlinge tanzen in meiner Brust. Endlich frei!

Wir fahren durch die Nacht. Noch einmal erlebe ich die letzten Stunden vor meinem Aufbruch.

Hoch über Halle-Neustadt liegt mein Zimmer im 7. Stock einer Plattensiedlung. Ich öffne das Fenster und beuge mich weit hinaus. Tief unten plätschert eintönig ein Springbrunnen. Unaufhörlich steigt und sinkt das Wasser, ohne Entrinnen kreist es in dem geschlossenen Rohrsystem. Heute aber tönt selbst der Springbrunnen anders für mich – verheißungsvoll.

Die Falllinie des Hochhauses wirkt verführerisch auf mich, wie eine Klippe am Meer, ein freier Raum zwischen Himmel und Erde. Als ich vor einem halben Jahr hier einzog, hatte ich hinuntergeblickt in die Tiefe auf die glatten Betonplatten. Ein kurzer Ruck, ein entschlossener Schritt. War das der Ausweg?

Ich lehne mich mit dem Rücken ans offene Fenster und betrachte das Zimmer zum letzten Mal. Noch habe ich Zeit. Erst in der Nacht werde ich weggehen. Die Strahlen der Nachmittagssonne fallen schräg durch das Fenster auf das Aquarium. Goldgrün leuchtet das Wasser, und geheimnisvoll schimmert die eingeschlossene Wasserwelt. Gleich verzauberten Wesen schweben Molche auf und nieder. In einer Baugrube des Neubauviertels hatte ich sie entdeckt. Ein rotbäuchiger Molch lässt sich nach oben treiben, schnappt Luft und sinkt langsam zurück zwischen die Wasserpflanzen. Es wird Zeit, die Tiere freizulassen.

Ich webe an einem Erinnerungsbild, das ich über den Abschied hinaus bewahren will. Als habe dieses Zimmer eine Bedeutung für mich, präge ich mir seinen Anblick unlöschbar ein und kann doch nicht ergründen, was es heißt: »Das siehst du nie wieder.«

Meine Gedanken sind seltsam klar, aber wie Schwalben schwirren sie aufgeregt durcheinander. So muss sich jemand fühlen, der zum Tode verurteilt ist. Tatsächlich, was ich vorhabe, ist lebensgefährlich. Um mich abzulenken, verwandle ich die Gedankensplitter in laut gesprochene Worte: Ich gehe weg! Für immer! Ich verlasse alle Menschen, die ich liebe. Alle und alles sehe ich nie wieder!

Doch Flucht ist nicht nur ein Weglaufen, sondern auch ein Ankommen. Dieses Ziel, zum Greifen nah und dennoch in weiter Ferne, steht vor meinen Augen, und deswegen fühle ich mich bei aller Bedrängnis glücklich. Meine Begierde, endlich aufzubrechen in die Ferne, ist größer als die Furcht vor dem Unbekannten und größer sogar als die Angst, dabei zu sterben. Dennoch quälen mich Gewissensbisse, verlasse ich doch Eltern und Geschwister, die nichts von meinem Vorhaben ahnen.

Immer schon ist die Außenwelt nur mit gedämpftem Geräusch in mein Bewusstsein gedrungen. In meinem Innern wuchert die Welt der Geschichten und Gestalten, der Wünsche und Hoffnungen, die die Wirklichkeit verblassen lassen und die Fantasie beflügeln. So hat mich das Wort »Mongolei« nach Halle gelockt und mir an der Universität eine Stelle verschafft. Nachdem ich in Leipzig mein Diplom in Biologie erhalten hatte, verwarf ich alle Angebote, denn ich stellte mir meine zukünftige Tätigkeit völlig anders vor. Meine Kommilitonen dagegen hatten keine Probleme, die ihnen zugewiesene Arbeit anzunehmen, und tauchten unter in den Kombinaten, Forschungsanstalten, Instituten. Ich blieb allein zurück in Leipzig. Das, was ich wollte, gab es nicht, dennoch suchte ich unentwegt danach. Eines Tages las ich den Bericht von Wissenschaftlern der Uni Halle über ihre Forschungsarbeiten in der Mongolei. Mein Herz schlug schneller. Mongolei! Unerreichbar fern war dieses weite Land der Steppen, Berge und Wüsten, und doch begleitete es mich seit meiner Kindheit, seit ich die Bücher von Sven Hedin gelesen hatte.

Ich rief in Halle an und bat um einen Termin. Das war ungewöhnlich, niemand konnte sich selbst um eine Stelle bemühen. Ich verstieß gegen die Regeln und bekam trotzdem mein Vorstellungsgespräch. Wenn du etwas wirklich willst, erreichst du es auch, fühlte ich mich bestätigt. Meine Genugtuung über den Anfangserfolg verwandelte sich schnell in Niedergeschlagenheit.

»Tut uns Leid, eine nächste Forschungsreise in die Mongolei ist zwar geplant, aber Sie können daran nicht teilnehmen.«

»Warum nicht?«, begehrte ich auf und pries meine Fähigkeiten, erklärte, wie ich mich seit Jahren durch intensives Training auf eine Expedition vorbereitet hatte, betonte, dass ich reiten, tauchen, klettern, schießen und natürlich Tiere bestimmen und präparieren könne.

»Sie mögen bestens geeignet sein, aber das spielt hier keine Rolle, leider«, sagte einer der drei Wissenschaftler der Institutsleitung, die mir gegenübersaßen, »denn die Teilnehmer werden nicht von uns bestimmt, sondern …« Er hob den Daumen. Eine Geste, die andeuten sollte: Es wird oben, ganz oben entschieden, von der Partei.

»Mag sein«, entgegnete ich, »aber Sie schlagen doch die Kandidaten vor. Sie treffen doch die Vorauswahl.«

»Das schon, wir wählen zwar die Wissenschaftler aus, aber ob sie dann fahren können, hängt vom Ministerium für Staatssicherheit ab.«

»Es könnte ja plötzlich jemand ausfallen, vielleicht krank werden.«

»Das würde Ihnen auch nichts nützen«, antwortete mir der Präparator Piechockie. »Die Expeditionsteilnehmer sind von unserer Regierung und von der Regierung der Mongolei bestätigt worden. Es hat Monate gedauert, bis jeder seinen Reisepass hatte. Da kann niemand als Ersatz einspringen. Wir dürfen Ihnen keine Hoffnungen machen. Nicht einmal eine Stelle als Diplombiologin können wir Ihnen anbieten.«

»Warum haben Sie mich dann überhaupt zum Gespräch eingeladen?«, fragte ich niedergeschlagen.

»Sie hatten doch um einen Termin gebeten. Wir waren neugierig, wer sich da unaufgefordert meldet, deshalb haben wir uns für Sie Zeit genommen.«

»Na schön«, resignierte ich. »Danke! Dann geh ich eben wieder.«

»Warten Sie, wir hätten vielleicht doch etwas für Sie. Unser Entomologe braucht jemanden, der seine Insektensammlung sortiert. Allerdings ist es eine Hilfsassistentenstelle, weit unter Ihrer Qualifikation. Es wäre auch nur vorübergehend; wir wollen Ihnen nur helfen, bis Sie eine Ihrer Ausbildung gemäße Anstellung finden.«

Die entomologische Abteilung empfand ich als ein seltsames Zwischenreich. Ein stiller Winkel abseits des Universitätsbetriebes. Der Entomologe arbeitet dort allein für sich. Tag für Tag spießt er Insekten auf Nadeln, steckt sie akkurat nebeneinander in Kästen, malt sorgfältig Buchstaben auf Namensschildchen und füllt Gift in Röhrchen, um die kostbaren Insekten vor Schädlingen zu schützen. Geduldig weicht er vertrocknete Schmetterlinge zwischen Petrischalen in feuchter Luft auf, bis er ihre Flügel auf dem Streckbrett spreizen kann. Die Insekten waren in Brasilien gesammelt worden, allerdings schon vor mehr als hundert Jahren. Wegen der großen Ausbeute hatte man noch nicht alle Tiere bestimmen, präparieren und sie in die bis zur Decke reichenden Eichenschränke ordnen können.

Fahrt nach Norden

Manchmal überholen wir einen Lastwagen, dann liegt die Autobahn wieder leer vor uns, ein endloses Förderband. Die Nacht steht wie eine Mauer, nur die Scheinwerfer unseres Wagens stanzen Lichtkegel in die Dunkelheit. Mir scheint, als sähe ich immer das gleiche Stück Asphalt, als bewegten wir uns nicht vorwärts.

Jürgen umklammert das Lenkrad, und verwundert entdecke ich, dass seine Fingerknöchel weiß hervortreten. Warum verkrampft er sich so? Starr blickt er geradeaus; im blassen Streulicht der Scheinwerfer erscheint mir sein Profil kalt, wie eingefroren. Nur die Kiefermuskeln zucken unablässig, als würde er mit den Zähnen einen unsichtbaren Feind zermalmen.

Warum der Aufbruch in der Nacht, als sei unsere Flucht ein kindliches Abenteuer? Ich finde es unnötig, unsere Kräfte so früh durch eine Nachtfahrt zu strapazieren. Jürgen will dem Risiko einer Kontrolle ausweichen. Dabei fällt ein Auto nachts doch eher auf, meine ich. Überhaupt Kontrolle! Weswegen sollte man uns verdächtigen? Es ist doch völlig harmlos, im August in Urlaub an die Ostsee zu fahren. Jürgen beharrt aber auf seiner Meinung, und ich diskutiere nicht weiter, weil ich denke, er braucht die Fahrt durch die Nacht, um unserer Flucht eine aufregende Note zu geben.

Das Summen der Reifen auf dem Asphalt schläfert mich ein. Ich kurble das Fenster herunter. Der Fahrtwind erfrischt meine vor Müdigkeit brennenden Augen. Es zieht aber zu sehr, ich muss das Fenster wieder schließen und schaue nach vorn auf die leere Autobahn. Dabei denke ich an die Fotos im Familienalbum – als ich das letzte Mal zu Hause war, habe ich mir die Bilder eingeprägt, eine Erinnerung für die Zukunft.

Ein Foto zeigte meinen Vater, sportlich gekleidet mit den damals modischen Knickerbockerhosen. Auf dem Rücken trug er einen Weidenkorb, in dem ich saß. Ein pausbäckiges Kind mit blonden Locken, das lachend die Hände ausstreckte, als wollte es auf etwas zeigen oder etwas festhalten.

Die Idee, mich in den Korb zu setzen, stammte bestimmt von meinem Vater. So konnte er mich querfeldein tragen und war nicht an Wege gebunden, wie mit einem Kinderwagen.

Der Ausflug im Weidenkorb ist meine früheste Erinnerung. Es war im Mai 1950, und ich war zwei Jahre alt. Im Korb auf dem Rücken meines Vaters, von seinen Schritten sanft geschaukelt, nahm ich zum ersten Mal bewusst meine Umwelt wahr. Ein warmer Wind streichelte mich an jenem sonnigen Maitag. Und plötzlich war es, als würde ein Vorhang vor mir weggezogen und – ich sah! Zuerst den Himmel, blau war er und weit, so weit und fern. Dann die Felder, bunt mit Mohn und Kornblumen zwischen den Ähren. Und dort, wo Felder und Himmel aufeinander stießen, dorthin wollte ich. In diese Ferne und immer weiter. Ich spürte den Drang schon damals. Hinaus in die Welt! Die geheimnisvolle Linie zwischen Himmel und Erde zog mich unwiderstehlich an. Von Anfang an wollte ich mehr, als möglich schien. Niemals hat mich diese Sehnsucht verlassen. Als mein Bewusstsein erwachte, war sie schon da.

Sollte ich wirklich erst zwei Jahre alt gewesen sein, fragte ich mich beim Betrachten der Fotos verwundert. Die Beschriftung im Album beweist es, aber ich kann doch unmöglich schon so klar gesehen und gedacht haben? Auch kann ein zweijähriges Kind noch nicht Mohn von Kornblumen unterscheiden. Den Widerspruch erkläre ich mir damit, dass ich das, was ich damals fühlte, erst später mit Wissen füllte.

Als ich, das erste von vier Kindern, im Sommer 1948 geboren wurde, war meine Mutter 23 Jahre alt. Es ist ein seltsames Unterfangen, sich die Eltern jung vorzustellen.

Auf den Jugendbildern trug meine Mutter noch ihre hüftlangen Zöpfe. Die Schwarz-Weiß-Aufnahmen zeigen es nicht, aber sie hatte haselnussbraune Haare mit einem Goldschimmer und blaue Augen, die erwartungsvoll in die Zukunft blickten. Ihren mädchenhaften Charme hat sie bis heute behalten.

Als jüngste von zwei Töchtern war sie das Küken im Nest. Mein Opa, Bruno Barchmann, sah in meinem Vater nicht nur den Mann, der ihm seine Lieblingstochter wegnahm, er zweifelte auch, ob dieser Fantast und Träumer fähig war, eine Familie zu ernähren. Dennoch stimmte er der Ehe seiner Tochter mit meinem Vater zu, denn die Auswahl an Männern war gering – nur wenige waren aus dem Krieg zurückgekehrt.

Meine Eltern hätten sich ohne den Krieg nie kennen gelernt. Meine Mutter ging mit ihrer Schwester Brunhild zum Tanzen, und mein Vater, in ihrem Heimatort Bischofswerda, 30 Kilometer östlich von Dresden, stationiert, sah sie, tanzte mit ihr und – verliebte sich.

Mit weicher Stimme erzählte mir mein Vater von dieser ersten Begegnung. Stets verlieh er ihr einen romantischen Glanz. Sofort hatte er gefühlt, das Mädchen mit den himmelklaren Augen, dem goldschimmernden Haar und dem glockenhellen Lachen war für ihn bestimmt. Liebe auf den ersten Blick. Die große Liebe für immer und ewig. Das vorbestimmte Schicksal.

Ich lauschte andächtig und malte mir in der Fantasie meine Bilder dazu. Bis meine Mutter ärgerlich rief: »Mann, hör endlich auf! Das stimmt nie und nimmer. Alles nur schöne Märchen, oder glaubst du wirklich, was du dir da ausdenkst?«

Dann schaute Vater sie mit seinen dunklen Augen an, ein wenig verstört, als habe sie ihn eben geweckt. Für meinen Vater wurde wahr, woran er glaubte.

Mit dem Krieg aber hatte sich mein Vater geirrt. Der Krieg war nicht das wunderbare Abenteuer, dem er entgegengefiebert hatte. Er war noch ein Schuljunge, erst 17 Jahre alt, und wollte sich als Mann bewähren. In einem Flugzeug sitzen und fliegen, das wünschte sich mein Vater, und ein Held wollte er sein. Vor allem aber seinem strengen Vater entfliehen, dem Rentmeister auf Gut Neudeck in Schlesien.

Vaters Wunsch erfüllte sich, er wurde Pilot. Ob er Bomben abgeworfen hatte, erfuhr ich nicht. Als er seine Ausbildung beendet hatte, gab es kaum noch Flugzeuge, sagte er ausweichend. Wie eindringlich ich auch immer fragte, vom Krieg sprach er nur ungern. Es sei furchtbar gewesen, so schrecklich, dass er es mir gar nicht beschreiben könne. Nie mehr dürfe sich so etwas wiederholen. Niemals mehr Krieg! Krieg sei das schlimmste aller Verbrechen, lehrte er mich.

Als die Alliierten von Westen her vorrückten, kam er zu einer Panzereinheit in die Niederlande. Den Panzer, in dem er eingezwängt hockte, traf eine Granate. Der Krieg war zu Ende für meinen Vater, und fast auch sein Leben. Er erwachte aus unermesslicher Dunkelheit, als sich ein Mädchen, eine Niederländerin, über ihn beugte. Ihr Gesicht blieb ihm im Gedächtnis wie das eines Engels.

An dieser Stelle unterbrach ich ihn immer und fragte. »Vati, warum hast du das Mädchen nicht gesucht, als du wieder gesund warst?«

Er aber schüttelte den Kopf: »Warum? Ich liebte doch deine Mutti.«

»Aber das holländische Mädchen hat dich gerettet! Bestimmt wartet sie noch immer auf dich!«, sagte ich und wünschte mir, ich sei dieses Mädchen, dann würde ich ihn suchen. Ich wollte so gern, dass mein Vater glücklich war. Er aber reagierte auf meinen inbrünstigen Redeschwall mit Schweigen, dann wusste ich, dass ich still sein musste.

Schwer verwundet, den Körper von Granatsplittern zerrissen, kam er in englische Gefangenschaft nach Edinburgh in ein schottisches Krankenhaus. Der Chirurg dort habe ihm das Leben gerettet, ihn zusammengeflickt, erzählte er mir. Ein Jahr lang konnte er sich nicht bewegen, lernte mühsam wieder laufen, blieb an Körper und Seele gezeichnet vom Krieg.

Aus dem Krankenhaus entlassen, kehrte er nach Deutschland zurück. Seine Eltern und die drei Schwestern, denen die Flucht aus Schlesien gelungen war, fand er durch den Suchdienst des Roten Kreuzes in Lübeck. Sie alle hatten überlebt. Nur wenigen Familien in Deutschland war es vergönnt, keine Angehörigen im Krieg zu verlieren. Die Familien meiner Mutter und meines Vaters wurden mit diesem Wunder beschenkt. Die Angehörigen meines Vaters, die auf der Flucht Station in Dresden gemacht hatten, erreichten den letzten Zug, der vor dem großen Bombenangriff aus der Stadt hinausfuhr.

Flüchtlinge waren sie nun und hausten zu fünft in zwei winzigen Zimmern in Lübeck. Das einst so herrische und jähzornige Familienoberhaupt, mein Opa August, suchte gebrochen Zuflucht im Schweigen. Die vier Frauen – meine Oma Maria und meine drei Tanten – sorgten für das Überleben und erhofften sich vom heimgekehrten Sohn und Bruder tatkräftige Unterstützung. Mein Vater aber, inzwischen 26 Jahre alt, wollte heiraten – nicht gerade vernünftig in dem Chaos der Nachkriegszeit.

Jugend und Gesundheit waren durch den Krieg für immer verloren. Er hatte weder das Gymnasium beendet noch einen Beruf erlernt. Was sollte aus ihm werden? Es scheint unverständlich, dass sich ein Mensch in einer so ungewissen Situation noch mit einer Familie belastet. Aber gerade diese Verantwortung brauchte mein Vater, um sein Leben in den Griff zu bekommen, ja um es überhaupt erst zu beginnen. Er brauchte eine Frau, für die er sorgen konnte, er musste eine Familie gründen und so seinem Leben einen Sinn geben. Er wählte ein naives und anpassungsfähiges Mädchen, das weniger vom Leben wusste als er selbst.

Ich schaue auf mein Handgelenk: Eine Stunde erst sind wir unterwegs. Mindestens fünf Stunden Fahrt liegen noch vor uns, bis wir die Küste erreichen. Ich bin müde.

»Jürgen, fahr doch auf einen Parkplatz und lass uns eine Runde schlafen«, bitte ich.

»Wir dürfen nicht auffallen. Parkplätze werden kontrolliert. Wenn sie das Schlauchboot und die Taucheranzüge im Kofferraum entdecken, sind wir geliefert. Dann ist unsere Flucht zu Ende, bevor sie überhaupt begonnen hat, und wir wandern in den Knast.«

Ich halte seine Vorsicht für übertrieben. Während meiner Studienzeit in Greifswald bin ich mit Sportfreunden regelmäßig zum Tauchen an die Ostsee gefahren. Nie gab es Probleme, ja wir haben nicht einmal daran gedacht, dass es welche geben könnte. Wir waren völlig unbekümmert, fühlten uns frei und unbeobachtet, deshalb belächle ich Jürgens Vorsicht und halte sie für einen Tick, mit dem er sich wichtig macht. Da ich Spannungen vermeiden will, schweige ich lieber.

Schlafen, während er fährt, will ich aber auf keinen Fall. Ich möchte den gleichen Anteil an unserer Flucht tragen und nicht die schwächere Partnerin sein. Erneut kurble ich das Fenster herunter. Die frische Kühle vertreibt die Müdigkeit. Meine Augen blicken wieder klar in die Dunkelheit, und ich setze meine Reise in die Vergangenheit fort. Ich will verstehen, warum mir kein anderer Weg als die Flucht bleibt. Warum lasse ich mich auf dieses lebensgefährliche Abenteuer ein? Was war und ist so schlimm, dass ich fliehen muss? Eigentlich habe ich gar keinen Grund. Ich gehöre zu dem Teil der Jugend, der im Sinne des Staates erzogen wurde und immer privilegiert war. Mir ging es gut, besser als vielen anderen. Ich durfte die erweiterte Oberschule besuchen, das Abitur machen. Danach studierte ich auf Staatskosten und bekam zusätzlich noch ein Stipendium, sogar das Studienfach konnte ich frei wählen. Was treibt mich dazu, alles aufs Spiel zu setzen, mein Land zu verlassen, Eltern, Geschwister und Freunde nie wiederzusehen, ins Ungewisse aufzubrechen? Wer soll das verstehen?

Ich balle meine Hände zu Fäusten und blicke durch das Autofenster hinaus in die Nacht. Selbst wenn ich die Flucht nicht überlebe – ich werde es dennoch tun. Besser sterben, als so weiterleben wie bisher. Der Schlüssel für unser Handeln liegt immer in der Vergangenheit, denke ich.

Meine Eltern heirateten 1947. Das junge Paar hätte damals ohne weiteres in die Westzone nach Lübeck zur Familie meines Vaters ziehen können. Meine Mutter aber hing an ihrer Heimat und an ihren Eltern. Sie wollte bleiben, und meinem Vater war es vielleicht recht so. Er hoffte, sein Schwiegervater würde ihm helfen und eine Arbeit vermitteln.

Mein Opa Bruno, ein strebsamer Mann, hatte sich aus einfachsten Verhältnissen emporgearbeitet. Nach einer kaufmännischen Lehre wurde er Buchhalter, dann Prokurist und schließlich Direktor von Ostglas, der bedeutendsten Glasfabrik Sachsens. Bruno war ein Phänomen. Weder unter den Nazis noch unter den Kommunisten war er Parteimitglied, behielt in beiden Regimen aber seine leitende Position.

Wenn er am Morgen aufstand, schaute er – noch bevor er sich die Zähne putzte – aus dem Fenster und prüfte, ob die beiden Schornsteine der Glasfabrik noch in den Himmel ragten. Dann atmete er tief durch und sagte mit einem glücklichen Seufzer: »Gott sei Dank! Nichts passiert!«

Ich kicherte: »Aber Opa, was soll denn passieren?«

»Alles kann passieren. Was weißt du denn schon!«

Er litt immer unter der Vorstellung, bei Produktionsausfällen und Katastrophen der Sabotage bezichtigt zu werden, damals nicht selten das Todesurteil.

Ich dachte, mein Opa spiele eine dümmliche Posse. Noch vollkommen ahnungslos, glaubte ich an das Märchen von einem gerechten und menschlichen Staat, der uns das Paradies auf Erden schenkt. Mein Opa aber lebte in ständiger Angst, die sein Leben verbitterte. Gern hätte er die Verantwortung abgegeben, und als er das Rentenalter erreichte, trat er sofort von seinem Posten zurück. »Keine Stunde länger nehme ich diese furchtbare Last auf mich«, sagte er müde.

Mein Vater hatte sich getäuscht. Opa Bruno dachte nicht daran, dem ungeliebten Schwiegersohn zu helfen. Meine Eltern fanden dann in Bautzen, nur 20 Kilometer vom Heimatort meiner Mutter entfernt, eine Wohnung. Zur gleichen Zeit wurde eine Stelle dort im Standesamt frei, und Vater begann vor den Brautpaaren ergreifende Reden zu halten. Regelmäßig brachen die Hochzeitsgesellschaften in Tränen aus.

Aber die Arbeit befriedigte ihn nicht, denn mein Vater fühlte sich zum Dichter berufen. Als er in Schottland ein Jahr im Krankenhaus lag, füllte er ein Heft mit Gedichten und Geschichten. In dem linierten, in dunkelblaues Packpapier gebundenen Schreibheft steht auf der ersten Seite mit verzierten Buchstaben in Schönschrift: »Dichtung und Wahrheit«.

Obwohl ich noch sehr klein war, vielleicht drei oder vier Jahre alt, kann ich mich erinnern: Mutter warf Vater vor, statt zu dichten solle er sich lieber um die Familie kümmern. In seiner Wut und Enttäuschung nahm Vater sein Buch aus dem Schrank und strich Seite um Seite kreuzweise durch, so heftig, dass oft das Papier eingerissen ist. Noch bevor er es ins Feuer werfen konnte, schnappte ich mir das Heft, versteckte es und gab meine Beute nie mehr heraus. Noch heute besitze ich das blaue Heft als Andenken an meinen Vater. Den Streit der Eltern verstand ich damals nicht; er überdauerte die Jahre.

Meine Mutter war nicht anspruchsvoll. Sie freute sich auch über kleine Dinge und passte sich bereitwillig allen äußeren Gegebenheiten an. Ihre große Stärke war und ist ihr Humor, dabei amüsiert sie sich besonders gern über ihre eigenen Schwächen und Fehler.

Ihr Wunsch war es, ein bürgerliches Heim aufzubauen mit einem Partner an der Seite, der mit ihr zusammen »den Karren aus dem Dreck zieht«, wie sie zu sagen pflegte. Ihr Ideal war ein Mann, der für die Familie alles tut und für die anderen wenig. Mein Vater aber tat das Gegenteil.

Genügsam bis zur Selbstaufgabe, waren seine materiellen Bedürfnisse gering. Äußerlichkeiten interessierten ihn kaum. Welche Kleidung er trug oder was er aß, bekümmerte ihn nicht, wenn es nur überhaupt etwas gab. Er schätzte schöne Gegenstände, musste sie aber nicht besitzen, um glücklich zu sein. Was er stattdessen nötig hatte wie die Luft zum Atmen, waren Ideen, Ideale, Illusionen – Träume.

Meine Mutter verzweifelte an diesem Mann. Noch immer klingen mir ihre Klagen in den Ohren: »Wovon sollen wir nur leben? Deine Luftschlösser ernähren uns nicht! Kümmere dich doch endlich um deine Familie!«

Mein Vater aber wollte lieber etwas für die Menschheit tun. »Was du nur hast, meine Liebe! Wir verhungern doch nicht. Bis jetzt hat das Essen noch immer gereicht. Übrigens, der Mensch lebt nicht von Brot allein, geistige Nahrung ist genauso wichtig.«

»Du Spinner!«, rief dann meine Mutter erregt.

»Kleingeist«, konterte mein Vater.

»Du Versager! Warum hast du dir eine Familie angeschafft? Nun sorge auch gefälligst für uns!«

Mein Vater raffte das Tischtuch zusammen mit allem, was darauf stand, und warf das Bündel aus dem Fenster. Klirrend und scheppernd schlug das Geschirr auf dem Pflaster auf. Entzückt blickte ich hinunter: alles kaputt! Überall Splitter! Das Tischtuch voller Essensreste. Das war für mich ein Heidenspaß, und ich bewunderte meinen Vater für seine entschlossene Tat. Er war mein Held. Wenn er meiner Mutter Widerstand leistete, freute ich mich insgeheim. Meine Gefühle versuchte ich zu verbergen, denn wehtun wollte ich Mutter nicht. Wenn sie weinte, kuschelte ich mich an sie und sagte: »Wir schicken Vati einfach weg. Wir kommen schon allein zurecht.«

Mein Plan stand fest: Solange ich klein war, wollte ich bei meiner Mutter bleiben und später meinem Vater in die weite Welt folgen. Er sollte ruhig schon mal vorausgehen und eine schöne Gegend für uns beide finden.

Ich erinnere mich, dass ich früh Mitleid für die Eltern empfand. War meine Mutter traurig, tat sie mir Leid. Es war ein kindliches Mitleiden, das schnell verging, sobald sie wieder fröhlich war. Ich spürte, sie war die Stärkere. Fest verwurzelt im Leben, konnte ihr nichts geschehen, und sie hatte ja mich, ihre Lebensaufgabe und ihren Lebenssinn.

Mit meinem Vater war das anders. Mein Mitleid für ihn kam aus einer mir unbekannten Tiefe. Ich sah ihn immer nah am Abgrund, mehr dem Tod zugeneigt als dem Leben. Sein Wesen war von einer dunklen Melancholie durchdrungen, die sich durch die Todeserfahrung im Krieg und die inneren und äußeren Verletzungen von Körper und Seele verstärkte.

Später, als meine Gefühle reiften und ich ihn hätte lieben können, trennte uns das Mitleid, das ich als Kind empfunden hatte. Wir standen uns nah, und doch hielt mich eine seltsame Scheu zurück.

Ich war überzeugt, dass meine Eltern nicht zusammenpassten, aber sie trennten sich nicht. Wie Antipoden, die sich gegenseitig bedingen, hingen sie aneinander. Meine Geschwister, die nach mir geboren sind, haben von den stürmischen Anfangsjahren kaum etwas gespürt. Der Kampf war entschieden. Gesiegt – jedenfalls von außen gesehen – hatte meine Mutter, denn zwingende Argumente waren auf ihrer Seite: vier Kinder, die versorgt werden mussten! Mein Vater fügte sich in den Alltag und zerschlug kein Geschirr mehr. Sein geheimer Sieg war die Flucht nach innen.

Vielleicht brauchte mein Vater aber gerade diese Frau und die Verantwortung für vier Kinder. Wir waren die Fesseln, die ihm die Erdhaftung gaben. Wir waren die Ketten, die ihn ans Leben banden. Was wäre sonst aus ihm geworden? Was hätte er mit der Freiheit angefangen? Wäre er stark genug gewesen, sie zu ertragen? Vielleicht fürchtete er, an der Freiheit zu scheitern? Lieber ertrug er den Alltag und träumte von der Freiheit.

Der Traum, der sich ihm nicht erfüllte, den fing ich auf, und wie ein Same keimte er in mir. Die Sehnsucht, frei zu sein, wegzugehen, anders zu leben als meine Eltern, pflanzte sich in meine Kinderseele. Mein Vater hat das nicht gewollt, und wahrscheinlich ist es ihm auch nicht bewusst geworden. Ohne es zu ahnen, lehrte er mich durch sein Beispiel, was man tun muss, wenn man frei sein will.

Weihnachtsgans mit Folgen

Jahrelang war ich der Meinung, ich sei in Bautzen geboren, denn dort wohnten meine Eltern mit mir bis zu meinem sechsten Lebensjahr. Meine Mutter war aber, als sich der Zeitpunkt meiner Geburt näherte, zu ihren Eltern gefahren und hatte mich in der Klinik von Bischofswerda zur Welt gebracht. Erst drei Wochen später kehrte sie wieder nach Bautzen zurück.

Als ich bei meinem letzten Besuch zu Hause das Fotoalbum durchblätterte, entdeckte ich verblüfft, dass ich getauft bin und sogar Paten hatte. Im neuen Zeitalter war Religion verpönt, die Taufe – ein Überbleibsel aus der Vergangenheit. Von Gott hörte ich nur in Redewendungen wie »Gott sei Dank« und »um Gottes willen«. Lange blieb mir verborgen, dass es Menschen gibt, die an einen Gott glauben. Religion existierte in meinem Umfeld nicht.

Die Fotos zeigen, dass ich aussah wie alle gesunden Babys. Auf die weißen Blätter des Albums notierte meine Mutter: »Von Tag zu Tag wirst du wilder. Ich habe meine liebe Not mit dir.« Die Eltern freuten sich über mein Gedeihen und vermerkten sorgfältig, wie viel ich zugenommen hatte. Meine Mutter war stolz auf meine molligen Arme und strammen Beine. Nur eine Sorge plagte sie: Meine Haare wuchsen nicht. Immer wieder bürstete sie den dünnen Flaum. Noch mit einem Jahr war mein Kopf kahl wie eine Billardkugel. »Wir haben dich aber trotzdem lieb«, schrieb sie unter das Bild. Schließlich erfüllte sich ihr Traum doch noch, blonde Locken kringelten sich.

Oft muss mich Langeweile geplagt haben, denn Mutter stöhnte, ich wolle ständig beschäftigt werden. Gern warf ich Spielsachen aus dem Gitterbett oder dem Laufstall und schrie dann so lange, bis die Eltern sich bückten und sie mir zurückgaben, worauf ich nichts Besseres zu tun hatte, als sie mit Schwung wieder ins Zimmer zu schleudern. Dann half nur der Schnuller, den sie mir in den Mund steckten, um mich endlich zu beruhigen. Der Schnuller wurde zum unentbehrlichen Tröster. Ich wollte ihn nicht aufgeben, selbst als ich kein Baby mehr war. Eines Tages spielte ich im Hof. Die Löcher im Gully erregten meine Neugier, ich schaute hinein. Unten gluckerte es geheimnisvoll. Wie meist hatte ich den Schnuller im Mund, den ich nun herausnahm und zur Probe über eines der Löcher hielt. Meine Mutter sah es und sagte: »Lass ihn los!«

»Nein, dann ist er weg«, entgegnete ich.

»Das macht nichts. Er kommt wieder hoch.«

Das konnte ich nicht glauben. Alle Gegenstände, die man losließ, fielen nach unten und blieben dort. Noch nie war es anders gewesen.

»Es stimmt! Dein Schnuller kommt wieder«, mischte sich nun auch die Nachbarin ein.

Meine Experimentierfreude erwachte. Ich ließ den Schnuller in den Gully fallen und wartete geduldig auf das Wunder. »Wie lange dauert es noch?«, fragte ich die Erwachsenen. »Er ist weg! Für immer weg! Du bist groß genug und brauchst keinen Schnuller mehr.«

Mein dummes, enttäuschtes Gesicht reizte die Erwachsenen zu Lachsalven. Er war wunderbar rosa gewesen, mein kostbarer Tröster. Wie konnten sie mich so anführen! Ich war weniger auf sie als vielmehr auf mich wütend. Hatte ich es nicht besser gewusst und ihnen dennoch geglaubt – das sollte mir nicht noch einmal passieren! Die Farbe Rosa lehnte ich von da an ab. Babyfarbe. Die Farbe für Dummheit und Gutgläubigkeit.

Opa Bruno ging stolz mit mir spazieren, genoss die Blicke der Passanten und ihre neugierigen Fragen nach dem Kind mit dem niedlichen Lockenköpfchen. Die Phase großväterlicher Herzlichkeit dauerte nur kurz. Bald war ich nicht mehr niedlich; ich wurde blass und dünn.

Meine Mutter nutzte jede Gelegenheit, ihre Eltern zu besuchen, auch als ihre wachsende Kinderschar von Bruno getadelt wurde. Seine Wehklagen haben sich mir unauslöschlich eingeprägt. Sobald wir wie die Wirbelwinde in seine wohl geordnete Häuslichkeit eindrangen, begann er zu jammern: »Oje, oje! Der Krach! Die Bagage kommt! Ach, ich Ärmster, ich bin zum Leiden geboren. Womit habe ich das verdient? Ach je!«

Gäbe es die Bilder nicht, ich würde nicht glauben, dass er mich einst liebevoll im Arm hielt. Für ihn war ich nur noch ein Teil der Bagage. Als ich drei Jahre alt war, wurde meine Schwester Marlis geboren. Schon im Aussehen war sie das Gegenteil von mir: die Haare dunkel, fast kohlrabenschwarz, eine braune Haut und katzengrüne Augen. Mohrle wurde sie von ihren Freundinnen genannt. Marlis umgab stets eine Schar gleichaltriger Mädchen. Als dann noch zwei Brüder hinzukamen, übernahm Marlis die Rolle und Pflichten der älteren Schwester, fuhr sie im Kinderwagen spazieren und erprobte sich als Erzieherin.

In Bautzen wohnten wir in der Thälmannstraße. Eine Altbauwohnung mit hohen Fenstern und geräumigem Flur, in dem ich Dreirad und Roller fuhr. Meine Eltern hatten sie mit Klavier und dunkelbraunen Möbeln, Spitzendecken und Rauchverzehrer bürgerlich eingerichtet.

Unsere Nachbarn waren die alten Hahns mit ihrer Tochter Gertraude, die Privatunterricht für Stenografie und Schreibmaschine gab. Die Hahns mochten mich, und ich war gern bei ihnen. Es roch dort köstlich nach Brot. Mich plagte ständig Hunger, ein Riesenhunger, dennoch konnte ich nichts essen. Das Mittagessen war das Schlimmste – eine Tortur. Kaum roch ich das Essen, kam schon der Brechreiz. Die Kehle schnürte sich mir zu, und ich stocherte mit Abscheu auf dem Teller herum. Meine Eltern verzweifelten schier. Sie versuchten es mit Güte, mit Bitten, mit Strenge. Nichts half, ich konnte das Essen nicht hinunterschlucken, obwohl mir der Magen vor Hunger knurrte.

Meine Essstörung hatte eine Gans ausgelöst. Es war Weihnachten 1951. Für den Festtagsschmaus erhielt meine Mutter von ihren Eltern eine gemästete Gans geschenkt. Sie bereitete einen Gänsebraten mit Rotkraut und grünen Klößen, eine Delikatesse in jener kargen Zeit, denn noch immer gab es Lebensmittelkarten und wenig Auswahl, kein Obst und kaum Gemüse. Alle lobten den schmackhaften Braten. Niemand achtete auf die Dreijährige, die sich den Bauch voll stopfte. Danach war ich lange krank. Die Ursache wurde nie geklärt, vielleicht eine Eiweißvergiftung? An die Krankheit kann ich mich nicht erinnern, aber mein Körper hat den feindlichen Angriff nicht vergessen. Noch heute kann ich keinen Gänsebraten riechen, ohne dass es mich würgt.

Ich hätte eine Diät gebraucht, um gesund zu werden, stattdessen versuchte Mutter, mich zu mästen, denn ich war erschreckend dürr. Ängstlich befühlte sie jeden Abend beim Waschen meine Rippen.

Bei Hahns aber gab es Brot. Altes Brot. Trockenes Brot – eine Wohltat für meinen malträtierten Magen. Neben der Brotschneidemaschine lagen die zu dünnen oder zu dicken Scheiben. Luftgetrocknet. Die durfte ich mir nehmen. Glücklich kaute ich darauf herum und schluckte sie bis auf den letzten Krümel hinunter. Mein ewig hungriger Magen hörte auf zu knurren. Das vertrocknete Brot rettete mich.

Aber ich bekam auch geistige Nahrung. Ich kletterte auf den Schoß von Onkel Hahn, wie ich ihn nannte, und wir sahen uns Bücher an über Afrika, Neuguinea und Südamerika. Immer wieder wollte ich die »wilden Menschen« sehen, ihre bemalten Gesichter und Körper, die Perlen und Federn, mit denen sie sich schmückten. Manche »Wilde« hatten tellergroße Scheiben in den Ohrläppchen und Holzstücke in den Lippen.

Die Bilder erweckten meine Fantasie. Bald wollte ich wissen, ob es diese Menschen wirklich gab und wo?

Onkel Hahn meinte: »Wenn du groß bist, kannst du sie besuchen.«

Gläubig schaute ich ihn an und nickte: »Ja, das werde ich tun, ganz gewiss.«

Auf dem Gelände

Die Hahns gingen regelmäßig ins Theater und Konzert, liebten die Natur, wanderten gern und waren Freunde der Freikörperkultur. Mit Gleichgesinnten hatten sie Land gepachtet, eine von Wald umgebene Wiese, die sie »das Gelände« nannten. Während des Sommers trafen sich hier die Sonnenfreunde, jung und alt, Kinder und Großeltern. Bald gehörten auch meine Eltern zu diesem Kreis. In gemeinschaftlicher Arbeit bauten sie Hütten zum Übernachten, eine Spielwiese und ein Schwimmbecken.

Den weiten Weg aus der Stadt zu dem am Berghang gelegenen »Gelände« legten wir mit voll gepackten Fahrrädern zurück. Ein Auto besaß damals keiner. Die Fahrradtour über Feldwege, bewachsen mit bunten Sommerblumen, erhöhte die Vorfreude. Auf dem »Gelände« angekommen, warfen wir als Erstes die Kleider von uns, und sie wurden bis zur Abfahrt nicht mehr angezogen. Nackt sein, das hieß vollkommen frei sein von den Zwängen und der Enge des Alltags. Für mich war es ein sinnliches Erlebnis, die Frische des Morgens, die Hitze des Mittags und die Kühle des Abends auf meiner Haut zu spüren. Sie wurde zu einem sensiblen Sinnesorgan, das selbst den leisesten Windhauch auffing.

Wir spielten auf der Wiese, gruppierten uns zu Volleyball- und Handballmannschaften, veranstalteten im Schwimmbecken Wettkämpfe und Piratenüberfälle, feierten Sommerfeste, improvisierten Theater- und Kabarettauftritte, jeder abwechselnd als Zuschauer und Schauspieler. Die Gruppe Gleichgesinnter gab dem Einzelnen Geborgenheit.

Als Minderheit, die sich von der Allgemeinheit abgesondert hatte, waren wir nur wenige, aber wir waren stark. Zwar wurde unser Tun von der Mehrheit nicht gebilligt, aber sie konnte es uns auch nicht verbieten. Für ein Kind ist es wunderbar, einer verschworenen Gemeinschaft anzugehören.

Nur auf dem »Gelände« war Nacktsein erlaubt. Andere Menschen, die nicht zu uns gehörten, fanden unsere Körperfreiheit abstoßend und verwerflich. Eines Tages besuchte uns ein vornehmer Herr in unserer Wohnung in der Thälmann-Straße. Meine Mutter kochte Kaffee in der Küche. Um den Gast zu unterhalten, zeigte ich ihm stolz unsere Fotoalben. Als er die idyllischen Sommerbilder vom »Gelände« mit den vielen Nackten sah, erstarrte er. Wortlos stand er auf und verließ grußlos die Wohnung. Soweit ich mich erinnern kann, hat er uns nie wieder besucht.

Manchmal geschah es, dass sich Fremde an das »Gelände« anschlichen. Es knackte im Gehölz. Zweige bewegten sich. Schatten huschten zwischen den Bäumen. Die Frauen bemerkten die Gefahr immer zuerst und warnten flüsternd die anderen. Dann griffen die Männer zu Holzknüppeln und stießen Urschreie aus. Es war schauerlich! Ein aufregendes Abenteuer für mich.

Auf dem »Gelände« lebten wir außerhalb der Zivilisation. Wir waren anders als die anderen – spielten die Wilden im Dschungel. Für mich war es kein Spiel, sondern das wahre Leben. Sechs Sommer lang wuchs ich heran wie ein Urwaldkind. Barfuß und nackt lief ich über die blühenden Wiesen und entdeckte summendes und krabbelndes Getier. Die Käfer fest verschlossen in der kleinen Hand, lief ich zu Gertraude Hahn, die mir die Namen der Tiere nannte und mir alles über ihr Leben erzählte. Wenn sie das Tier nicht kannte, blätterte sie in einem dicken Buch mit Abbildungen, bis sie das gesuchte Insekt fand.

Nackt streifte ich durch den Wald und fühlte mich den Tieren nah, die ich sah: Eichhörnchen, Mäuse, Wiesel, Baummarder, Igel und manchmal sogar Rehe. Nie hatte ich Angst, allein durch den Wald zu laufen. Mit allen Sinnen sog ich die Natur in mich ein und spürte, dass ich ein Teil von ihr war. Ich liebte es, zur Quelle zu gehen und Wasser zu holen. Der Pfad war kühl und federte unter meinen Fußsohlen. Das Wasser sprudelte klar und frisch in den Krug, stolz trug ich ihn zurück zu den Eltern.

Am Abend flatterten Fledermäuse über die Lichtung, Hasen hoppelten auf die Wiese, und Rehe ästen am Waldrand. Nachts blinkten und tanzten die Glühwürmchen in der Dunkelheit. Die Eulen riefen, und die Menschen sangen Lieder.

»Oh, Schiet!«, schreit Jürgen. »Das darf doch nicht wahr sein! Jetzt sind wir geliefert.«

Verwirrt schrecke ich aus meinen Erinnerungen auf.

»Was ist los?«, frage ich besorgt.

»Da, siehst du denn nicht? Die Polizei ist hinter uns her. Es ist aus!«

»Warte erst mal ab. Wir wissen doch gar nicht, was sie vorhaben.«

»Ach, red nicht so blöd. Die kontrollieren uns und entdecken im Kofferraum unsere Taucherausrüstung.«

»Na und? Was du immer für eine Angst hast. Wir zeigen einfach unseren GST-Ausweis. Alles ganz rechtmäßig, da können sie nichts gegen sagen.«

Das Polizeiauto ist dicht aufgefahren, im Seitenspiegel sehe ich die Scheinwerfer. Es setzt zum Überholen an. Jürgen nimmt das Gas weg. Sein Gesicht ist kalkweiß. Wir erwarten, dass uns die Polizisten im nächsten Moment das Signal geben, auf dem Seitenstreifen zu halten. Doch nichts geschieht. Sie fahren weiter und sind bald aus unserem Gesichtsfeld verschwunden.

Wir atmen befreit auf, aber zwischen uns bleibt eine Spannung, über die wir nicht sprechen. Ich denke, es ist besser, das Missverstehen nicht noch durch Worte zu schüren. Zwar bin ich froh, dass uns die Polizei nicht angehalten hat, aber ich war nicht in Panik geraten wie Jürgen. Warum auch? Vor Beginn unserer Flucht habe ich mir in allen Einzelheiten ausgemalt, was passieren könnte.

Mir nicht nur das Gelingen, sondern auch unser Scheitern vorgestellt. Ich rechne mit der Möglichkeit, ins Gefängnis zu kommen, genauso wie mit der Wahrscheinlichkeit zu sterben, aber das schreckt mich nicht ab. Ich bin froh, dass ich endlich die Entscheidung erzwingen kann. Und wenn ich verliere, so habe ich es wenigstens versucht. Wie damals in meiner Kindheit, als ich vier Jahre alt war.

Am Pranger

Zu jener Zeit verschrieb mir der Arzt eine Kur. »Wir schicken Ihre Tochter in ein Erholungsheim«, sagte er zu meiner Mutter. »Sie werden staunen, wie die Kleine dort zu Kräften kommt. Bestimmt wird sie kugelrund.« Der Arzt sollte sich irren.

Meine Eltern wussten nicht, was schlimmer war, die gefährliche Unterernährung oder dass sie ihr Kind allein wegschicken sollten.

Wohl begriff ich, dass ich meine Eltern lange nicht sehen würde, aber das machte mir keine Angst. Lasst mich doch fahren, bat ich, schon damals reiselustig und voller Neugier, Unbekanntes kennen zu lernen.

Heimweh konnte ich mir nicht leisten, denn ich brauchte meine Kräfte für den ungleichen Kampf mit den Erzieherinnen. Die Ernährung war schlecht: frisches Obst oder Gemüse erhielten wir nicht, nur eingekochte Pflaumen und Kirschen aus dem Glas. Meist setzten sie uns Krauteintopf vor mit Speckschwarten, in denen noch Schweineborsten steckten. Schon der Geruch reizte mich zum Würgen, und essen konnte ich den Schwarten-Kraut-Eintopf schon gar nicht. Wenn alle Kinder aufgegessen hatten, musste ich allein vor dem vollen Teller sitzen bleiben. Ab und zu schaute eine Erzieherin herein. Und da ich nicht aß, hockte ich bis zum Abend im

Speisesaal. Ich bekam kein Abendbrot, sollte erst den ranzigen, kalten Eintopf essen. Irgendwann durfte ich hungrig ins Bett gehen.

Am nächsten Mittag das Gleiche. Ich weigerte mich zu essen und musste wie am Tag zuvor im Speisesaal bleiben. Diesmal fand ich einen Ausweg. Das fette Fleisch, die Schwarten und Knochen stopfte ich in Gefäße, die an den Heizkörpern hingen. Die Suppe schüttete ich auf den Boden und verwischte sie mit den Füßen. So machte ich es jeden Mittag. Ich hungerte sehr, denn Frühstück und Abendbrot waren mehr als karg. Jedes Kind bekam abgezählte Brotscheiben, die feucht und muffig rochen, dazu Mettwurst, Sülze oder Blutwurst, wovor ich mich ekelte. Einzig die Ecken mit Schmelzkäse konnte ich essen.

Ich war die Jüngste und fand keine Spielkameraden. Nur ein zwölfjähriges Mädchen, sie hieß Alice, beschäftigte sich anfangs mit mir und las mir manchmal aus einem Buch vor. Morgens mussten wir uns im Hof aufstellen, dann wurde eine Fahne am Mast hochgezogen, und wir sangen ein Lied. Einzelne Kinder wurden für gute Taten gelobt, andere für schlechte getadelt. Jedes Kind, das aufgerufen wurde, musste vortreten und sich in die Mitte stellen. Wer Lob erhielt, lächelte, die anderen weinten.

Eines Tages hörte ich auch meinen Namen und trat vor. Meine Untat wurde aufgedeckt. Alle Kinder wussten nun, was ich mit dem »guten Essen« getan hatte.

Ich weinte nicht. Kein Kind sah mich an, alle blickten zu Boden, als schämten sie sich. Ich schämte mich nicht, wünschte mir aber, Alice würde den Kopf heben und mir zulächeln.

Eine Erzieherin sagte empört: »Sie ist auch noch verstockt. Weint nicht mal und schaut ganz frech herum.«

Eine andere meinte begütigend: »Sie ist noch so klein und versteht vielleicht gar nicht, was sie getan hat.«

»Dann soll sie eine harte Strafe bekommen«, befahl die Oberin. »Nur so wird sie lernen, was falsch und was richtig ist.«

Als Strafe fiel ihr nichts Besseres ein als: Essensentzug! Das traf mich nicht. Hunger litt ich schon genug, da war kaum eine Steigerung möglich. Am nächsten Wiegetag schrie die Ärztin schockiert auf und klingelte die Erzieherinnen herbei.

»Das Kind stirbt uns!«, sagte sie alarmiert. »Die Strafe muss sofort abgebrochen werden! Das Untergewicht ist lebensbedrohlich.«

»Das tut sie nur, um uns zu ärgern, dieses böse Mädchen!«, sagten die Erzieherinnen. Mir wurden Mehlspeisen verordnet. Sie schmeckten nach nichts, waren nur aus Mehl und Wasser gekocht, hatten aber wenigstens keinen schlechten Geruch.

Aus der Kur kam ich spindeldürr nach Hause. Ich hatte viel gelernt. Zum ersten Mal war ich Außenseiterin gewesen, gedemütigt und bloßgestellt. Dabei hatte ich erfahren: Niemand kann dich schuldig sprechen, wenn du es nicht selbst tust.

Im Kinderheim habe ich vor dem Einschlafen jeden Abend geweint, aus Zorn und Wut, aus Hunger und Einsamkeit. Manche Nacht habe ich ins Bett gemacht, dann malte ich mir am Morgen aus, wie ich dafür bestraft werden würde. Doch die Strafen waren nie so grausam wie diejenigen, die ich mir ausgedacht hatte. Entdeckte die Erzieherin das nasse Bett, schrie sie mich an und ohrfeigte mich, während ich mir vorgestellt hatte, sie würde mir mit einem Stock auf den nackten Po schlagen. Ich musste zur Strafe in der Ecke stehen, aber sie sperrten mich nicht in einen dunklen Keller. Mit meiner Fantasie war ich ihnen immer weit voraus, und ich nahm keinen seelischen Schaden, weil ich wusste, zu Hause warten meine Eltern auf mich, die mich liebhaben, was immer auch die anderen über mich sagen.

Ich blicke auf meine Armbanduhr. Zwei Uhr. Unglaublich! Die Zeit scheint sich zu dehnen. Vor zwei Stunden erst sind wir in Halle losgefahren, und noch mindestens vier Stunden müssen wir durchhalten. Aus dem alten Trabant kann Jürgen nicht mehr viel herausholen. Bei meiner Reise in die Vergangenheit lege ich ungleich größere Zeiträume zurück. Das Brummen des Motors wirkt betäubend, und die Dunkelheit bildet eine schwarze Leinwand für meine Erinnerungsbilder. Wieder lasse ich mich in vergangene Zeiten fallen.

Das Paradies auf Erden

Mein Vater wollte nicht sein Leben lang Standesbeamter bleiben. Er begann ein Fernstudium mit dem Ziel, Lehrer zu werden. Ich bin mir sicher, es war nicht sein Traumberuf, aber er hatte wohl keine Wahl. Der Staat brauchte neue Lehrer, sie sollten die Kinder im Sinn der kommunistischen Ideologie erziehen. Wie ernst er seine Aufgabe nahm, beweist, dass er mich schon als Kleinkind mit seinen Visionen begeisterte: Wenn einst der Kommunismus auf der ganzen Welt gesiegt habe, würden alle Menschen wie im Paradies leben. Glaubte er wirklich an dieses Märchen? Durchschaute er nicht die verlogene Propaganda, erkannte er nicht die Unmenschlichlkeit in dem Diktat: Die Partei hat immer Recht? Sah er nicht, dass sich die Rituale der Faschisten und der Kommunisten mit ihren Demonstrationen und Umzügen, den Fahnenappellen und Jugendorganisationen ähnelten wie missgeborene Zwillinge?

Nachdenklich schaue ich durch die Frontscheibe hinaus in die Nacht. Die Fragen, die mich jetzt bewegen, habe ich meinem Vater nie gestellt. Während meiner Kindheit glaubte ich unbeirrt daran, was er mir erzählte. Erst später an der Uni kam ich in Kontakt mit Studenten, die dem Staat kritisch oder sogar ablehnend gegenüberstanden. Wenn ich in den Ferien zu Hause war, sprach ich jedoch nicht darüber.

Mein Vater glaubte unerschütterlich an den Kommunismus. Er sagte, die Ungerechtigkeit müsse besiegt werden und jeder solle gleiche Chancen im Leben haben. »Wir bauen eine neue Welt für eine strahlende Zukunft«, so redete er. Der dramatische Ton seiner Stimme und der Glanz in den Augen verrieten, dass er aus tiefer Überzeugung sprach. Er glaubte an das Gute im Menschen und an das Märchen vom Paradies auf Erden. Sein Leben weihte er einem höheren Prinzip, der Einzelne war dabei unwichtig. Es galt, die ganze Menschheit zu erlösen. Der Kommunismus versprach die Befreiung von Not und Pein. Es war so einfach, man musste sich nur der Führung der Partei anvertrauen. Aus trostloser Dunkelheit führte sie jeden, der glaubte, empor zum Licht.

Um seine Lehrerausbildung abzuschließen, verbrachte er ein halbes Jahr beim Intensivstudium auf Rügen. Meine Mutter war gegen diese Weiterbildung. »Du hast doch einen Beruf, warum in deinem Alter noch die Schulbank drücken! Und wenn du es nicht schaffst? Dann stehen wir schlechter da als zuvor und haben uns auch noch blamiert.«

Das Alleinsein ohne Mann fiel ihr schwer. Ich dagegen genoss dieses halbe Jahr. Weil sie weniger kochen und putzen musste, nahm sie sich mehr Zeit für mich. Abends durfte ich lange aufbleiben und mit ihr Radio hören. Nebeneinander saßen wir auf dem Sofa. Das Licht der Stehlampe hüllte uns in seinen hellen Schein und spiegelte sich auf dem polierten Holz des Tischchens, auf dem immer ein Spitzendeckchen liegen musste. Das Wohnzimmer mit den hohen Wänden und dem Stuck an der Decke lag im Dunklen, und die Möbel ähnelten schlafenden Tieren.

Zur Musik und zu den Stimmen aus dem Radio klapperten unsere Stricknadeln. Meine Mutter strickte einen Pullover, und ich arbeitete mit der Strickliesel. Aus Wollresten fertigte ich fingerdicke Endlosröhren, die, zusammengelegt und vernäht, praktische Untersetzer und Topflappen ergaben.

Braungebrannt, selbstsicher, strahlend vor Kraft und Optimismus kehrte mein Vater zurück. Beglückt schwärmte er vom Meer. Täglich nach dem Unterricht sei er am Strand entlanggewandert. Das Meer verändere seine Farbe, erzählte er mir. Morgens sehe es anders aus als am Abend, und es sei so groß, dass man nichts außer Wasser und Himmel sehe. Auf dem Meer führen Schiffe in die weite Welt hinaus, bis sie irgendwo auf eine Insel oder neues Land stoßen. Meine Sehnsucht war sogleich entfacht. Selbstverständlich beschloss ich, später auf einem Schiff übers Meer zu fahren.

Vaters Koffer waren schwer, wie mit Kieselsteinen gefüllt. Als wir sie öffneten, jubelte ich. Es befanden sich tatsächlich Steine darin. Zwischen schmutzigen Socken und zerknüllten Hemden lagen Donnerkeile und Feuersteine. Zum ersten Mal in meinem Leben sah ich Muscheln, Seesterne und getrockneten Blasentang, Seenadeln und Seepferdchen. Steine glatt wie Samt, und sogar Bernstein war dabei, wie Vater mir erklärte. Kostbare Schätze für mich. Stürmisch umarmte ich ihn.

»Du musst Mutti auch was abgeben.«

»Nein! Lass nur, schenk es der Kleinen!«, entgegnete sie, enttäuscht über den kindischen Mann, der sich mit so vielen unnützen Dingen abgeschleppt hatte. »Bring alles in den Garten«, befahl sie mir. »In der Wohnung will ich keinen Dreck.«

Folgsam trug ich die Schätze nach draußen und breitete sie auf der Erde unter den Apfelbäumen aus. Es war ein wilder Garten mit rankenden Brombeeren, wuchernden Stauden, einer Blumenwiese mit Schmetterlingen und Hummeln im Sommer. Er verbarg Geheimnisse, denen ich auf der Spur war. Ich schlich mich zwischen den Sträuchern hindurch, versteckte mich hinter Büschen und beobachtete die wilden Tiere meiner Fantasie.

Meine Spielgefährten waren Schnecken, Raupen und Käfer. Wurde mein Spiel vom Ruf der Mutter jäh unterbrochen, nahm ich die Tiere mit ins Haus. Ich steckte sie in Einweckgläser und beobachtete, wie die Käfer krabbelten, die Schnecken ihre Fühler ausstreckten und die Raupen Blätter fraßen. Ich wurde nicht müde, ihnen zuzusehen. Manchmal befreiten sich die Tiere aus den Gefängnissen, krochen durchs Zimmer und verzierten den Teppich mit schillernden Schleimspuren. Mutter konnte dann fuchsteufelswild werden. »Kind! Zum letzten Mal! Bring mir nicht diese ekligen Viecher in die Wohnung!«

Meine Leidenschaft war stärker. Ich verstand ihren Ärger nicht. In der Wohnung gab es genug Platz, da konnten die Tiere doch auch leben. Weil Mutter schimpfte, wenn sie frei herumliefen, kam ich auf die Idee, sie in die Vitrine zu sperren. Die Vitrine war ein wuchtiges Möbel, ein hoher Kasten mit drei Querbrettern und einer Glastür davor. Gerade wegen dieser Glasscheibe eignete sich die Vitrine für meinen Plan. Durch sie würde ich meine Tiere beobachten können. Ich hatte mein erstes Terrarium erfunden.

In der Vitrine standen Tassen, Teller und Gläser. Unnütze Dinge, die nur benutzt wurden, wenn Besuch kam. Ich packte alles in eine Kiste. Mit meinem Sandeimerchen lief ich zwischen Garten und Wohnzimmer hin und her und bedeckte die Regalbretter mit einer dicken Schicht Erde. Es war anstrengend. Ich musste auf einen Stuhl klettern, um an die oberen Bretter heranzureichen. Dann wollte ich noch einen kleinen Teich schaffen, damit die Tiere trinken konnten. Mit den Händen formte ich eine Mulde in die Erde und holte mit dem Spieleimerchen Wasser aus der Küche. Kaum hatte ich es in die Mulde gegossen, war es auch schon verschwunden. Ich holte neues. Es versickerte wieder. Meine Mutter musste mir jedes Mal den Eimer füllen, da ich an den Wasserhahn nicht heranreichte.

»Was willst du nur mit all dem Wasser, Kind? Pass auf, dass du nichts verschüttest und mir die Wohnung schmutzig machst.«

»Nein, Mutti, ich bin ganz vorsichtig. Du wirst dich freuen, ich habe etwas Wunderschönes für dich gemacht.«

Die Überraschung war gelungen. Meine Mutter schrie wie am Spieß. Dann brach sie in herzzerreißendes Schluchzen aus. Familie Hahn von nebenan stürzte herbei und tröstete die Ärmste.

Scheinwerfer durchschneiden die Dunkelheit und reflektieren auf der Windschutzscheibe. Ein Wagen kommt uns mit aufgeblendetem Licht entgegen.

»Schweinehund, blende endlich ab!«, höre ich Jürgen fluchen.

Ich muss mich erst wieder in der Gegenwart zurechtfinden. Zu tief bin ich mit meinen Gedanken und Gefühlen in die Erinnerung abgetaucht. Wie war das damals, als ich ein Kind war? Ich schiebe das Weberschiffchen meiner Vergangenheit hin und her, knüpfe einen Bilderteppich, um zu verstehen, wer ich bin, was mich geformt hat und warum ich jetzt meine Heimat verlassen muss.

Der Urwald im Radio

Vater hatte mir zu Weihnachten eine Puppenstube gebastelt. Ich sah es den erwartungsvollen Gesichtern der Eltern an, dass es sich um ein kostbares Geschenk handelte und ich mich darüber freuen sollte. Ich tat so, als würde ich spielen. Aber ich wusste einfach nicht, was das ist – »spielen«. Kinder, von denen ich es hätte lernen können, gab es nicht in meiner Nähe.

Nur im Garten fühlte ich mich wohl. Wenn ich nicht hinausdurfte, langweilte ich mich. Dann ging ich auf Suche. Ich tappte durch die Wohnung und suchte etwas, ohne zu wissen, was es sein könnte. Alle Schubladen zog ich auf, durchwühlte die Schränke und stöberte in Vaters schwarzem Schreibtisch. Gefiel mir etwas, nahm ich es an mich und legte es in die Ecke, wo ich meine Sammlungen aufbewahrte.

»Unsere kleine Elster!«, schimpften die Eltern, wenn sie meine Schätze entdeckten. Verzweifelt gesuchte und verloren geglaubte Gegenstände tauchten wieder auf – Objekte aus ungewöhnlichem Material: Manschettenknöpfe aus Perlmutt, Kämme aus Schildpatt, gläserne Briefbeschwerer, silberne Füllfederhalter, Figuren aus Kupfer oder Messing, Broschen und Ohrringe.

Onkel Hahn hatte mir mit seinen prächtigen Bildbänden das Tor zur Welt der Bücher geöffnet. Seitdem übten Bücher einen großen Zauber auf mich aus. Ich erforschte Vaters Bücherschrank. Ein Buch nach dem anderen nahm ich heraus – und war enttäuscht. Selten ein Bild, Seite um Seite nur Buchstaben auf weißem Papier! Ich ahnte damals noch nicht, welch unerschöpflicher Reichtum sich hinter ihnen verbarg. Nur ein Buch fesselte mich. Es hatte einen weinroten Ledereinband mit eingravierten Goldlettern und roch auch noch gut. Dieses Buch endlich war voller Bilder. Es hieß »Die Frau als Ärztin«.

Muskeln, Knochen und innere Organe waren naturgetreu abgebildet. Staunend blätterte ich die Seiten um und sah – schreckliche Krankheiten: Eiterbeulen, Furunkel, Hautausschläge, Geschwüre. Am meisten überraschten mich die aufgeschnittenen Menschen, deren Inneres man sehen konnte. Eine Frau trug ein Kind im Bauch. Also stimmte, was Mutter mir erzählt hatte: Die Babys wachsen im Bauch. Ich stellte mich vor den Spiegel, hob das Hemd hoch und musterte meinen nackten Bauch. Ob darin auch schon ein Kindchen wuchs? Ich bekam ein wenig Angst. Hoffentlich würde ich es rechtzeitig merken. Mir wäre es lieber, wenn es mich vorher fragen würde, dachte ich.

Eines Tages wurde im Radio ein Hörspiel für den Abend angekündigt. Ein Abenteuer im Urwald. Affen kreischten, und Vögel riefen mit lockenden Tönen. Das geheimnisvolle Klangbild wurde eingeblendet, um die Hörer neugierig zu stimmen. Die fremdartigen Geräusche schwangen in mir weiter, als trüge ich einen Empfänger in mir.

»Bitte, darf ich aufbleiben?«, bat ich so eindringlich, dass die Eltern es mir fast erlaubt hätten. Dann aber entschieden sie: »Nein!« Ein kleines Kind dürfe nicht so spät ins Bett gehen.

Scheinbar fügte ich mich, denn ich hatte einen Plan. Um nicht einzuschlafen, stand ich wieder auf, wanderte hin und her, bis die Sendung begann. Leise schlich ich an die Wohnzimmertür und öffnete sie ein wenig. Mein Ohr an den Spalt gedrückt, konnte ich das Radio hören. Obwohl ich erst fünf war, verstand ich die Geschichte. Sie hat sich mir für immer eingeprägt, denn meine Sinne waren hellwach, weil ich gegen das Verbot der Eltern verstieß und Angst vor Entdeckung hatte.

Die Geschichte handelte von zwei Freunden, die wegen einer Frau in den Urwald gingen, um Vögel mit wertvollen Federn zu schießen. Wer zuerst hundert Federn beisammen hätte, würde die schöne Carmencita bekommen. Den Namen merkte ich mir, weil er ähnlich wie mein eigener klang. Zuerst halfen sich die Freunde gegenseitig. Da aber jeder Sieger sein und die Frau für sich gewinnen wollte, misstrauten sie sich, und schließlich tötete einer den Freund im Streit. Als der Überlebende zurückkam und die hundert Federn ablieferte, hatte sich die Mode längst geändert. Keiner war mehr an Reiherfedern interessiert, und die hochmütige Carmencita lachte den Jäger aus.

Die Geschichte gefiel mir eigentlich nicht. Ich bedauerte die Vögel, die sterben mussten. Und den zwei Männern missgönnte ich die Reise in den Dschungel, denn sie fürchteten die Wildnis und verstanden nichts von der Natur. Ich würde es besser machen, beschloss ich. Tiere will ich nicht töten, sondern sie beobachten. Ich schlüpfte ins Bett und übersetzte die aufregenden Geräusche der Geschichte in glühende Bilder vom Urwald. Wieder war ich meiner Sehnsucht ein Stück näher gekommen. Meine Eltern erfuhren nie, dass ich hinter der Tür gelauscht hatte.

Mein Kopf nickt zur Seite, und ich zucke zusammen. War ich eingeschlafen? Erschrocken blicke ich zu Jürgen. Seine Hände umklammern das Lenkrad, und seine Augen starren nach vorn auf die dunkle Fahrbahn. Ich habe Angst, er könnte für Sekunden einnicken, wie ich eben.

»Es ist schon vier Uhr. Bist du gar nicht müde, Jürgen?«

»Na klar und wie, was denkst du denn. Es nützt aber nichts, ich muss durchhalten.«

»Kann ich das Radio anstellen? Das hilft vielleicht?«

»Fehlanzeige. Der Wagen hat kein Autoradio.«

»Schade, dann sollten wir uns unterhalten und dabei die Müdigkeit vertreiben.«

»Nee, lass mal, Schecke, ich pack das schon. Zum Sprechen bin ich jetzt nicht aufgelegt.«

Das erste Mal im Westen

Ob es ihm wie mir geht? Vielleicht leuchtet auch er sein Leben aus, hängt den Bildern seiner Vergangenheit nach. Ich lehne mich zurück und lasse meine Gedanken wieder wandern. Wie war das

1953, als ich zum ersten Mal in den Westen fuhr? Ich war fünf Jahre alt und besuchte in Lübeck die Eltern und Schwestern meines Vaters: Oma Maria, Opa August und die Tanten Margot, Irmgard und Christa. Im selben Jahr, als ich verreiste, kam es am 17. Juni zum berühmten Aufstand der Bauarbeiter in Berlin. Von diesen Ereignissen erfuhr ich nichts, auch später in der Schule nicht, erst im Studium erzählten mir andere Studenten, was damals passiert war, aber ich glaubte ihnen nicht.

Warum meine Eltern ihr behütetes Töchterchen ohne Begleitung fahren ließen und wie es überhaupt möglich war, als allein reisendes Kind die Grenze zu überqueren, weiß ich bis heute nicht. Jedenfalls brachten mich die Eltern nach Dresden zum Zug. Zu meinem größten Ärger hängten sie mir ein Pappschild mit meinem Namen um. Ich fühlte mich beschämt, schließlich war ich alt genug zu sagen, wie ich heiße. Als der Zug anfuhr und ich die Eltern nicht mehr sehen konnte, versteckte ich das Schild im Koffer. Ich fühlte keinen Abschiedsschmerz, war nur begierig auf das Neue, auf das Unbekannte, auf das Abenteuer, und so ist es mein Leben lang geblieben.

In Lübeck standen Oma Maria und die Tanten am Bahnsteig. Ich wunderte mich, dass sie mich sofort erkannten, obwohl ich das Pappschild nicht umgehängt hatte. Oma Maria gefiel mir von Anfang an. Sie hatte schwarze Haare, kohlschwarze Augen und eine dunkle Haut. Vielleicht ist sie eine Zigeunerin, dachte ich. Wenn meine Mutter sich über mich ärgerte, sagte sie manchmal: »Dich werden die Zigeuner holen!« Sie ahnte nicht, dass es mein sehnlichster Wunsch war, entführt zu werden. Ich stellte mir vor, dass Zigeuner ein spannendes Leben haben, weil sie immer unterwegs sind. Von Land zu Land wollte ich mit ihnen ziehen.

Opa August war nicht am Bahnhof. »Er wartet zu Hause auf dich«, sagte Maria. Für mich klang diese Nachricht bedrohlich, denn ich war mir sicher, der Opa würde mich tüchtig verhauen. Mein Vater hatte mir erzählt, dass ihm das oft passiert war. Ich hatte mir vorgenommen, nicht zu weinen. Die Lippen wollte ich aufeinander pressen und die Zähne ganz fest zusammenbeißen. Dabei wusste ich gar nicht, was Schläge bedeuten; nie hat mein Vater auch nur die Hand nach mir gehoben, und von meiner Mutter bekam ich nur selten eine Ohrfeige, wenn ich sie zu sehr geärgert hatte.

Als ich Opa August in seinem Lehnstuhl hocken sah, konnte ich mir nicht vorstellen, dass er der böse Mann sein sollte, den mein Vater so gefürchtet hatte. Er sah nicht gefährlich aus; er war klein und mager, eher ein Männlein. Betroffen blickte ich in seine Augen. Sie waren so traurig, dass ich erschrak. Oje, Opa weiß, dass ich schlecht von ihm gedacht habe, und ist nun bitter enttäuscht von mir, glaubte ich. Schüchtern stand ich vor ihm und reichte ihm zaghaft meine Hand. Sein Händedruck war matt. Sein Blick ruhte auf mir, aber er nahm mich kaum wahr. Mir schien es, als weile er in einem anderen Leben.

Außer dem Opa gab es nur Frauen in der Wohnung, Oma und die vielen Tanten, die hier wohnten oder zu Besuch kamen. Sie schnatterten den ganzen Tag und waren unentwegt mit Hausarbeit beschäftigt. Die Tanten verschwimmen zu einem einzigen Bild, nur an Oma Maria habe ich eine deutliche Erinnerung.

Opa August saß meist stumm in seinem Lehnstuhl und tat nichts. Nur zum Essen und zum täglichen Spaziergang stand er auf. Eines Tages fasste er meine Hand, ich durfte ihn begleiten. Ein Glücksgefühl durchströmte mich. Er, der immer allein war, der kaum ein Wort sprach, der wehmütig nach innen lauschte, wählte mich vor allen anderen aus, so bildete ich es mir ein. Ich bemühte mich nach Kräften, keinen Fehler zu machen, damit das zarte Band zwischen uns nicht zerriss. Ich achtete auf seine Schritte und ging im gleichen Rhythmus. Ich blickte dorthin, wohin auch er blickte, und ich unterhielt mich stumm mit ihm. Wir gingen einen Fußweg entlang, den ein Grünstreifen mit Alleebäumen von der Straße trennte.

Plötzlich bückte sich Opa. Ich bückte mich auch. Zwischen Wurzeln wuchsen mattweiß schimmernde Pilze mit rosafarbenen Lamellen. Ich wusste, dass es Champignons waren, denn mit meinen Eltern hatte ich schon oft in der waldreichen Gegend rund um Bautzen Pilze gesammelt. Ich kannte viele beim Namen und konnte die essbaren von den giftigen unterscheiden, aber ich hatte nicht geahnt, dass man auch in der Stadt Pilze sammeln konnte. Verwundert schaute ich zu, wie mein Opa die Champignons abschnitt, ihre Stiele mit seinem Taschenmesser sorgfältig reinigte und sie dann in einen Beutel steckte.

»Opi, warum nimmst du die Pilze mit?«, wollte ich wissen.

»Ich werde sie essen.«

»Hier machen doch überall die Hunde ihr Geschäft.«

»Darum wachsen sie so gut. Hundekot ist bester Dünger.«

»Ekelst du dich nicht davor?«

»I wo, die Pilze werden ja gebraten, das tötet alle Keime ab.«

Wenn Opa sich nicht ekelt, dann würde ich mich auch nicht ekeln, und mein Sammeleifer erwachte. Ich trug mit Opa insgeheim einen Wettkampf aus, wer die meisten Pilze finden würde, und natürlich wurde ich Siegerin. Aber ich feierte meinen Erfolg nur still für mich, denn schließlich konnte ich rennen und bückte mich schneller als er. Zu Hause wurden die Pilze von den Tanten geschnippelt und gebraten. Pilzduft zog durch die Wohnung. Vor Opa wurde ein großer Teller mit Champignons hingestellt. Oh, der köstliche Geruch! Ungeduldig wartete ich auf meinen Pilzteller. Nichts! Ich bekam keine Pilze.

»Gönne Opi seine Pilze«, sagte Oma Maria. »Er hat nicht mehr viel, worüber er sich freuen kann.«

Ich dachte, wenn er die Pilze mit mir teilen würde, hätte er doch nicht weniger, sondern mehr Freude. Wir beide haben sie gesucht und gefunden, und es hatte so viel Spaß gemacht. Wenn wir sie jetzt gemeinsam verspeisten, wäre der Genuss doppelt.

Am Abend weinte ich lange, bis ich endlich einschlief. Ich war enttäuscht. Doch nicht, weil ich keine Pilze bekommen hatte – der Grund lag tiefer. Damals konnte ich es noch nicht formulieren, aber ich habe gespürt: Mein Opa tat mir Leid, und ich wollte ihm helfen, wieder fröhlich zu werden. Ich hatte mich ihm sehr nah gefühlt und gemeint, ich sei wichtig für ihn und zwischen uns sei eine Verbindung gewachsen. Ich wollte seine Freundin sein, aber ich hatte mich getäuscht, denn er stieß meine Zuneigung zurück und teilte nicht einmal die gemeinsam gesammelten Pilze mit mir.

Meine Eltern hatten versäumt, mir zu erzählen, dass die Großeltern an Gott glaubten, oder sie hatten es gesagt, aber ich hatte nicht begriffen, was das bedeutet. Vor dem Essen sprach Opa August immer ein Gebet und dankte Gott für »unser täglich Brot«, und die Runde am Tisch faltete die Hände und murmelte »Amen«.

Beim ersten Mal war ich bestürzt und blickte ratlos zu Oma Maria. Sie nahm meine Hände und legte sie zusammen. Später wusste ich, was ich tun musste. Ich beobachtete die anderen, faltete meine Hände und flüsterte »Amen«. Verlegen bemühte ich mich, mir nicht anmerken zu lassen, wie fremd mir dieses Verhalten war. Mich beschlich das Gefühl, etwas Unrechtes zu tun, denn ich imitierte die anderen nur und betete nicht wirklich. Ich fühlte mich wie eine zweifache Lügnerin, betrog ich doch die Großeltern mit meinem falschen Beten und zugleich meine Eltern, weil ich etwas tat, was sie ablehnten.

Eines Tages sagte Oma Maria: »Heute kommst du mit zum Gottesdienst. Es kann dir eigentlich nicht schaden«, fügte sie nachdenklich hinzu.

»Was soll ich da tun?«

»Nichts weiter, einfach nur mitkommen, in die Kirche.«

»In Kirchen gehe ich gern«, erklärte ich mich bereitwillig einverstanden.

Sie schien überrascht zu sein.

»Du warst schon mal in der Kirche?«

»Na klar, schon oft habe ich mit Mutti und Vati Kirchen besichtigt.«

Diesmal ging es aber nicht um eine Kirchenbesichtigung. Ich musste mich auf einen Platz setzen und durfte mir nichts ansehen. In den Bankreihen saßen überall Menschen. Noch nie hatte ich so viele Leute in einer Kirche gesehen. Alle saßen da und warteten.

Was ich nun erlebte, darauf war ich durch nichts vorbereitet. Die feierliche Zeremonie der katholischen Messe überrumpelte mich. Als die Menschen unvermutet auf die Knie sanken, erschrak ich heftig, da ich nun alle überragte.

Der Priester schien mich anzusehen, und ich fühlte mich ertappt, als hätte ich etwas Böses getan. Eilig rutschte ich vom Sitz nach unten auf das Kniebrett, aber da erhoben sich die anderen schon wieder.

Oma Maria zog mich auf die Bank und flüsterte mir zu: »Bleib ruhig sitzen. Du musst nicht mit uns knien.«

Kaum hatte sie das gesagt, rutschten sie und die anderen erneut nach unten, und ich blieb sitzen, wie sie mir geraten hatte. Wieder spürte ich den Blick des Priesters auf mir haften. Er flößte mir Schuldgefühle ein. Was nur habe ich falsch gemacht? Warum ist er böse auf mich? Plötzlich wurde es mir bewusst: Alle glaubten an Gott, nur ich nicht, und der Mann dort vorn wusste das genau, deshalb starrte er mich so strafend an. Ich war verwirrt, und Groll staute sich in mir. Es schien eine Ewigkeit zu dauern, bis sich die Gläubigen endlich erhoben und mich vor den Augen des Priesters verbargen. Wie konnte es sein, dass alle hier an Gott glaubten, nur ich nicht? Sie irren sich, ganz gewiss, dachte ich. Was mich meine Eltern gelehrt haben, kann doch nicht falsch sein.

Wir saßen am Mittagstisch, und Opa sprach wie immer das Tischgebet. Ich fasste Mut und sagte, so laut ich konnte: »Es gibt gar keinen Gott. Nur dumme Menschen glauben an Gott, das weiß bei uns schon jedes Kind!«

Totenstille. Alle starrten mich an.

»Bitte verlasse den Tisch und gehe in dein Zimmer«, befahl Oma Maria.

Verbittert verkroch ich mich ins Bett. Ich fühlte mich ungerecht behandelt, denn ich hatte nichts Schlechtes getan, nur die Wahrheit gesagt. Sie hatten Unrecht, deshalb müssten sie sich bei mir entschuldigen. Ich beschloss, so lange im Zimmer zu bleiben und nichts mehr zu essen, bis sie mich um Verzeihung gebeten hätten.

Oma kam herein und stellte einen Teller mit Plätzchen vor mich hin. Ich war widerborstig und wollte keinen Keks nehmen. Sie setzte sich und erzählte. Von ihrer Flucht aus Schlesien sprach sie, wie furchtbar das war, die Kälte und die Angst, und dass sie alles verloren hatten.

»Siehst du«, sagte sie. »Als wir uns fürchteten und ängstigten in der Not, da half uns Gott. Er steht uns bei, jeden Tag überleben wir nur mit seiner Hilfe. Das Herz droht uns zu brechen, weil wir unsere Heimat verloren haben. Gott allein weiß, was wir leiden, er lindert unsere Schmerzen und liebt uns trotz unserer Fehler. In seiner Hand sind wir geborgen.«

Ich schaute sie an, und sie tat mir Leid.

»Nun geh und entschuldige dich bei Opi. Er ist traurig, weil sich dein Vati von Gott abgewendet hat. Tu ihm nicht noch mehr weh.«

Ich bat Opa August um Verzeihung, und vor Aufregung rannen mir Tränen aus den Augen. Er legte seine Hand auf meinen Kopf und sprach ein Gebet. Ich schämte mich, weil ich nicht aufrichtig war. Entschuldigt hatte ich mich zwar, doch nicht, weil ich meine Meinung geändert hatte, sondern aus Mitleid mit ihm.

Ich sah meinen Opa zum ersten und letzten Mal. Zwei Jahre später erhielten wir einen Brief mit schwarzem Rand. Opa August war tot. Ein Gedanke beschlich mich, den ich nicht auszusprechen wagte: Opa könnte noch leben, hätte er die Pilze mit mir geteilt.

An der Küste

Wir haben die Autobahn verlassen und fahren jetzt auf der Landstraße. Sie liegt grau im Zwielicht. Alleebäume zeichnen sich scharf gegen den Morgenhimmel ab. Mit dem beginnenden Tag tauche ich aus der Vergangenheit auf, und die Gegenwart ergreift mich. Wie Fieberwellen schüttelt mich die Aufregung. Als die Sonne ihre ersten Strahlen über den Horizont schickt, fahren wir am Rostocker Hafen entlang. Hochseeschiffe liegen am Kai vor Anker. Im Licht der aufgehenden Sonne leuchten die Schiffe wie Versprechungen eines fernen Glücks. Jürgen wendet sich mir zu, übermütig wie ein Lausbub lacht er mich an. »Na, Schecke!«, ruft er aus. »Bald liegt die Welt offen vor uns, und wir können uns aussuchen, mit welchem Schiff wir über die Meere fahren wollen.«

»Ja, wir werden es schaffen«, sage ich zuversichtlich und möchte gern daran glauben.

»Wir fahren Richtung Nienhagen«, bestimmt Jürgen. »Ich kenne dort einen Campingplatz, wo wir ins Wasser gelangen, ohne dass uns jemand bemerkt. Hab ich alles schon ausgekundschaftet.«

»Wann denn?«

»Denkst du, ich habe unsere Flucht nicht gründlich vorbereitet?«

»Hättest mir ja was sagen können«, sage ich vorwurfsvoll.

»Das war schon, bevor ich dich kannte«, versucht er zu beschwichtigen.

Nach gut einer Stunde erreichen wir den Zeltplatz von Nienhagen. Jürgen parkt den Wagen im Schatten unter Kiefern. Sie duften nach Harz und nach Sommer. Urlauber kriechen aus ihren Zelten und gehen mit Zahnbürste, Handtuch und Seife zum Waschen. Hier, mitten zwischen den anderen, fallen wir nicht weiter auf. Es ist normal, dass frühmorgens Leute eintreffen, um den Tag oder das Wochenende am Strand zu verbringen.

Wir sind die Nacht durchgefahren. Irgendwo müssen wir uns einen ruhigen Platz zum Schlafen suchen. Mit Decken und Handtüchern gehen wir zum Strand. Die Ausrüstung für die Flucht ist im Kofferraum eingeschlossen, da kommt niemand dran, ohne ihn gewaltsam aufzubrechen. Abseits vom Meer legen wir uns in die Dünen. Es ist angenehm kühl, die Sonne steht noch niedrig am Horizont. Ich strecke mich aus und versinke im selben Moment in tiefen Schlaf. Erst drei Stunden später wache ich auf.

Es ist elf Uhr, die Sonne scheint mir in die Augen. Jürgen schlummert noch. Als ich mich aufrichte, stemmt sich mir ein warmer Sommerwind entgegen. Er trägt den Geruch von Tang und Algen, den Duft von Sommer, Meer und Ferien. Heuschrecken und Feldgrillen zirpen ihre Lieder. Die Luft flirrt vor Hitze.

Ein Pfad schlängelt sich durch die Dünen. Knöcheltief sinke ich beim Gehen ein und spüre beglückt die warmen Sandkörner unter meinen Fußsohlen. Sanddorn und Strandhafer wachsen auf dem Sand, und als ich den Dünenkamm erreicht habe, blicke ich hinab aufs Meer. Der Strand ist mit Menschen überfüllt. Mit so vielen Urlaubern habe ich nicht gerechnet. Bunte Bälle, bunte Luftmatratzen, bunte Badeanzüge, bunte Liegestühle, bunte Sonnenschirme – und Geschrei.

Der Trubel schreckt mich ab, und ich suche mir einen Pfad, der an Feldern vorbei landeinwärts führt. Die Ähren sind reif und knistern trocken. Beim Gehen streicht kniehohes Gras an meine Waden. Die Luft ist geschwängert vom Duft des Sommers. In der flimmernden Hitze, umgeben von summenden Insekten, möchte ich den Augenblick anhalten. Ich empfinde ein tiefes Gefühl der Zufriedenheit. Nur der Gedanke an die Flucht stört mein Glück.

Warum fliehen, wenn es hier so schön ist? Vielleicht bin ich morgen schon tot oder im Gefängnis. Wenn ich am Montag wieder zurück in Halle bin, würde niemand Verdacht schöpfen, und ich könnte weiterleben. Leben wie bisher?

Ich nehme die sandige Erde vom Feldrain in die Hand und lasse sie durch die Finger rieseln. Die fallenden Sandkörner erscheinen mir wie ein Symbol des Lebens. Stunden, Tage, Wochen und Jahre rinnen uns durch die Hände, verloren für immer, wenn wir ihnen nicht selbst eine Bedeutung geben. Ich balle meine Hand zur Faust und schließe die Erde darin ein, hole mit dem Arm weit aus und werfe sie mit Schwung in die Luft. »Das Leben lohnt sich doch!«, rufe ich laut und setze leise hinzu: »Auch wenn es vergeblich ist.«

Als ich zurückkomme, ist Jürgen wach. Er schaut mich kritisch an. »Wo warst du denn? Ich warte schon eine Ewigkeit auf dich.«

»Ach, nur ein bisschen umschauen. Ich hab doch extra meine Schuhe hier gelassen, damit du weißt, dass ich nicht weit sein kann.«

»Wir dürfen jetzt nichts mehr riskieren«, warnt er mich. »Überall sind versteckte Beobachter. Am besten verhalten wir uns wie ganz normale Urlauber. Wir legen uns in die Sonne, schwimmen im Meer, und abends essen wir in einem Strandlokal.«

Vor 30 Tagen erst hat mich Jürgen in seinen Fluchtplan eingeweiht. Uns blieb also wenig Zeit, einander nahe zu kommen, noch dazu unter erschwerten Bedingungen. Im Studentenwohnheim war es verboten, Besucher mit aufs Zimmer zu nehmen. Der Pförtner passte auf, und bei Verstößen gegen die Heimordnung erhielt man schnell die Kündigung. Zu Jürgen konnten wir auch nicht, er wohnte bei seiner Mutter, die ihm nicht erlaubte, eine Freundin mitzubringen.

Unsere gemeinsamen Abende verbrachten wir deshalb in Grüns Weinstuben und trennten uns erst, wenn der letzte Zug nach Weißenfels fuhr. Die Abschiede am Bahnsteig waren innig und jedes

Mal sehnsuchtsvoller. Eines Abends erzählte ich ihm: »Wenn ich eine Heimat habe, dann ist es Freyburg, ein Weinstädtchen an der Unstrut, wo der ›Rotkäppchensekt‹ gekeltert wird. Bis zu meinem 14. Geburtstag bin ich in Freyburg zur Schule gegangen, dann sind wir weggezogen, und seitdem war ich nicht mehr dort.«

»Machen wir doch einen Ausflug in deine Heimat, nach Freyburg«, schlägt Jürgen vor.

»Ach, lieber nicht, ich möchte meine Erinnerungen behalten. Es zerstört die Kindheitsbilder, wenn man als Erwachsener wiederkommt. Was groß war, wird klein. Was bunt war, wird farblos. Was schön war, verliert seinen Glanz.«

»Du irrst dich, Schecke! Wir fahren! Du zeigst mir alles, und ich beweise dir, es ist schöner als je zuvor, weil wir zusammen sind.«

Gern wäre ich mit ihm überall hingefahren, nur nicht nach Freyburg. Als ich zwölf Jahre alt war, hatte ich erlebt, wie mein Vater seine Heimat zum zweiten Mal verlor. Er fuhr mit uns nach Polen. Unterwegs war Vater fröhlich wie sonst nie. Er unterhielt uns mit Geschichten aus seiner Jugend. In glühenden Farben malte er sie aus, und vor meinen Augen liefen die Bilder ab wie in einem Film. Ich sah ihn aufs Pferd springen, ohne Sattel über die Felder reiten. Schier grenzenlos dehnten sie sich bis zum Horizont. Ein Land der Wälder und Wiesen, der Seen und Flüsse – Mensch und Natur im Einklang. Mit anderen Jungen trieb er die Pferde zur Tränke an den See. Oft machten sie sich den Spaß, ins tiefe Wasser zu reiten, dann glitten sie vom Pferderücken und schwammen mit den Tieren ans Ufer zurück.

Mein Vater schwelgte in Erinnerungen, lachte über seine Jugendstreiche, erzählte von einem Leben in unbeschwerter Freiheit. Auf dem großen Gut lebten und arbeiteten Bauern und Knechte, Bäuerinnen und Mägde, Förster und Jagdburschen. Es gab Vieh in großer Zahl und Wildtiere ringsum in der Luft, im Wasser und auf dem Land.

Vater hatte Mühe, den Weg zum Gut Neudeck zu finden. Nach wiederholtem Fragen gelangten wir auf einen holprigen Feldweg. Mutter jammerte wegen des Autos, das Opa Bruno uns nur widerwillig geliehen hatte. Dann tauchten sie auf, die halbzerfallenen Gebäude, grau und unansehlich. Vater starrte nur und brachte keinen Laut hervor. Mutter fragte fassungslos: »Soll das dein Gut sein? Ist das etwa Neudeck?«

Vater wollte erst gar nicht aussteigen. Mutter bestimmte: »Nun sind wir so weit gefahren, jetzt schauen wir es uns auch an.«

Vaters Gesicht war fahl. Entsetzt blickte er auf das, was aus seiner Erinnerung geworden war. Der Widerspruch zwischen seinen farbenprächtigen Geschichten und der trostlosen Wirklichkeit konnte nicht krasser sein. Vater stand vor uns wie ein Lügner, dessen wunderschöne Geschichten sich als Schwindel entpuppten. Nichts war übrig geblieben von seiner Kindheit, außer verwahrlosten Gebäuden. Im erbarmungslosen Licht der Gegenwart wurde ihm die Kindheit geraubt.

Auf dem Dach einer alten Scheune entdeckte ich ein großes Nest mit jungen Störchen. Ein Storch segelte auf breiten Schwingen und mit lang gestrecktem Hals durch die Luft, landete bei seinen Jungen und klapperte mit rotem Schnabel. Hoffnungsfroh klangen diese Laute in der trostlosen Stille.

»Da! Vati, schau nur!«, rief ich. »Der Storch ist da! Es ist wahr, was du uns erzählt hast!«

»Früher war es wahr, jetzt stimmt es nicht mehr«, sagte er traurig und nahm mich bei der Hand. »Kehre niemals dahin zurück, wo du glücklich warst, meine Tochter.«

Geheimnisvoller Rödel

Jürgen hatte mich überredet, und wir fuhren nun doch Richtung Freyburg, meinem Heimatort. Auf dem Weg dorthin machten wir Station in Naumburg. Es war Abend, als wir mit dem Zug ankamen, und wir gingen in ein nahe beim Bahnhof gelegenes Hotel. Ich rechnete fest damit – hier würden wir uns zum ersten Mal lieben. Als Jürgen zwei Einzelzimmer verlangte, war ich zunächst überrascht, fühlte mich aber eher erleichtert als enttäuscht.

Nachdem wir im Restaurant gegessen hatten, kam Jürgen doch noch mit auf mein Zimmer. Ich gab mich unbefangen. Er öffnete den Verschluss meines BH, und ich ärgerte mich, als meine Brüste hervorsprangen, wie übermütige Möpse. Ich wünschte mir immer einen kleinen Busen, so klein, dass er in eine Kinderhand gepasst hätte, und trug enge Büstenhalter, um meine üppigen Formen zu verbergen. Jürgen schienen die Bälle zu gefallen. Wir liebten uns, und ich war irritiert, wie lange es dauerte. Bestimmt mache ich etwas falsch, dachte ich.

»Oh, es war schön«, sagte Jürgen, und ich freute mich darauf, mich an ihn zu kuscheln, seine Wärme zu spüren, eine Nacht neben ihm zu liegen und am Morgen mit ihm aufzuwachen. Er aber stand auf, um in sein Zimmer zu gehen. Ich fühlte mich getäuscht.

»Bleib doch!«, bat ich ihn.

Er ließ sich nicht überreden und verschwand ohne ein weiteres Wort.

Hilflos heulte ich ins Kopfkissen.

Am nächsten Morgen besuchten wir den Naumburger Dom. An der Hand meines Vaters hatte ich diese gotische Kirche besichtigt. Ihre Größe, das Dunkle und Geheimnisvolle hatten mich überwältigt, und ich war froh, als Vater meine Hand fest in die seine nahm. Er zeigte mir die Figuren von Ekkehard und Uta, die mir, obwohl aus Stein gemeißelt, wie lebende Menschen erschienen. Das Kunstwerk sei 1248 von einem unbekannten Künstler geschaffen worden, wusste mein Vater: »Genau 700 Jahre, bevor du geboren wurdest.« Er beschrieb mir das Leben der Menschen im Mittelalter und erzählte mir die traurige Geschichte der schönen Uta, die tagein, tagaus am Burgfenster stand, in die Ferne blickte und auf ihren Ekkehard wartete.

Diesmal, zusammen mit Jürgen, hatte der Naumburger Dom seinen Zauber verloren. Ich spürte nicht die Funken des dunklen Geheimnisses, die mein Vater in mir entfacht hatte. Wie hatte er gesagt? »Kehre nicht zurück an einen Ort, wo du etwas Großes erlebt hast.«

Die Entzauberung des Naumburger Doms bedeutete für mich einen herben Verlust, und ich wollte nicht noch mehr verlieren. Deshalb kam ein Besuch von Freyburg für mich nicht mehr in Frage. Wir gingen ein Stück an der Saale entlang und legten uns schon bald ins Gras. Jürgen zog ein Buch aus der Tasche und zeigte mir den Titel – »Fanny Hill«.

»Aus dem Westen«, erklärte er stolz.

Während er sich in das Buch vertiefte, überlegte ich, ob ich allein nach Freyburg wandern sollte. Wie würde die Heimat nach so vielen Jahren auf mich wirken? Was würde ich empfinden? Vielleicht gelingt es mir doch, die Erlebnisse meiner Kindheit in die Gegenwart retten? Den Weg zur Schule würde ich noch einmal gehen und auch meinen Geheimpfad hinauf zum Rödel. Dafür reicht jedoch der Nachmittag nicht aus. Auf meinen Berg aber müsste ich unbedingt steigen, sonst hätte es für mich keinen Sinn zurückzukehren. Der Rödel war das Wichtigste.

Ich legte mich auf den Bauch, blickte in die eilenden Wasser der Saale und reiste wieder einmal zurück in die Vergangenheit: Mein Vater hatte sein Fernstudium erfolgreich beendet, und die Partei beauftragte ihn, die Volkshochschule im Kreis Nebra aufzubauen. Eine harte Nuss für einen Anfänger ohne praktische Erfahrungen.

Die neue Aufgabe als Leiter der Volkshochschule hat ihm gewiss oft den Schlaf geraubt.

Damit mir der Abschied von Bautzen, meinem Garten und dem »Gelände« leichter fiel, schwärmten die Eltern von Freyburg: »Es wird dir gefallen, an den Straßen wachsen hohe Kastanienbäume. Du sammelst doch so gern Kastanien. Dort ist auch eine Burg, die Neuenburg.«

Sie hätten sich nicht sorgen müssen. Ich verliebte mich sofort in die neue Umgebung. Die Sonne schien heller und wärmer, und ich fühlte mich dem Himmel näher. Die Luft schmeckte nach Süden. Die Landschaft von Freyburg war für mich wie geschaffen. Das Städtchen kuschelte sich in einen Talkessel, ringsum von Bergen umgeben, an deren Abhängen sogar Rebstöcke gediehen. Die Wege säumten Kirschbäume, Schlehen und wilde Heckenrosen, an senkrechten Abbrüchen schimmerte weißer Fels. Mächtige Kalksteinschichten formten das Land. Auf breiten Bergrücken standen Buchen- und Eichenwälder. Im Tal schlängelte sich die Unstrut. Wiesen mit weißen Margeriten, roten Kuckuckslichtnelken und gelbem Hahnenfuß begleiteten ihre Ufer. Dicht am Wasser wuchsen Binsen und Schilfrohr.

Wir wohnten außerhalb des Ortes, jenseits des Flusses, am Berghang des Rödels in einer prachtvollen Villa mit Erkern und Zinnen. Dunkelrote Backsteinziegel und hellgelber Sandstein schmückten die Frontseite. Die Räume kündeten von herrschaftlichem Ambiente: großzügige Zimmer mit Glastüren und hohen Stuckdecken, Parkettboden und Terrasse. Obendrein waren Bad und Toilette innerhalb der Wohnung, damals eine Seltenheit. Zum Haus gehörte auch ein Park, in dem wir Kinder spielen durften.

Der ursprüngliche Besitzer von Villa und Park, Herr Flemming, war vor der Enteignung seiner Steinbrüche und Zementwerke einer der reichsten Männer der Gegend. Die neuen Machthaber gestatteten ihm immerhin, die jetzt volkseigenen Betriebe als Direktor zu leiten. Auch das Wohnrecht in einem Stockwerk seiner Villa wurde ihm zugesprochen. In die untere Etage zog im Frühling 1955 unsere Familie ein.

Hinter der Villa schlängelte sich ein Pfad auf den Rödel. Hier oben begegnete ich nie einem Menschen. Der Berg gehörte mir. Ein Reich schier endloser Wälder, dunkel und geheimnisvoll, mit uralten, knorrigen Eichen und Buchen, deren Stämme silbern schimmerten und wie mächtige Säulen in den Himmel ragten. Moose und Farne wucherten auf dem Waldboden, es roch nach Moder und Pilzen, und in den Baumkronen fing sich der Wind. Der Gipfel, breit wie der Rücken eines urzeitlichen Tieres, senkte sich hinab in ein nebelreiches Hochmoor mit weißstämmigen Birken, und jenseits des Sumpfes dehnte sich, sonnendurchglüht, eine steinige Hochebene mit Heckenrosen, Schlehen, Weißdorn und Ginster.

Auf unserem »Nackt-Gelände« in Bautzen war ich immer allein durch die Natur gestreift, aber dort waren Erwachsene in Rufweite gewesen. Der Rödel bot mir etwas Neues: urwaldartige Wälder voller Einsamkeit, fernab der Menschen. Die Wildnis zu erkunden war abenteuerlich, und ich fühlte mich als Erforscher einer unbekannten Welt, schlich durch das Gebüsch wie ein Dschungelbewohner, pirschte mich an Wildtiere, und ein Glücksgefühl durchströmte mich, wenn die Tiere keine Angst vor mir hatten.

Meine Leidenschaft galt auch den Pflanzen, immer war ich auf der Suche nach neuen Arten. Auf den Wiesen schossen dunkelviolette Kelche aus dem kargen Boden – die ersten Frühlingsboten. Sie ähnelten pelzigen Krokussen. Wie stolz war ich, als ich diese prächtigen Pflanzen – Küchenschellen – mit Hilfe eines Blumenbuches erkennen konnte. Ich zeigte den Eltern die Abbildungen, und sie lasen mir die Bezeichnungen vor.

Sobald ich die Namen der Pflanzen und Tiere wusste, wurden sie für mich zu Freunden. Die violetten Blütenkelche der Küchenschellen verwandelten sich bald in ein Büschel silbriger Fäden, dann erschienen die Adonisröschen. Ihre Blüten glänzten wie lackiert und leuchteten im ausgeblichenen vorjährigen Gras wie kleine Sonnen. Ich lernte, dass jede Pflanze ihre eigene Blütezeit hat. Buschwindröschen und Leberblümchen bedeckten, weißblauen Teppichen gleich, den Boden der frühlingslichten Buchenwälder. Bald darauf blühten Lungenkraut, Seidelbast, Maiglöckchen, Salomonssiegel und Einbeere. Im Sommer wuchsen wieder andere Arten: Orchideen und Graslilien, Enziane und Diptam.

In meinem Umfeld gab es niemanden, der meine Neigung teilte. Als meine Eltern sahen, dass ich Pflanzen presste und ein Herbarium anlegte, lobten sie mich und sagten: »Unsere Tochter wird einmal Naturforscher werden.« So wurde ich frühzeitig mit der Bezeichnung für meinen zukünftigen Beruf vertraut.

Im Herbst kam ich endlich in die Schule. Schon im Juli war ich sieben Jahre alt geworden. Ein Jahr zuvor hatte man mich zu meinem Verdruss zurückgestellt, da ich klein, blass und mager war.

Wie es sich für Erstklässler gehört, liebten wir unsere Lehrerin, Fräulein Hagen. Aus ihrem kantigen Gesicht ragte scharf eine Nase hervor, die mich an den Schnabel eines Bussards erinnerte. Bussarde waren für mich wunderbare Vögel, deshalb freute ich mich über eine Lehrerin mit einer Raubvogelnase. Ihre aschblonden Haare trug sie kurz geschnitten, und ihr Körper war knochig, ohne jede Rundung. Gerade weil ihr weiblicher Charme fehlte, gefiel sie mir. Später wollte ich auch so eine sportliche Figur haben.

Ich wurde ihre Lieblingsschülerin und flog mit ihr im Segelflugzeug durch die Luft. In Laucha, nur wenige Kilometer von Freyburg entfernt, war der Flugplatz für Sportflieger. Mein Vater hatte seine alte Leidenschaft für das Fliegen wiederentdeckt und den Segelflugschein erworben. Auch Fräulein Hagen war begeisterte Fliegerin. Mein Vater nannte sie »Rosel« und »du«, wie unter Sportfreunden und Parteigenossen üblich.

So normal es war, dass ich die Schule besuchte, so selbstverständlich wurde ich Junger Pionier. Wir alle wurden Pioniere. Ich brannte darauf, das blaue Halstuch endlich tragen zu dürfen, denn im Lesebuch hatte ich die Geschichte »Timur und sein Trupp« gelesen, über unerschrockene Pioniere in der Sowjetunion. Timur kämpfte mit seinen Freunden mutig und tapfer für die Heimat und besiegte den Feind. So spannende Abenteuer erhoffte ich mir auch. Die Halstücher der sowjetischen Pioniere waren rot. Rot wie Blut, das für die Freiheit vergossen wurde, hieß es im Lesebuch. Vielleicht lag es an der Farbe – unsere Tücher waren blau. Heldentaten durften wir nicht vollbringen, und kein Feind forderte uns heraus. Mit dem Halstuch veränderte sich nur die Begrüßung morgens in der Schule. Die Lehrerin stellte sich vor die Klasse und rief: »Seid bereit!«

Zackig warfen wir die gespreizte Hand auf unseren Scheitel und brüllten im Chor: »Immer bereit!«

Am Montag zum Appell, wenn die Fahne am Mast hochgezogen wurde, trugen wir Pionierkleidung: frisch gebügeltes Halstuch, weiße Bluse, dunkelblauer Rock die Mädchen und die Jungen dunkelblaue Hosen. Wer vergessen hatte, seine Pioniertracht anzuziehen, musste vortreten, bekam Tadel und Strafpunkte. So wurde uns das Pioniersein zur lästigen Pflicht.

Mein Schulweg war lang, wohnten wir doch außerhalb der Ortschaft jenseits des Flusses, über den eine Brücke führte. Von der Brücke blickte ich rechts auf ein tosendes, weißschäumendes Wehr, links auf die Schleuse. Wenn ein Lastkahn einfuhr, schaute ich gebannt zu, wie er vom einflutenden Wasser gehoben wurde. Die Gedanken trugen mich davon. Ich träumte, mit einem Boot auf dem Fluss zu fahren, tagelang bis zum Meer. Dann wieder stellte ich mir vor, ich zöge flussaufwärts, würde den Windungen folgen, bis zur Quelle der Unstrut, jener geheimnisvollen Stelle, wo das Wasser zum ersten Mal ans Tageslicht tritt.

Im Winter durfte ich nicht stehen bleiben und träumen, sondern musste den weiten Weg im Eiltempo zurücklegen, weil mir sonst die Zehen erfroren wären. Meine Winterschuhe waren aus Igelit, einem neuartigen Kunststoff. Während des Unterrichts fühlten sich meine Füße an, als wären sie in einen Eisblock gepresst. Die Kälte kroch die Beine hoch und zog durch den ganzen Körper. Zu Hause taute ich meine Füße am Kachelofen auf. Es kribbelte schmerzhaft, als würden mir tausend Ameisen in die Zehen beißen.

Da ich keine anderen Schuhe besaß, musste ich die Schmerzen ertragen, bis der Winter vorbei war. Meiner Mutter sagte ich nichts von meinen angefrorenen Füßen. Neue Schuhe waren zu teuer, und das Geld war immer knapp. »Es reicht hinten und vorne nicht«, klagte Mutter. »Noch vor dem Monatsende ist das Geld alle. Dabei kaufe ich nur, was wir unbedingt brauchen.« Neue Schuhe zählten nicht dazu, dessen war ich mir gewiss.

Als ich in der zweiten Klasse war, ereignete sich der Ungarn-Aufstand. Betroffen verfolgten meine Eltern die Nachrichten im Radio. Etwas Furchtbares sei passiert, flüsterte mir Mutter zu. »Menschen werden erschossen, gehängt, gevierteilt. Wenn auch bei uns ein Aufstand losbricht, ist Vatis Leben in Gefahr.«

»Erzähl keinen Unsinn, mach dem Mädel keine Angst«, sagte Vater.

»In Ungarn bringen sie alle Kommunisten um, jetzt rächt sich das Volk an euch.«

»Ach, du verdrehst die Tatsachen. Wir Kommunisten tun doch alles für das Volk, das sieht jeder ein, der denken kann. Was in Ungarn geschieht, ist eine Konterrevolution, von den Feinden des Volkes, den Kapitalisten, angezettelt. Die alten Ausbeuter wollen sich wieder breit machen. Ein letzter Versuch, das Rad der Geschichte zurückzudrehen, aber es wird ihnen nicht gelingen! Die siegreiche Sowjetarmee sieht dem nicht tatenlos zu.«

»Was soll nur aus uns werden?«, schluchzte meine Mutter. »Hättest du dich nur rausgehalten aus der Politik!«

»Beruhige dich! Im Radio haben sie gerade gemeldet, dass die Truppen der Roten Armee in Budapest einmarschieren.«

Mir taten die Menschen Leid, die von den bösen Kapitalisten getötet worden waren. Hätte die Sowjetarmee nicht ein bisschen schneller eingreifen können? Mir fiel »Timur und sein Trupp« ein. Diese Kinder mit den roten Halstüchern waren jetzt vielleicht Sowjetsoldaten und hatten die Ungarn gerettet. Ich wünschte mir auch solche Freunde, mit denen ich Abenteuer erleben, die Feinde besiegen und die Menschen befreien könnte.

In der Schule wurde nicht über den Aufstand gesprochen, weder Lehrer noch Mitschüler verloren ein Wort. Die Menschen waren vorsichtig, nur selten äußerten sie ihre wahre Meinung, und vor mir nahmen sie sich besonders in Acht.

»Dein Vater ist ein Roter, und du bist genauso, deswegen will ich nichts mit dir zu tun haben«, schleuderte mir eine Schulkameradin entgegen. Das war deutlich, aber ich begriff nicht. Rot konnte doch kein Schimpfwort sein. Stand nicht im Lesebuch die Geschichte von den sowjetischen Pionieren mit den roten Halstüchern? Noch immer hoffte ich, ein Held zu werden wie sie. Warum sagte das Mädchen, rot sei schlecht? War nicht auch unsere Regierung rot? Dann standen doch mein Vater und ich auf der richtigen Seite und nicht sie?

Hellhörig geworden, lauschte ich den Gesprächen der Erwachsenen. Aus Wortfetzen und Andeutungen gewann ich allmählich die Gewissheit, dass fast alle Menschen den Staat ablehnten. Niemand sagte offen seine Meinung. Alle hielten still und warteten ab.

»Bald bricht das Regime von selbst zusammen«, flüsterten die Leute. »Die machen's nicht mehr lange. Sieh dir nur die Misswirtschaft an, das kann sich keine Regierung auf Dauer leisten. Die sind doch schon total am Boden.«

»Vati, warum sind alle gegen uns?«, fragte ich beklommen.

»Es sind nicht alle. Nur in Freyburg sind es viele, denn hier leben vor allem Kleinbürger. Es dauert eben, bis altes Denken aus den Köpfen der Menschen verschwindet. Irgendwann werden auch sie begreifen, dass wir eine bessere Welt schaffen.«

»Sie sagen aber, es wäre bald aus und vorbei mit unserer DDR.«

»Ach was, nie und nimmer! Es geht voran, wenn auch langsam. Etwas völlig Neues aufzubauen ist nun mal nicht einfach. Das werktätige Volk hat die Ausbeuter davongejagt und selbst die Macht ergriffen. Gewiss, wir machen Fehler, aber wir lernen aus unseren Fehlern. Wir stecken noch in den Kinderschuhen, da muss man Fehler machen dürfen. Ich werde es vielleicht nicht mehr erleben, aber du bist jung. Ihr, die Jugend, werdet unser Werk vollenden. Du wirst es sehen – die Menschen werden frei und glücklich und in Eintracht leben. Jeder arbeitet nach seinen Fähigkeiten und erhält, was er zum Leben braucht. Geld wird es nicht mehr geben und keinen Neid und keine Missgunst. Es wird sein wie im Paradies.«

Absonderung

Nach Enteignung der Kapitalisten und Gutsbesitzer waren die Bauern an der Reihe. Sie sollten nach dem Vorbild sowjetischer Kolchosen in landwirtschaftlichen Produktionsgenossenschaften, LPGs genannt, zusammengefasst werden, mit der Absicht, die gesamte Planung und Produktion unter staatliche Kontrolle zu bringen.

Freiwillig und mit Freuden werden die Bauern zustimmen, glaubte mein Vater. Bald wurde er von der Partei beauftragt, aufs Land zu fahren, um Überzeugungsarbeit zu leisten. Einmal durfte ich ihn begleiten, und ich habe erlebt, wie uns die Bauern nur widerwillig in ihre Stuben ließen.

Obwohl er mit rosigen Worten ihre Zukunft schilderte, konnte Vater nicht einen Einzigen für die neuen Ideen gewinnen. Selbst das Versprechen, sie hätten dann Anspruch auf Urlaub wie alle Werktätigen, zeigte bei ihnen nicht die gewünschte Wirkung.

Auf der Rückfahrt fragte ich meinen Vater: »Was geschieht, wenn sich die Bauern weigern?«

»Sie haben eine Woche Bedenkzeit, dann kommen andere Genossen und reden wieder mit ihnen, so lange, bis sie in die LPG eintreten.«

Die Ärmsten, dachte ich und sagte: »Lasst sie doch in Ruhe.«

»Das geht leider nicht. Für Einzelbauern ist kein Platz mehr, eine neue Zeit bricht an. Niemand kann das Rad zurückdrehen. Bald wird es nur noch LPGs geben.«

Zwei Jahre wohnten wir in Flemmings schöner Villa. Dann erhielt Vater von der Partei die Anweisung, unverzüglich auszuziehen. Von ihm als Genosse erwarte man, dass er seine persönlichen Interessen hinter das Gemeinwohl zurückstelle. Freyburg brauche einen Arzt. Endlich wolle sich einer niederlassen, aber er verlange eine akzeptable Wohnung. Im ganzen Ort gab es angeblich keine außer unserer.

Mutter war außer sich: »Nein, ich ziehe nicht aus! Sag deinen ehrenwerten Herren Genossen, dass du drei kleine Kinder hast, die haben auch ein Recht auf eine anständige Wohnung.«

»Parteibeschluss ist Parteibeschluss, da helfen keine Argumente. Ich kann nichts tun, gar nichts. Glaub mir, ich habe schon alles versucht.«

Die Wohnung, die sie uns zuteilten, hätte schlimmer nicht sein können. Selbst wir Kinder fühlten uns wie in der Verbannung. Das Haus wurde von Mutter treffend als »Bruchbude« bezeichnet. Der Putz fiel flächenweise ab, und in den Wänden saß der Schwamm.

Die Erosion fraß Löcher und Schrunden tief in die Mauern, die nicht aus Ziegeln oder Stein, sondern aus Schlamm, Sand und Flusssteinen bestanden. Windschief stand das Haus an einer Straßenecke. Unten war ein Lebensmittelladen, und wir bewohnten als Einzige die Etage darüber. Der Gestank fauliger Heringstonnen zog ständig zu uns hoch. Fässer, Kartonagen, Bierkästen und Unrat stapelten sich im Hauseingang, Flur und Hof. Die Abfallberge wurden nur selten abgeholt.

Mit zwei Zimmern, nur Wohn- und Schlafraum, war die Wohnung für eine fünfköpfige Familie viel zu klein. Wir beiden Mädchen schliefen im Etagenbett in einer Abstellkammer, in die kein weiteres Möbelstück mehr passte. Ingo, mein Bruder, musste im Bett zusammen mit den Eltern schlafen.

Das Schlimmste war die Toilette – ein Plumpsklo im Hof, wo sich nebenan der Müll aus dem Laden stapelte und Ratten anzog. Wir mussten die Flurtreppe hinabsteigen, durch einen fensterlosen Gang hinaus ins Freie gehen. Für uns Kinder war der lange Weg schrecklich, besonders bei der Eiseskälte im Winter, wenn wir am Morgen eilig zur Toilette mussten. Bevor wir das Klo erreichten, machten wir uns meist schon in die Hosen.

Anstelle eines Bads gab es im Flur lediglich einen Ausguss mit einem Kaltwasserhahn. Es zog erbärmlich, weil der Vorplatz zur Treppe hin offen war. Jeden Freitag wanderte deshalb die ganze Familie ins städtische Wannenbad und rubbelte sich dort sauber. Wir Kinder wetteiferten, wer nach dem Bad das schmutzigste Wasser zurückließ.

Die Winter im Abbruchhaus waren kaum auszuhalten. Ungeschützt war es von drei Seiten Wind und Kälte preisgegeben. Wände und Fenster isolierten kaum, aber nie wieder in meinem Leben habe ich so skurrile Eisblumen gesehen. Die kristallinen Wunderblumen überzogen die Fensterscheiben, wuchsen und blühten, und bezauberten mich mit ihrer unfasslichen Schönheit.

»Was hast du nur verbrochen?«, fragte meine Mutter immer wieder meinen Vater. »Warum bist du in Ungnade gefallen? Sie wollen sich an dir rächen und treffen mich und unsere Kinder!«

Vater schwieg. Wir erfuhren nichts von ihm. Er flüchtete sich in die Welt der Jagd, trat einer Jagdgesellschaft bei, legte die Prüfung ab und verbrachte die Wochenenden und Abende im Wald.

In der engen Wohnung fehlte mir ein Winkel, wohin ich mich zurückziehen und meinen Träumen nachhängen konnte. Diesen Ort fand ich auf dem Speicher. Mächtige Balken und Holzpfeiler stützten das Dach. Durch Fensterluken fiel spärliches Licht, in dem Staubpartikel tanzten. Spinnweben hingen herab, überall standen verstaubte Möbel und Kisten. Im hintersten Winkel unter der Dachschräge baute ich mir ein Versteck. Aus Brettern und Kisten bastelte ich ein Regal für meine Schätze vom Berg Rödel: Federn und Steine, seltsam geformte Wurzeln und Zapfen, Baumpilze, Schneckengehäuse und Tierschädel, die Ameisen fein säuberlich abgenagt hatten. Für jeden Fund legte ich ein Kärtchen an mit Namen, Datum, Fundort, so wie ich es im Naturkundemuseum gesehen hatte.

Mutter kam für einige Wochen ins Krankenhaus. Ich durfte während dieser Zeit bei Rosemarie Hagen, meiner Lehrerin, wohnen. Bei ihr erlebte ich zum ersten Mal, dass man Essen auch genießen kann. Wir sammelten Holunderblüten, rührten einen dünnflüssigen Eierkuchenteig an, tunkten die Blüten ein und tauchten sie in siedendes Öl.

Fräulein Hagen hatte in ihrer kleinen Wohnung ein Klappbett für mich aufgestellt. Abends brachte sie mich ins Bett, deckte mich zu und erzählte mir vor dem Einschlafen die Geschichte von Wassertröpfchens Reise. Die Reise begann in den Wolken. Es regnete. Der Tropfen fiel zur Erde, sickerte in den Boden, sprudelte an der Quelle wieder ans Tageslicht, rauschte mit vielen anderen Tropfen als Gebirgsbach zu Tal, reiste weiter in einem Fluss, landete im Meer und flog wieder hinauf zu den Wolken. Jeden Abend überraschte mich Rosemarie Hagen mit neuen Abenteuern des Wassertropfens. Die Geschichte prägte sich mir so ein, als sei ich selbst mit dem Tropfen unterwegs gewesen.

Am schönsten war es, wenn ich länger aufbleiben durfte und sie mit mir den Sternenhimmel betrachtete. Sie zeigte mir Sternbilder – den Großen und den Kleinen Wagen, den Orion und die Plejaden, die Kassiopeia und die Leier, nannte mir die Namen heller Sterne und erklärte mir den Unterschied zwischen Planeten und Fixsternen. Von ihr erfuhr ich, dass unsere Sonne ein Fixstern und unser Sonnensystem nur eines unter vielen ist. Sie war es, die mir das Universum nahe brachte.

Seit Onkel Hahn, unser früherer Nachbar, und seine Tochter Gertraude meine Fantasie, die Liebe zur Natur und die Sehnsucht nach fremden Völkern in mir geweckt hatten, fand ich in Rosemarie Hagen endlich wieder einen Menschen, der mir zugetan war und sich mit mir intensiv beschäftigte.

Als ich in die dritte Klasse kam, blieb Mutter mit uns Kindern nach Ferienende noch etwas bei ihren Eltern. Ich besuchte solange die Bischofswerdaer Schule. Sie habe alles mit Fräulein Hagen abgesprochen, beruhigte Mutter mich. Arglos kehrte ich nach einigen Wochen in meine alte Klasse zurück. Fräulein Hagen schrie mich zornig an: »Was glaubst du, wer du bist? Denkst du etwa, du kannst dir alles erlauben? Von jetzt an weht ein anderer Wind!«

»Ich habe nicht geschwänzt. Die ganze Zeit bin ich in Bischofswerda zur Schule gegangen«, verteidigte ich mich.

»Sei still!«, fauchte sie. »Ich dulde keinen Widerspruch. Für dich werden keine Extrawürste mehr gebraten!«

War das noch meine Lehrerin, die mir Geschichten vom Wassertropfen erzählt und mich in die Geheimnisse des Universums eingeweiht hatte?

Ich ahnte, ihr Wutausbruch konnte nicht mit meiner späten Rückkehr aus den Ferien zu tun haben. Es musste einen anderen Grund geben. Mehrere Tage lang beachtete sie mich nicht, so eifrig ich mich auch meldete. Resignierte ich, rief sie mich unvermittelt an die Tafel. Sie ließ keine Gelegenheit verstreichen, mich vor der Klasse bloßzustellen.

Meine Lehrerin war wie von einem bösen Zauber befallen. Im Märchen von der »Schneekönigin« springt Kai ein Zaubersplitter ins Auge und verkehrt die Welt. Das Schöne wird für ihn hässlich, das Gute schlecht. Kai kann nicht mehr erkennen, was richtig und was falsch ist. Er beleidigt die Menschen, die ihn liebhaben, und folgt der kalten und herzlosen Schneekönigin in ihr eisiges Reich.

Inzwischen war ich alt genug, zwischen Märchen und Wirklichkeit zu unterscheiden, dennoch – ein solcher Splitter musste ihr ins Auge gesprungen sein und sie verwandelt haben. Manchmal tat sie, als gebe es mich nicht, aber die Ruhe war trügerisch. Ihre Bewegungen wurden immer fahriger, ihre Blicke streiften mich, irrten wieder ab. Da wusste ich, bald gibt es wieder ein Donnerwetter. Ich duckte mich, machte mich klein. Doch es half nicht. Plötzlich heftete sie ihre Augen auf mich, ihr Gesicht rötete sich, und schon schrie sie los: »Was glotzt du so unverschämt? Los, steh auf! Gesicht zur Wand! Du freches Balg! Zur Hölle mit dir!«

Ihre Ausbrüche waren vollkommen unwirklich und unfassbar. War sie verrückt geworden? Die anderen Kinder behandelte sie normal. Nur ich war ihr Opfer. Ich zitterte. Was würde ihr noch alles einfallen? Und doch hasste ich sie nicht. Etwas ist mit ihr geschehen, dachte ich, irgendetwas, das nichts mit mir zu tun hat.

Schlimmer als die Wut, die sie an mir austobte, war aber die Reaktion meiner Schulkameraden. Alle mieden mich. Keiner kam zu mir, drückte mir die Hand, sprach mir Trost zu, und wenn es heimlich gewesen wäre. Kein Wort. Kein Lächeln. Kein Blick. Ich war zur Ausgestoßenen geworden. Ich war allein.

Zu Hause verschwieg ich, was in der Schule vor sich ging. Ähnlich wie bei den Igelitschuhen, in denen meine Zehen blau gefroren waren, glaubte ich nicht, dass jemand mir hätte helfen können. Wie sollten meine Eltern verstehen, was ich selbst nicht verstand? Sie hatten ja ihre eigenen Probleme und Nöte.

Mein Berg, der Rödel, rettete mich. Er hielt meine Lebensfreude wach. Wenn ich durch die Wälder streifte, vergaß ich Schule und Lehrerin. Ich kroch durch Dickichte, folgte den Windungen eines Baches, der in einen stillen Waldsee mündete. In einem verlassenen Kalksteinbruch fand ich versteinerte Seelilien, Ammoniten und uralte Muscheln, eingeschlossen im Kalkgestein. Ich tanzte mit den Schmetterlingen auf den sonnigen Lichtungen und beobachtete Rehe, die am Waldrand ästen, den Baummarder mit goldener Kehle oder den Fuchs im roten Pelz. Das waren Augenblicke der Verzauberung.

In der Schule war ich ein verschüchtertes Kind, still und unscheinbar. Auf dem Rödel aber war ich ein unerschrockener Forscher. Ein Entdecker unbekannter Länder. Meine Fantasie gaukelte mir tropische Wälder vor, das Hochmoor wurde zum Amazonasbecken und ein Eichhörnchen zum Orang-Utan. Dass ich die einheimische Landschaft in exotisches Gewand kleidete, lag an den Büchern. Wie damals, als ich fünf war, stöberte ich in Vaters Bücherschrank, aber jetzt konnte ich lesen und hinter den gedruckten Buchstaben öffnete sich mir ein unermesslicher Kosmos. Die Bücher entführten mich in andere Welten und in fremde Leben. Lesend verflüchtigte sich die Gegenwart, ich selbst löste mich auf und schlüpfte in die Gestalt der im Buch geschilderten Figuren. Nur die schweren Lederbände in Rot blieben vor meiner Lesegier verschont. Auf ihren Einbänden stand in dicken Lettern: Marx und Engels, Lenin und Stalin.

Ein Buch wurde zum Schlüssel für meine Leidenschaft. Der Titel hörte sich an wie ein Geheimwort: NANGA PARBAT. Das

Buch handelte von der Besteigung des 8000 Meter hohen Berges im Himalaya. In ergreifenden Bildern waren die Eiseskälte, die Atemnot in der extremen Höhe, die Furcht vor tödlichen Lawinen beschrieben. Und plötzlich wusste ich: Das ist es! Genau das will ich erleben! Mein Leben hatte auf einmal ein Ziel bekommen. Den Nanga Parbat wollte ich besteigen und alle anderen hohen Berge der Erde. Weder die körperlichen Strapazen noch der Tod der Expeditionsteilnehmer schreckten mich. Lesend begriff ich: Je härter der Anstieg, je beschwerlicher die Mühe, je schlimmer das Leiden, desto überschwänglicher das Glück auf dem Gipfel. Hungrig nach neuen Anregungen las ich das Buch über den Nanga Parbat wieder und wieder – das einzige in Vaters Bücherschrank, das von einer Expedition berichtete. Mutter riet mir, mich in der Bücherei anzumelden. Mit Schätzen beladen kam ich nach Hause: Sven Hedins Reisen durch Asien und die Wüste Takla-Makan. Heinrich Barth und Gustav Nachtigall in Afrika. Bronislaw Kaspar Malinowski unter Kopfjägern in der Südsee. Charles Darwin auf den Galapagos-Inseln. Amundsen und Scott bei ihrem Wettlauf zum Südpol. Durch diese Bücher erfuhr ich, wie wunderbar die Erde ist. Freyburg war nur ein Pünktchen auf der runden Kugel, und meine Qual in der Schule schrumpfte zu einer Nichtigkeit, angesichts des Glücks, das in der Ferne auf mich wartete.

Ich identifizierte mich mit den Entdeckern und ihren Taten. Der Unterschied zwischen dem Traum von Forschungsreisen und meinem wirklichen Leben konnte nicht krasser sein. Mit hängendem Kopf tappte ich morgens in die Schule, hockte unbeteiligt in der Bank und streifte mir einen unsichtbaren Panzer über, wenn die Lehrerin mich wieder und wieder zum Sündenbock machte. Beim Läuten der Schulglocke, die das Ende der letzten Unterrichtsstunde anzeigte, stopfte ich Schulbücher und Hefte in den Ranzen, raste als Erste die Treppe hinunter, sprang aus dem Gebäude, einem dunklen Kasten, und überquerte den mit Kies bestreuten Schulhof, den eine Mauer aus grob behauenen Kalksteinblöcken begrenzte. Durch einen versteckten Torbogen gelangte ich auf den Kirchplatz. Erst jetzt bremste ich meinen hastigen Lauf. Mein Nacken und der verspannte Rücken lockerten sich, ich blickte hinauf zu den Kirchturmspitzen, um die stets ein Dohlenschwarm kreiste. Ihre hellen Rufe »Kjack! Kjack!« elektrisierten mich. »Frei! Frei! Frei!«, rief ich meinen schwarz befiederten Freunden mit der silbernen Federhaube zu.

Über Kopfsteinpflaster und schmale Fußwege ging ich durch die verwinkelten Gässchen Freyburgs mit den krummen und schiefen Häusern. Ich überquerte den Marktplatz, folgte einer abfallenden Straße und erreichte am Ende unsere Wohnung im Abbruchhaus.

Die Träumereien, die Erlebnisse auf dem Rödel und das Lesen hatten mich weit von den anderen Kindern entfernt. Sie waren mir fremd geworden, und es hätte mich gelangweilt, mit ihnen zu spielen. Ich war jetzt gern allein. Da kam mir auf einmal der Gedanke, dass meine Lehrerin recht getan hatte, als sie mich absonderte. Vielleicht hatte sie erkannt, was tief in meinem Charakter verborgen lag. Bevor es mir selbst bewusst war, hatte sie in mich hineingeblickt und gesehen, dass ich anders war als die anderen. Sie hatte mich auf den Weg gestoßen, der für mich bestimmt war, so dachte ich damals.

Die großen Ferien vergingen, und ich kam in die vierte Klasse. Die Wut Fräulein Hagens brannte weiter, ja das Feuer in ihrem Inneren loderte immer gefährlicher. Ohne Widerstand fügte ich mich in die Opferrolle. Je länger das Leid dauerte, desto eher akzeptierte ich es. Ein Gefühl heimlicher Lust flackerte sogar in mir, wenn ich beschimpft und angeschrien wurde. Fast sehnte ich die Quälerei herbei, und immer häufiger bereitete es mir eine seltsame Freude, wenn sie mich erniedrigte.

Die Lehrerin zerriss meine Hefte und gab mir nur noch schlechte Noten. »Du bleibst sitzen! In die fünfte Klasse kommst du nicht! Noch ein Jahr mit dir halte ich nicht aus!«

Eines Tages flammte ihre Wut lichterloh. In maßlosem Zorn rief sie die Klasse zu einer Strafaktion gegen mich auf. »Die da« – sie zeigte mit ausgestrecktem Finger auf mich – »erzählt Lügen. Böse Lügen, deshalb will man mich einsperren! Wollt ihr, dass eure Lehrerin ins Gefängnis muss?« Sie hielt sich die Hand vor das Gesicht, spreizte die Finger und rollte mit den Augen.

»Nein! Nein!«, riefen die Kinder durcheinander.

»Dann schlagt sie! Sie soll ihre Lügen eingestehen! Los, schlagt sie!«

Die Kinder drehten sich nach mir um. Ich drückte mich in eine Ecke. Sie rückten bedrohlich näher. Die Jungen ballten ihre Hände zu Fäusten. »Du bringst unsere Lehrerin nicht ins Gefängnis! Du nicht!«, drohten sie. »Schlagt sie tot, die Hexe!«, kreischte ein Mädchen. Da stieß ich mich mit meiner ganzen Kraft von der Wand ab, sprang zur Tür und rannte hinaus.

Die Meute versperrte mir den Weg aus dem Schulgebäude. Ich lief in die Mädchentoilette. Die Jungen hinterher. Ich schloss mich in einer Zelle ein. Sie holten Papier, zündeten es an und schoben es unter die Tür hindurch. »Die Hexe soll brennen!«

Da ich klein und dünn war, konnte ich unter der Trennwand in das Nachbarabteil kriechen und hinter dem Rücken der tobenden Menge entwischen. Ich gewann einen rettenden Vorsprung, bevor sie meine Flucht bemerkten und die Verfolgung aufnahmen. Ich schaute zurück und war sicher, sie könnten mich nicht mehr einholen. Das Herz pochte aufgeregt in meiner Brust. Und ich verspürte die Lust des Hasen, der den Wölfen wieder einmal entkommen ist.

Nachmittags klingelte die Mutter einer Mitschülerin an unserer Haustür. Aufgeregt redete sie auf meine Mutter ein: »Wir können Sie nicht verstehen! Warum lassen Sie das zu? Warum tun Sie nichts? Ich und einige andere Mütter werden jetzt nicht mehr schweigen!«

»Worum geht es?«, fragte Mutter völlig verdattert.

»Um Ihre Tochter! Ist Ihnen denn nicht bekannt, dass die Kinder sie heute sogar anzünden wollten?«

Fassungslos hörte meine Mutter zu. Die Mitschüler hatten zu Hause erzählt, wie die Lehrerin mich seit zwei Jahren behandelte. Zuerst hatten die Eltern es als kindliche Fantasie und Übertreibung abgetan. Die Vorfälle häuften sich, wurden immer schlimmer, doch die Erwachsenen wollten sich nicht einmischen, solange meine Eltern sich nicht wehrten. Das Zündeln in der Toilette aber hatte ihnen Angst gemacht, nun wollten sie den Vorfall melden.

Die Schulleitung führte eine Untersuchung durch. Was herausgefunden wurde, erfuhr ich nicht. Man hielt es vor mir geheim, wollte mich schonen, weil ich schon genug gelitten hatte. Das eine oder andere Mädchen versuchte jetzt, nachdem alles vorbei war, wieder mit mir zu sprechen, doch ich rannte nur wortlos davon.

Rosemarie Hagen wurde an eine andere Schule versetzt und verschwand für immer aus Freyburg. »Ob sie wohl Lehrerin bleiben darf?«, fragte ich mich besorgt. Meine Gefühle waren zwiespältig. Sie hatte mir den Weg zu den Sternen gezeigt und mich gleichzeitig in einen dunklen Abgrund gestoßen. Den Grund für ihre Raserei erfuhr ich damals nicht. Dunkel ahnte ich, es müsse mit meinem Vater zu tun haben. Später vermutete ich, dass die Partei oder gar die Staatssicherheit Rosemarie Hagen unter Druck gesetzt hatte.

Jahre habe ich die alte Geschichte verdrängt, aus Angst, Unangenehmes oder sogar Verletzendes zu erfahren. Als ich das letzte Mal vor meiner Flucht zu Hause war, wusste ich, dass ich jetzt meinen Vater fragen musste, oder ich würde das Geheimnis nie erfahren. Seine Antwort enttäuschte mich. Die Wahrheit war so trivial, dass ich sie zunächst kaum glauben konnte.

»Gut, du sollst alles wissen, auch das, was ich niemandem bisher erzählt habe, da es nur Rosel und mich anging. Ich habe Rosel fast jedes Wochenende auf dem Segelflugplatz getroffen, da sind wir uns näher gekommen – aber nicht so, wie du jetzt vielleicht denkst.

Mit ihrem herben Äußeren war sie der Typ, mit dem man Pferde stehlen konnte. Als ich bemerkte, wie einsam sie sich fühlte, hatte sie sich schon in mich verliebt. Vorsichtig zog ich mich zurück. Ich wollte sie nicht verletzen, aber sie hängte sich umso heftiger an mich. Eines Abends hat sie mich in ihre Wohnung eingeladen. Ich klopfte. ›Bitte warte einen Moment‹, antwortete sie, und ich hörte hastiges Geraschel und Geknister hinter der Tür. Dann rief sie: ›Komm jetzt rein!‹ Ich öffnete die Tür. Weingläser standen auf dem Tisch, Kerzen flackerten. Und – sie stand nackt vor mir. Ich stürzte Hals über Kopf ins Freie, atmete tief durch und rief ihr zu, sie möge sich anziehen. Hastig rauchte ich eine Zigarette. Als ich wieder ins Zimmer trat, warf sie ein Weinglas nach mir und schrie: ›Raus mit dir! Verschwinde auf der Stelle! Ich will dich nicht mehr sehen.‹«

»Aber was hat das alles mit mir zu tun?«, fragte ich.

»Eine Art Erpressung. Indem sie dich quälte, wollte sie mich zwingen, sie zu lieben. Dann hätte sie dich wieder gut behandelt. Ihr Plan ging nicht auf, weil du geschwiegen hast. Sie hat es immer ärger getrieben, damit du mir endlich alles erzählst. Dabei ist sie halb wahnsinnig geworden – was sie auch mit dir anstellte, du hast dich nicht gewehrt. Weil du nicht so reagiertest, wie sie dachte, hat sie dich gehasst und völlig die Kontrolle über sich verloren. Ach, mein Kind, warum hattest du kein Vertrauen zu mir?«

»Doch! Glaub mir, vertraut habe ich dir immer. Wie hätte ich aber ahnen können, was dahintersteckt?«

»In deiner Not hast du nicht bei mir Hilfe gesucht, darüber bin ich noch immer traurig und enttäuscht.«

»Versteh mich doch, Vati. Ich wollte nicht die hilflose Prinzessin sein, die erlöst wird, sondern immer der Held, der mutig mit seinem Schwert den Drachen besiegt. Wie hätte ich eingestehen können, dass ich Hilfe brauche?«

Vater nahm meine Hände in die seinen. Wir blickten uns an. Worte brauchten wir keine mehr.

Flucht in der Nacht

In deinen Augen tanzen Goldfunken, wenn du lachst.« Jürgen schaut mich zärtlich an. Wegen meiner grünbraun gefleckten Augen nennt er mich »Schecke«. Wir sitzen in einer Warnemünder Gaststätte, scherzen und lachen, halten uns an den Händen und sehen uns in die Augen, wie ein Liebespaar. Diese Rolle müssen wir nicht spielen. Die Gefühle füreinander wachsen, entfalten sich und reifen. Wie schön, dass wir uns gefunden haben, denke ich. Mit Jürgen zusammen werde ich meine Träume verwirklichen. Erstmals spüre ich, wie ein warmer Strom zu meinem Herzen fließt. Warum habe ich mich so lange gesträubt, ihn gern zu haben? Jetzt fühle ich mich, als würde ich schweben. Kein noch so aufmerksamer Beobachter würde ahnen, dass wir fliehen wollen. Wir sind völlig entspannt und vergnügt, ganz dem Augenblick hingegeben.

Im Auto greift Jürgen wieder nach meiner Hand, blickt mich ernst an und sagt bedeutungsschwer: »Ich mag es, Schecke, dass du deinen eigenen Kopf hast. Gerade weil du so eigenwillig bist, liebe ich dich. Aber unsere Flucht kann nur gelingen, wenn einer von uns die Entscheidungen trifft – und das bin ich! Kannst du dich unterordnen? Dich meinem Kommando und meinen Befehlen widerspruchslos fügen?«

Seine Worte wundern mich. Sicher, in gefährlichen Situationen ist keine Zeit zu diskutieren oder gar sich zu streiten. Sich aber einem Befehl zu fügen, wenn man anderer Meinung ist, das wäre abartig. »Kommando« und »Befehl« sind Begriffe, die nicht in meine Vorstellungswelt passen. Dennoch nicke ich zustimmend, will jetzt nicht viel reden. Ohnehin bin ich selbst für mich verantwortlich, und was ich tue, das entscheide ich. Darüber muss man eigentlich keine Worte verlieren.

Es ist Nacht, als wir Richtung Nienhagen zurückfahren und in einen Waldweg einbiegen, den wir während des Tages ausgekundschaftet haben. Der Wald reicht hier bis zum Strand hinunter und bietet uns Sichtschutz. Schnell laden wir Schlauchboot und Neoprenanzüge aus. Jürgen fährt den Wagen zum Campingplatz. Er will zu Fuß zurückkehren, während ich das Schlauchboot aufpumpe.

Das Rauschen der Baumwipfel mischt sich mit der Brandung des Meeres. In der Schwärze der Nacht verschwimmen die Konturen der Bäume. Der Mond ist schon gegen 21 Uhr untergegangen, sein Licht wird uns nicht verraten.

Da! Ein Rascheln. Ich zucke zusammen. Was war das? Da, wieder! Ganz in meiner Nähe bewegen sich Blätter. Eine Maus kriecht aus ihrem Loch, huscht über den Waldboden. Beruhigt lehne ich mich wieder an einen Baumstamm. Wie gut, dass ich im Wald keine Angst habe und mir Tiere und nächtliche Geräusche vertraut sind.

Jürgen bleibt lange fort. Fast eine Stunde ist er schon unterwegs. Ob ihm etwas passiert ist?

Endlich taucht er aus der Dunkelheit auf. Auf dem Rückweg habe er kontrolliert, ob der Strand bewacht werde, erklärt er mir.

Es ist so weit! Wir ziehen die Neoprenanzüge an und tragen das Schlauchboot zum Strand. Im Sternenglanz schimmert das Meer wie der silberne Rücken eines Fisches. Wellenbewegt hebt und senkt es sich, als würde es atmen. Ich schlüpfe mit nackten Füßen in die Flossen, setze die Taucherbrille auf und stecke das Mundstück des Schnorchels zwischen die Zähne. Wir befestigen die Verbindungsschnur zwischen uns und schieben das Boot ins Wasser. Beim Schwimmen wollen wir es ziehen, uns erst nach der bewachten Dreimeilenzone hineinsetzen und zur dänischen Küste paddeln, die 50 Kilometer entfernt ist.

Schaudernd spüre ich, wie Wasser in meinen Taucheranzug dringt. Es wird sich bald auf Körpertemperatur erwärmen und mich vor Auskühlung schützen. Vom Kopf bis zu den Füßen bin ich in schwarzes Neopren gehüllt, nur Gesicht und Hände sind frei.

Ohne einen Moment zu zögern, stoße ich mich vom Strand ab und schwimme, vertraue mich dem nachtdunklen Meer an. Ich spüre keine Angst, sondern Freude, gleite über die Berge und durch die Täler der Wellen. Immer weiter schwimme ich. Fort von der Küste. Hinaus ins Meer. Ich schlage die Flossen kräftig auf und nieder und atme durch den Schnorchel. Die Augen von der Taucherbrille geschützt, blicke ich ins Wasser und sehe nur Schwärze. Ab und zu flimmern grünliche Pünktchen – phosphoreszierende Mikroorganismen. Glucksend steigen Blasen aus der Tiefe. Nach einer Weile hebe ich den Kopf aus dem Wasser und schaue zurück. Die Küste ist als dunkler Streifen gerade noch erkennbar. So weit draußen im Meer war ich noch nie.

Unsere Bewegungen sind gleichmäßig, so teilen wir unsere Kräfte ein, um die drei Meilen durchzuhalten. Wie gut, dass wir eine Nylonschnur ans Handgelenk gebunden haben, sonst würden wir uns verlieren. Meine Sicht reicht nicht weiter als bis zum nächsten Wellenberg.

Unser Boot ist drei Meter lang und ragt einen halben Meter aus dem Wasser heraus, nicht gerade unauffällig. Ich fürchte, dass die Posten auf den Wachbooten es mit ihren Nachtgläsern entdecken könnten. Jürgen jedoch vertraut auf die grünblaue Farbe, mit der er die ehemals orangefarbene Gummihaut gestrichen hat.

Plötzlich, wie bei einer Explosion, durchbricht gleißende Helligkeit das Dunkel. Was ist das? Ich reiße meinen Kopf aus dem Wasser. Eine Peitsche aus Licht trifft meine Augen. Wie ein langer Finger streicht der Lichtstrahl über das Meer. Wieso ist hier ein Suchscheinwerfer?

Entlang der Küste stehen Türme mit lichtstarken Heliumscheinwerfern, um die Grenze zum offenen Meer zu überwachen. Während meines Biologiestudiums war ich zur Exkursion auf Hiddensee. Dort hatte ich beobachtet, dass sie die Nacht taghell überstrahlen. Bei Nienhagen gibt es keine Suchscheinwerfer, hatte Jürgen herausgefunden. Der grelle Lichtstrahl kommt auch nicht von der Küste, sondern draußen vom Meer. Das Heliumlicht muss sich auf einem der Grenzkontrollschiffe befinden.

Der Strahl pendelt nicht mehr. Zielgewiss zeigt er auf uns, hält uns in seinem gleißenden Licht gefangen. Unser Schlauchboot hebt sich markant von der Wasserfläche ab. Die Wachmannschaft muss Verdacht geschöpft haben. Es bleibt keine Zeit, die Luft aus dem Boot zu lassen. Hastig sticht Jürgen mit seinem Tauchermesser in die Gummihaut. Zischend und pfeifend entweicht die Luft, und die schlaffe Hülle versinkt schnell im Meer.

Der Strahl, weiß und kalt, krallt sich förmlich an uns fest. Starr, halb untergetaucht, treiben wir im Wasser, nur unsere schwarzen Kopfhauben ragen fingerbreit heraus. Selbst mit schärfsten Ferngläsern können uns die Wachsoldaten im Wellengekräusel nicht ausmachen.

Nach einer mir endlos scheinenden Zeit lässt der Scheinwerfer von uns ab und schwenkt hinüber zur Küste. Schützende Dunkelheit hüllt uns wieder ein. Wir klammern uns aneinander, schauen uns – getrennt durch zwei Taucherbrillen – in die Augen. Ohne Boot sind wir wie zwei Pünktchen im Meer. Aussichtslos, schwimmend Dänemark zu erreichen. Wir müssten 50 Kilometer im offenen Meer gegen Strömungen ankämpfen. Das haben wir nicht einkalkuliert.

Noch ist die Küste als dünner Strich zu erkennen. Dorthin müssten wir zurück und später in Halle unsere Flucht überdenken und neu planen. Das wäre die richtige Entscheidung, die einzig vernünftige.

Jürgen nimmt den Schnorchel aus dem Mund. Ich erwarte das Kommando zum Rückzug. Stattdessen fragt er: »Was machen wir nun?«

Seine Frage entzündet ein Feuerwerk in meinem Kopf. In Sekundenbruchteilen rasen Gedanken von einer Hirnhälfte zur anderen, und ich denke alles gleichzeitig: Warum fragt er mich? Er, der selbst ernannte Führer, dem ich widerspruchslos folgen sollte! Weiß er wirklich nicht, was zu tun ist? Es gibt doch nur eine Entscheidung! Zurück!

Aber ich denke schon das Undenkbare. Ehe ich es verhindern kann, durchschlagen Funken die Schaltkreise in meinem Gehirn und programmieren mich auf – vorwärts!

Es ist gegen jede Vernunft! Es ist Irrsinn! Wahnwitzig! In Gedankenschnelle ist mein ganzes Sein, jede Faser meines Körpers bereit. Hinaus ins Meer! Fort! In die Freiheit!

Der Schnorchel hindert mich am Sprechen. Ich kann ihn nicht herausnehmen, denn Jürgen hält sich an mir fest und drückt mich tief ins Wasser. So recke ich meinen Daumen in die Höhe und zeige in Richtung offene See.

Ich sehe, wie sich seine Augen hinter dem Plexiglas der Taucherbrille weiten. Einen Moment starrt er mich ungläubig an. Dann hebt auch er seinen Daumen und wiederholt mein Signal. Wir haben unser Schicksal gemeinsam entschieden, nicken uns zu und schwimmen nach Norden, hinaus ins Meer. Dorthin, wo weit entfernt die Küste von Dänemark liegt.

Ferienlager an der Ostsee

Ich erinnere mich an einen traumhaften Sommer, jeden Tag brannte die Sonne herab, blau der Himmel und blau das Meer. Ich war dreizehn, damals im August 1961. Die Ferien verbrachte ich in einem Kinderlager an der Ostsee. Am Vortag hatten wir ein Strandfest gefeiert. Neptun war erschienen, und ich hatte mich als Meerjungfrau verkleidet.

Wie jeden Morgen zogen wir auch am 13. August in mehreren kleinen Gruppen zum Strand. Unser Trupp wurde von zwei Studentinnen beaufsichtigt, die sich aufgeregt unterhielten. Ich verstand nur Satzfetzen: »… so ein Unglück … eingemauert … da kommt niemand mehr raus …«

»Was ist denn passiert?«, wollte ich wissen.

»Ach, was ganz Furchtbares. Wir haben es gerade im Radio gehört.«

»Ja, was denn?«

»Die Grenze ist zu! Die haben Berlin abgeriegelt!«

»Aber das ist doch gut so! Dann kann wenigstens niemand mehr abhauen!«, rief ich spontan.

Die beiden zuckten zusammen, wurden blass und sahen mich erschrocken an.

»Wir … wir haben nichts gesagt – gar nichts!«, stammelte die eine.

Die andere packte mich am Arm: »Wag bloß nicht, jemandem davon zu erzählen, hörst du!«

»Wenn es im Radio gemeldet wurde, wissen es doch sowieso alle!«

»Halt den Mund!«

»Was genau ist denn passiert?«

»Sei still!«

Sie waren also gegen die Schließung der Grenze, und ich ahnte, dass sie Angst hatten, ich könne sie verraten. Nichts lag mir ferner. Ich belauschte andere nur, um mehr über die Welt zu erfahren. Flüsterten Erwachsene geheimnisvoll, stachelte mich das an, genau hinzuhören. So formte ich mir allmählich ein Bild von meiner Umwelt und erkannte: Nur zwei Menschen glaubten unerschütterlich an die DDR. Diese zwei waren wir – mein Vater und ich! Wir waren die Einzigen. Ich hoffte, dass es noch mehr waren, aber ich kannte niemanden sonst.

Mein Vater überzeugte mich jedes Mal mit seinen Argumenten. Wenn ich aber hörte, wie die anderen über die Misswirtschaft in der DDR schimpften, begann ich wieder zu zweifeln. Mir war bewusst: Jeder hat zwei Meinungen, eine offizielle, die man laut in der Öffentlichkeit sagte, und eine echte, über die man mit Freunden sprach. Wie alle hatte auch ich zwei Meinungen, nur war es bei mir umgekehrt. Ich war für den Staat, wagte aber nicht, es offen einzugestehen. Ein wohl seltener Fall sich überkreuzender Schizophrenie.

Schon oft hatte ich gehört, dass Leute in den Westen abgehauen waren. Bis endlich die Zukunft begann, von der mein Vater sprach, würden kaum noch Menschen übrig bleiben, fürchtete ich. Ich kannte niemanden, der mit seinem Leben in der DDR zufrieden war – der Westen lockte fast alle. Dort verdiente man besser und konnte für sein Geld mehr kaufen.

»Die Menschen, die flüchten, sind nicht alle schlecht«, sagte mein Vater. »Die meisten sind nur schwach und lassen sich vom schönen Schein verführen. Wenn sie ihren Irrtum erkennen, ist es zu spät. Sie trauen sich nicht mehr zurück, wollen ihren Fehler nicht eingestehen.«

Dreimal war ich zu Besuch bei meinen Verwandten drüben im Westen. Neugierig hatte ich mich umgeschaut. Die Waren in den Schaufenstern beeindruckten mich nicht, und für das Übermaß an Werbung blieb ich unempfänglich. Felsenfest war ich davon überzeugt, hinter dieser geschönten Fassade verbergen sich Ungerechtigkeit und Ausbeutung. In so einem Land wollte ich niemals leben.

Und nun hatte unsere Regierung den antifaschistischen Schutzwall gebaut. Das fand ich richtig, denn die Flüchtlinge waren für mich Verräter an unserem Staat. Jetzt konnten die so leicht verführbaren Menschen nicht mehr in den anderen Teil Berlins fahren. Sie würden bei uns bleiben müssen und beim Aufbau einer besseren Zukunft helfen.

Wie hätte ich damals, als ich 13 Jahre alt war und den Mauerbau begrüßte, ahnen können, dass ich später mein Leben riskieren würde, um aus der DDR zu fliehen? Aber noch immer ist nicht der Westen mein Ziel, sondern der Himalaya, die Wüste Gobi und die Atacama.

Weit dehnt sich das nachtschwarze Meer bis zum Horizont. Über uns wölbt sich ein glitzernder Sternenhimmel, den ich allerdings kaum sehe. Wenn ich den Kopf aus dem Wasser hebe, verringert sich meine Geschwindigkeit, und die Verbindungsleine zu Jürgen strafft sich.

Noch sind wir nicht außer Reichweite des Suchscheinwerfers. Der weiße Finger pendelt auf der Suche nach Opfern weiter über das Meer. Erneut erfasst uns sein verräterisches Licht. Wir halten mit Schwimmen inne, lassen uns im Wasser treiben, bis uns die Dunkelheit wieder schützend umgibt.

Dann dringt plötzlich das Dröhnen eines Motors durch das Wasser. Es klingt unheimlich, mal nah, mal fern. Ein Küstenschutzboot umkreist uns, wie ein Jagdhund. Sehen können wir es nicht. Irgendwann versickert das Tuckern im Wellenschlag. Endlich ist es wieder ruhig, und wir sind allein im Meer. Nur das Schwimmen ist jetzt wichtig.

Frühe Liebe

Am Ende der achten Klasse gehörte ich zu denen, die zum Besuch der erweiterten Oberschule ausgewählt wurden. Zu dieser Zeit zogen wir nach Bischofswerda. Nach langem Warten wies man uns endlich eine Wohnung zu, die aber schon wieder zu klein war für eine Familie mit inzwischen vier Kindern. Deshalb bekam ich einen Platz im nahen Internat, das normalerweise auswärtigen Schülern vorbehalten war. Ich hätte leicht nach dem Unterricht nach Hause gehen können, zog es aber vor, mich während der Woche auf das Lernen zu konzentrieren und nur am Wochenende bei den Eltern und Geschwistern zu sein. So war ich jedes Mal aufgeregt, als würde ich von einer Reise zurückkehren, wenn ich am Samstagabend nach Hause ging. Beschwingt lief ich durch den Stadtpark, vorbei am Ententeich, eilte den Bahnhofsberg hinauf, bog ein in die Belmsdorfer Straße mit ihren Lindenbäumen und sah am Ende der Straße schon die schiefergrauen Giebel. Während ich die Treppen in den vierten Stock hinaufstieg, malte ich mir den Empfang aus. Meine Mutter würde mich in die Arme nehmen und an sich drücken, mein Vater mir lächelnd die Hand auf die Schulter legen, meine Geschwister würden mich mit Fragen bestürmen.

Niemals entsprach die Wirklichkeit diesem Wunschbild. Außer Marlis, meiner Schwester, nahm keiner Notiz von mir. Marlis, inzwischen zwölf Jahre alt, empfand mich als Eindringling. Mit spöttischen und bissigen Sprüchen gab sie mir zu verstehen, dass sie sich ihre Führungsrolle von mir nicht nehmen lassen würde.

Sobald ich zu Hause angekommen war, wünschte ich mich schon wieder weg. Meine übergroßen Erwartungen zerflossen in nichts. In jener Zeit begann ich mit meinem Training. Ich probierte, wie viele Tage ich es ohne Essen und Trinken aushalte, übte Kälte und Hitze zu überstehen, rannte den halben Tag das Treppenhaus hinauf und hinunter mit meinem Bruder Ingo auf dem Rücken. Als es ihm zu langweilig wurde, packte ich die dicken Bände von Marx, Engels, Lenin und Stalin in den Jagdrucksack meines Vaters.

Das Training half mir über Enttäuschung und Einsamkeit hinweg. Meinen Vater brachte es in Rage. Am Wochenende wollte er im Kreis seiner Familie das Frühstück zelebrieren. Er deckte festlich den Tisch und kochte für jeden ein Frühstücksei, nahm die Kaffeemühle zwischen die Beine, und der aromatische Duft zermahlener Bohnen durchzog die Wohnung. Kaffee war das Elixier meines Vaters. Recht genießen konnte er die Köstlichkeiten erst, wenn er sie mit uns teilte. War alles bereitet, ließ er seinen Weckruf erschallen: »Frühstück fertig!«

Da Vater im Morgengrauen aufstand, drehten sich die Geschwister murrend auf die andere Seite. Frühaufsteher wie er, war ich schon wach, bevor er rief. Vater begrüßte mich glücklich – froh, dass wenigstens eines seiner Kinder frisch und munter an der Frühstückstafel erschien. Aber seine Freude währte nicht lange, denn ich trainierte für die Wüste und trank weder Kaffee noch sonst eine Flüssigkeit.

Immer mehr steigerte ich mich in Träume von Expeditionen in die Wildnisse unserer Welt. Noch hatte ich nicht begriffen, dass ich seit dem Bau der Mauer in der Falle saß. Mich beunruhigte damals einzig die Tatsache, zu spät geboren zu sein. Ich hatte nämlich erkannt, dass meine Helden alle tot waren. Die großen Entdecker lebten vor hundert oder gar zweihundert Jahren. Und noch schlimmer: Sie hatten mir kaum etwas übrig gelassen. Es war sinnlos, die Nilquellen zum zweiten Mal zu entdecken, den Südpol noch einmal zu erstürmen und die Nordwestpassage zu suchen, wenn sie schon gefunden war.

Deshalb nahm ich mir vor, die Tierwelt zu erforschen; dabei könnte ich meine Vorliebe für Tiere mit dem Erleben von spannenden Abenteuern verknüpfen. Den Weg zu diesem Ziel sollte mir ein Biologiestudium eröffnen. Vier Jahre Oberschule und anschließend fünf Jahre Studium, dafür hatte ich mich entschieden. Neun Jahre würde es dauern, bis mein wirkliches Leben begann. Immer, wenn mich Verzweiflung niederdrückte, rettete ich mich in ein Training. In meiner Fantasie schlug ich mit der Machete einen Pfad durch den Dschungel, stieg auf die eisigen Gipfel der höchsten

Berge oder kreuzte mit einem Forschungsschiff über die Ozeane, durchquerte Wüsten und erforschte die Polarregion.

Mit wilder Träumerei würde ich mein Ziel nie erreichen; nur wenn ich in der Schule eine der Besten war, bekäme ich die Zulassung zum Studium. Die Oberschule in Bischofswerda trug den Namen Goethes und hatte einen sehr strengen Ruf. Mit seinen hohen Mauern, den roten Dächern und den Türmen ähnelte das Schulgebäude einem Kloster. Vier Jahre, die unendlich langsam verrannen, hockte ich in den Räumen dieser Schule, lernte angestrengt und verstrickte mich immer mehr in die Welt meiner Träume. Freunde hatte ich während dieser Jahre so gut wie keine.

Unser Jahrgang sollte als erster neben dem Abitur auch einen Facharbeiterbrief erwerben. Republikweit mussten alle Abiturienten zusätzlich einen Beruf erlernen. Die Regierung hatte die Parole ausgegeben: »Mehr Nähe zur Arbeiterklasse!«

Für die Berufsausbildung wurde uns keine zusätzliche Zeit gewährt. Vier Jahre büffelten wir für das Abitur und gleichzeitig für den Facharbeiterbrief. Wir mussten uns praktische und theoretische Kenntnisse aneignen, also auch die Berufsschule besuchen, dort Prüfungen ablegen und zum Abschluss eine Facharbeit anfertigen. Drei Wochen pro Monat lernten wir für das Abitur, dann eine Woche Praxis und Theorie für den Facharbeiterbrief.

Für die Betriebe stellten die Lehrlinge, die nur einmal im Monat für ein paar Tage auftauchten, eine enorme Belastung dar. Sinnvolle Arbeit oder ein Ausbildungsprogramm gab es im ersten Jahr überhaupt nicht und kaum einen Meister, der sich Lehrlingen widmen wollte, die wie Sternschnuppen aufblitzten und gleich wieder verschwanden. Auch die Berufsschulen waren überfordert: Sie mussten für diese sonderbaren Lehrlinge extra Klassen und extra Lehrer zur Verfügung stellen. Eine Investition, die verpuffte. Kommentarlos wurde der gleichzeitige Erwerb des Abiturs und des Facharbeiterbriefes fünf Jahre später wieder gestrichen.

Aus einer Liste konnten wir Schüler einen Beruf aussuchen. In und um Bischofswerda war traditionell die Textilindustrie mit Webereien, Spinnereien und Nähereien zu Hause. Außerdem gab es Glasfabriken, Basaltsteinbrüche und das Landmaschinenwerk »Fortschritt«. Was sollte ich wählen? Schlosser, Weber, Glasbläser oder Steinmetz? Unten auf der Liste fand ich einen Beruf, der sich mit meinem Studienziel Biologie vereinbaren ließ: Rinderzüchter.

So kam ich in den Kuhstall der LPG, der Landwirtschaftlichen Produktionsgenossenschaft, nach Großröhrsdorf. Im Gegensatz zu den Lehrlingen in der Industrie hatte man mit mir keine Mühe, weder ein Ausbilder noch ein besonderes Programm mussten für mich bereitgestellt werden. Was ich zu tun hatte, lag auf der Hand: füttern, melken, ausmisten, Weidezäune bauen, die Kühe auf die Weide und wieder zurück zum Stall treiben.

Wenn ich alle zwei Monate eine Woche lang im Kuhstall arbeitete, nahm einer der Melker frei, so dass es für mich stets genug zu tun gab. Für ein 14-jähriges Mädchen war die Arbeit wahrscheinlich zu schwer, doch sie passte zu meinem Trainingsprogramm, und ich ließ mich nicht davon abbringen, Zentnersäcke auf schwankenden Bohlen vom Speicher in die Ställe zu schleppen. Es machte mir Freude, hart zu arbeiten.

Gemolken wurden die Kühe maschinell, aber einige vertrugen keine Saugnäpfe. Ich riss mich darum, diese Tiere mit der Hand melken zu dürfen, schnallte mir den Einbeinschemel um die Hüften, hockte mich neben die Kuh, massierte das pralle Euter und reinigte es mit warmem Wasser. Dann klemmte ich den Eimer zwischen meine Knie, umfasste zwei Zitzen, öffnete und schloss abwechselnd die Fäuste, und schon schlug der Milchstrahl glockenhell im Eimer auf. Ich freute mich über den sich bildenden Schaum, sog den Geruch der frischen Milch in mich ein und genoss den Dunst, der aus dem Leib der Kuh dampfte. Und trank mich satt an der kuhwarmen Milch.

Nach dem Melken trieben wir die Tiere auf die Weide und misteten den Stall aus. Dabei beobachtete ich Rauchschwalben, die pfeilschnell zu ihrem Nest an der Decke flogen und die immer hungrigen Jungen fütterten. Geschickt balancierte ich die hoch beladenen Schubkarren über ein schmales Brett und kippte den Inhalt mit Schwung auf den Misthaufen. Bis wir den Dung von 120 Kühen aus den zwei Ställen herausgeschafft und frisches Stroh verteilt hatten, war es Zeit zum Mittagessen.

Am Nachmittag umzäunten wir neuen Weidegrund. Mit Holzpfählen auf der Schulter ging ich über die Wiesen und steckte die Pfähle in die Erde. Mit einem Holzhammer rammte sie der Bauer tief in den Boden. Zwischen die Pfähle spannten wir den Draht für den Elektrozaun. Mir gefiel es, draußen zu sein, ich freute mich über die Tiere, die ich beim Arbeiten entdeckte, ob es nun Schmetterlinge, Vögel oder Hasen waren.

Am Abend mussten die Kühe zum Melken von der Weide in den Stall getrieben werden. Danach kamen die Tiere auf die Nachtweide, und es wurde ausgemistet. Dann war es Zeit, schlafen zu gehen, denn der nächste Tag begann schon um drei Uhr morgens, damit die Milch rechtzeitig in der Molkerei abgeliefert werden konnte.

Wenn mich der Wecker so früh aus dem Schlaf riss, wäre ich am liebsten liegen geblieben. Holte ich dann aber die Kühe, freute ich mich über die Morgenröte und roch den Duft der taunassen Wiesen. Ein Tag glich dem anderen. Essen, Schlafen und Arbeiten – für nichts anderes blieb Zeit. Mich störte das wenig. Ich sah den Rauchschwalben zu und ließ meine Gedanken hinausfliegen in die weite Welt.

Im Winter blieben die Kühe im Stall, was die Arbeit erschwerte. Zwar durfte ich eine Stunde länger schlafen – das Holen und Anbinden der Kühe entfiel –, aber eine große Menge Mist musste hinausgekarrt und das Futter hereingeschafft werden.

Das erste Jahr hauste ich in einer Baracke ohne Ofen. Da ich im

Winter jämmerlich fror, quartierte mich der LPG-Vorsitzende bei Familie Viehweg ein. Sie nahmen mich auf wie eine Tochter. Ich bekam ein eigenes Zimmer, obwohl ich ja nur jeden zweiten Monat eine Woche zu Gast war. Frau Viehweg stellte mir morgens das Frühstück auf den Tisch. Ich frühstückte allein, weil sie und ihr Mann in der LPG-Brigade arbeiteten.

Frau Viehweg war mit ihren 60 Jahren noch immer eine schöne Frau. Ihr schwarzes Haar, in dem einzelne Silberfäden glänzten, trug sie im Nacken zu einem Knoten geschlungen. Ihre Haut war auch im Winter braun, und in ihrem hageren Gesicht glühten schwarze Augen. Ihre Vorfahren stammten aus Rumänien; mehr konnte oder wollte sie mir nicht erzählen. Ihr exotisches Aussehen und ihre geheimnisvolle Herkunft ließen meine Fantasie blühen.

»Wenn du morgen zum Frühstück kommst, wundere dich nicht. Wahrscheinlich ist mein Sohn da. Er wohnt ein paar Tage bei uns, bis er was Eigenes findet«, sagte Frau Viehweg eines Abends zu mir.

»Wo war er denn bisher? Warum kommt er zurück?«, fragte ich neugierig.

»Er hatte wohl Ärger auf seiner Arbeitsstelle in Karl-Marx-Stadt und will neu anfangen. Na ja, er ist mein Jüngster, aber mit 26 Jahren sollte er alt genug sein, selbst zu wissen, was er tun muss. Als Mutter kann ich da nicht mehr viel helfen. Trotzdem mache ich mir Gedanken. Das war immer so. Er ist eben mein Sorgenkind.«

Frau Viehwegs Worte berührten mich. Am Abend konnte ich nur schwer einschlafen. Immer wieder schreckte ich aus dem Schlaf, lauschte in die Stille. Ob er schon da war?

Als der Wecker schrillte, fühlte ich mich, als hätte ich nicht geschlafen. In der Nacht hatte ich Türenschlagen und Stimmen gehört. Ob er gekommen war? Langsam drückte ich die Klinke zum Wohnzimmer hinunter. Im Schein des Lichts, das vom Flur in den Raum fiel, sah ich auf dem Sofa einen Mann liegen, das

Gesicht in der Armbeuge verborgen, nur ein schwarzer Haarschopf war zu sehen. Mit Mühe widerstand ich der Versuchung, mich dem Sofa zu nähern, und schloss vorsichtig die Tür.

Bei der Arbeit ging mir der fremde Mann nicht aus dem Kopf. Nach dem Melken war Frühstückspause. Langsam ging ich den Hang hinauf zum Haus und schaute auf meine Uhr – es war halb sieben. Auf einmal fürchtete ich mich, ihm zu begegnen. Bestimmt schläft er noch, beruhigte ich mich. Ich öffnete die Haustür, lauschte. Alles still. Mit Herzklopften drückte ich die Klinke der Küchentür nieder und atmete auf. Niemand war im Raum. Das Frühstück stand wie immer am Fensterplatz. Gerade hatte ich mir ein Brot mit Marmelade bestrichen, da ging die Tür auf.

»Hallo, ich weiß schon, dass du bei uns wohnst«, begrüßte er mich und setzte sich mir gegenüber an den Tisch.

Fremdländisch sah er aus, wie seine Mutter, und ähnelte dem Anführer einer Partisanengruppe, über den ich vor kurzem einen Film im Kino gesehen hatte. Schwarze Locken hingen ihm in die Stirn. Seine Haut war braun, und seine Augen funkelten dunkel und spöttisch.

Es gelang mir nur schwer, meine Verlegenheit zu verbergen.

»Sonst frühstücke ich immer allein«, sagte ich steif.

»Willst du, dass ich rausgehe?«

»Nee!« Ich schüttelte erschrocken den Kopf.

»Aber du isst doch gar nichts!«

»Ich habe schon gegessen«, log ich, denn plötzlich schämte ich mich. Meine Arbeitskleidung stank fürchterlich nach Kuhstall, und die Haare klebten mir verschwitzt am Kopf. Schnell verabschiedete ich mich und lief zurück in den Stall.

Es war Samstag, der letzte Arbeitstag der Woche. Mittags konnte ich mit dem Bus heimfahren. Im nächsten Monat würde ich Unterricht in der Berufsschule haben. Ob er dann immer noch bei seiner Mutter wohnen würde, wenn ich erst in zwei Monaten wieder nach Großröhrsdorf kam? Sie hatte mir ja gesagt, er schlüpfe nur kurz bei ihr unter.

Ich packte meine Sachen für die Heimfahrt.

»Na, wie gefällt dir mein Sohn?« Frau Viehweg lächelte verschmitzt.

»Er ist sehr nett.«

»Er war besorgt, ob er dich beim Frühstück nicht gestört hat.«

»Nein, gar nicht! Wo ist er denn jetzt?«

»Nur mal was besorgen. Ich weiß nicht, wann er zurückkommt.«

Erleichtert und zugleich enttäuscht zog ich mich um. Beeilte mich und bummelte dann wieder, wusch mir sogar im Waschbecken die Haare mit kaltem Wasser.

»Da ist ja unsere scheue Prinzessin!«, schallte es mir entgegen, als ich mit meinem Gepäck die Treppe hinunterstieg. Er grinste breit und nahm mir die Tasche aus der Hand.

»Du kannst doch jetzt nicht wegfahren, wo wir uns gerade kennen gelernt haben«, neckte er mich.

Darauf wusste ich nichts zu entgegnen und sagte nur lapidar: »In zwei Monaten bin ich wieder da.«

Er lachte laut auf. »Zwei Monate! Wo denkst du hin? Nein, so lange kann ich nicht warten. Am besten, du kommst heute Abend wieder. Ich lade dich ein, zum Dorftanz im ›Grünen Baum‹.«

Das war sicherlich nicht ernst gemeint. Ich war erst 17 Jahre alt. Noch nie war ich abends ohne meine Eltern ausgegangen.

Frau Viehweg hatte unsere Plänkelei mitgehört und ermahnte ihren Sohn: »Verdreh dem Mädel nicht den Kopf. Die ist zu schade dazu!« Mir sagte sie: »Wenn du willst, kannst du gern heute Abend wiederkommen und hier übernachten. Bei mir bist du sicher aufgehoben.«

»Meine Eltern erlauben das bestimmt nicht, aber ich werde fragen. Also, auf Wiedersehen!«

An der Bushaltestelle legte mir plötzlich jemand die Hände über die Augen, und ich hörte ein herzhaftes Lachen. Er war es.

»Na, da staunst du, was? Ich begleite dich nach Bischofswerda.«

»Wieso?«

»Ich hab da was zu erledigen.«

Zu meiner Freude fanden wir im Bus zwei Plätze nebeneinander. Unauffällig setzte ich mich so, dass ich seinen Oberschenkel an meinem spüren konnte. Von seiner Nähe völlig benommen, konnte ich seine Fragen nur einsilbig beantworten. Als wir auf dem Marktplatz in Bischofswerda ankamen, schauten wir erst einmal nach, wann ein Bus nach Großröhrsdorf zurückfuhr.

»Du kommst heute Abend zum Tanz?«, fragte er und hielt meine Hand fest.

»Meine Eltern sind sehr streng«, entgegnete ich ausweichend.

Vom Marktplatz ging ich die Neustädter Straße wie auf Wolken hinab. Na klar, ich will ihn wiedersehen, ich fahre! Unterwegs verwarf ich diese Idee. Auf dem Bahnhofsberg schwankte ich alle drei Schritte zwischen ja und nein. Ich bog links in die Belmsdorfer Straße ein und ging fast bis zur Kurve, wo die Straße an der Glasfabrik »Ostglas« vorbeiführte. Als ich die Haustür öffnete, hatte ich noch immer keinen Entschluss gefasst. Langsam stieg ich die Treppe hoch. Im Treppenhaus öffnete ich das Fenster und schaute hinunter auf eine Wiese. Im Sommer bleichten die Hausbewohner ihre Wäsche auf dem Gras, deshalb wurde sie Bleichwiese genannt.

Die Bettwäsche kochte Mutter noch immer im Waschkeller in einem riesigen Kessel, unter dem Feuer geschürt wurde. Wenn sie mit dem Schürhaken den Deckel wegstieß, verbreitete sich ein Geruch von Waschpulver und kochendem Leinen. Der Dampf hüllte Mutter in weiße Nebelschwaden. Sie stand mit bloßen Armen und gerötetem, feuchtem Gesicht am Kessel, stampfte und rührte mit einem Stock in der brodelnden Lauge. Meine Aufgabe war es, die auf dem Rasen liegende Wäsche mit einer Gießkanne immer wieder frisch zu besprengen, damit die Sonne sie blendend weiß bleichte.

Ich schaute auf diese Wiesenfläche hinab, ohne sie wahrzunehmen. Noch immer schwankte ich, ob ich die Einladung zum Tanz annehmen sollte oder nicht, und zählte die Punkte, die dafür und dagegen sprachen. Die Liste mit den Gründen, nicht zu fahren, wurde immer länger. Mit 17 war ich noch nicht reif für ein Liebesabenteuer. Zwar hätte ich gern mit ihm getanzt, aber ich hatte Angst, dass er mich dann küssen würde. Als ich mit meinen Überlegungen so weit gekommen war, fiel mir die Entscheidung leicht: Ich würde nicht fahren! Entschlossen drückte ich den Klingelkopf an unserer Wohnungstür und wollte meine Eltern prüfen: Wie würden sie entscheiden?

»Der Sohn von Frau Viehweg hat mich heute Abend zum Tanz nach Großröhrsdorf eingeladen. Darf ich?«

Meine Eltern schauten sich verdutzt an. Auf so eine Frage waren sie nicht vorbereitet. Sie zögerten, erkundigten sich genauer. Mutter versuchte es mit praktischen Einwänden: »Das wird zu viel für dich. Die ganze Woche hast du schwer gearbeitet, und dann willst du gleich wieder fort.«

Ihre Argumente waren ziemlich schwach angesichts einer munteren 17-Jährigen.

Vater blickte mich prüfend an und sagte: »Für uns ist es nicht leicht, dich fahren zu lassen, aber ich bin sicher, dass du auf dich aufpassen wirst.«

Über das Vertrauen, das mir die Eltern schenkten, freute ich mich. Aber ich hielt an meinem zuvor gefassten Entschluss fest und fuhr nicht nach Großröhrsdorf.

Den Sohn von Frau Viehweg sah ich nie wieder, aber er begleitete mich jahrelang als Fantasiegestalt und tröstete mich in meiner Einsamkeit. Seinen Vornamen habe ich vergessen, denn in meinen Träumen und im Tagebuch nannte ich ihn einfach: ER.

Treffen der Jugend in Berlin

Im Mai sollte ich zum Jugendtreffen nach Berlin fahren. Warum sie ausgerechnet mich als Einzige meiner Klasse ausgewählt hatten, erfuhr ich nicht. Vielleicht hatten die anderen gelangweilt abgewinkt, ich dagegen versprach mir viel von der Reise.

Vorher waren wir mit Propaganda überschüttet worden. Junge Menschen aus allen Ländern der Erde würden sich treffen, miteinander diskutieren, ihre Meinungen und ihre Erfahrungen austauschen. Dort würde ich Gleichgesinnte finden, hoffte ich, Jugendliche, die bereit waren, die Zukunft zu gestalten. Vor allem wollte ich Mädchen und Jungen aus fremden Ländern kennen lernen und mich mit ihnen anfreunden, um sie später in ihren Heimatländern zu besuchen. Meine Sehnsucht, die Welt zu sehen, war unstillbar.

Die Bischofswerdaer Jugendlichen fuhren mit Güterwaggons nach Berlin. Am Nachmittag mussten wir am Treffpunkt sein, aber erst um drei Uhr nachts setzte sich der Zug in Bewegung. Oft stand er unterwegs auf Nebengleisen, um dem Hauptverkehr freie Fahrt zu geben. Wir lagen auf Strohballen, kamen aber vor Aufregung fast nicht zum Schlafen.

Mittags erreichten wir Berlin und wurden auf Privatquartiere verteilt. Meine Berliner Gastgeberin, Frau Zörner, empfing mich wie einen lang ersehnten Besucher. Zur Begrüßung schenkte sie mir eine Kette mit bunten Holzperlen und bewirtete mich mit Spagetti und Gulasch. Noch immer aß ich kein Fleisch. Zaghaft probierte ich – dann langte ich kräftig zu. Fremdartige Gewürze verfeinerten das Fleisch. Gewürze, die ich noch nie gekostet hatte, die aber für meine Geschmacksnerven genau das Richtige waren.

Aber wo blieb unser politischer Auftrag, weswegen wir nach Berlin gefahren waren? Am späten Nachmittag sollten wir uns wieder versammeln. Endlich geht es ans Diskutieren über die Zukunft, dachte ich. Doch welche Enttäuschung – nichts dergleichen. Schaut euch Berlin an, hieß es stattdessen. Auf allen Plätzen wurde musiziert und getanzt. Ich langweilte mich. Damals tanzte man paarweise, und es störte mich, zu warten, bis ich aufgefordert wurde, um dann mit einem Unbekannten herumzuhopsen. Angeödet fuhr ich in mein Quartier zurück.

Am Sonntag war Marschieren angesagt. Der große Umzug durch Berlin sollte der glanzvolle Höhepunkt des Festes sein. In Zehnerreihen, mit den blauen Hemden der FDJ, der Freien Deutschen Jugend, bekleidet, marschierten wir jubelnd und Fähnchen schwenkend durch die Straßen Berlins, über den Alexanderplatz, vorbei an den Tribünen mit den Mächtigen. Ich konnte kaum fassen, wie viele wir waren. Vor und hinter uns lärmten die Kapellen. Die Trommeln, der Marschrhythmus, die Sprechchöre, die Fahnen und Transparente, der Jubel der Jugendlichen, der blaue Maihimmel und die strahlende Sonne wirkten hypnotisierend. Zum ersten Mal in meinem Leben verschmolz ich mit der Menge. Es war, als verlöre ich meine Identität, als wäre ich Teil des Ganzen, wie ein Tropfen im Meer, von einer Flutwelle mitgerissen.

Wir sind so viele, dachte ich, unbesiegbar. Niemand kann uns aufhalten, nicht einmal Panzer und Kanonen. Wir könnten einfach weitermarschieren durch das Brandenburger Tor und die Kapitalisten davonjagen. Wir sind stark genug, den Sieg über die ganze Erde zu tragen.

Schreck durchzuckte mich. Nein, das waren nicht meine Gedanken! So dachte ich nicht! Ich wollte nicht in einer Menge untergehen und schon gar nicht andere Menschen überrennen. Der Wahn, der mich kurz ergriffen hatte, war schnell vorbei. Aber ich hatte gespürt, wie gefährlich es ist, die Besinnung zu verlieren. Nie wieder wollte ich der Massenhysterie zum Opfer fallen.

Nach dem Umzug wurde bis tief in die Nacht getanzt. Ich irrte umher auf der Suche nach einer Diskussionsrunde. Meinungen hören, sprechen, mich austauschen, das wollte ich. Die Jugendlichen hüpften herum, ausgelassen und übermütig. Schließlich entdeckte ich ausländische Festival-Teilnehmer und sprach sie auf Russisch an. Auch sie wollten nur tanzen. Enttäuscht gab ich auf.

Am nächsten Morgen besuchte ich den Tierpark. Da war ich endlich am richtigen Ort. Ich sah Tiere in Freianlagen und in großzügigen Gehegen. Einen Zoo wie diesen hatte ich noch nie erlebt. Bis zum Abend blieb ich und hatte längst nicht alles erkundet. Tierparkdirektor in Berlin, dachte ich, wäre eigentlich ein passender Beruf für mich. Sicher könnte ich dann in fremde Länder reisen und dort die wilden Tiere einfangen.

In der Nacht fand ein zweiter Umzug statt. Mit Fackeln marschierten wir über den Marx-Engels-Platz. Diesmal hütete ich mich vor der enthusiastischen Stimmung und fühlte mich fremd, wie jemand, der in der Runde berauschter Freunde nüchtern geblieben ist.

Stunden mussten wir aufgereiht stehen und die Reden anhören, die auf den Tribünen gehalten wurden. Zum Abschluss gab es ein grandioses Feuerwerk. Und wie konnte es anders sein – wieder wurde getanzt. Noch mehr als in den Nächten zuvor. An jeder Straßenecke war eine Bühne aufgebaut. Enttäuscht fuhr ich zur Wohnung meiner Berliner Wirtin.

Abiturfahrt in die Hohe Tatra

Noch immer ist Nacht. Der Kompass an meinem Handgelenk weist mit leuchtender Nadelspitze auf den fluoreszierenden Nordpunkt. Nach Norden müssen wir schwimmen, dorthin, wo weit entfernt die dänische Küste liegt. Unsere Pässe und Dokumente sind in einem Kanister wasserdicht verschlossen. Mit einer Trillerpfeife und einer Unterwassertaschenlampe wollen wir vorbeifahrende

Schiffe auf uns aufmerksam machen. Fernglas, Trinkwasser und Nahrungsmittel sind mit dem Schlauchboot, das wir wegen des Suchscheinwerfers versenken mussten, verloren gegangen.

Die hautengen schwarzen Neoprenanzüge verleihen uns das Aussehen großer Fische, die sanft durchs Wasser gleiten. Mit den Armen ziehen wir gleichmäßige Kreise, und die Schläge mit den Flossen treiben uns vorwärts. Immer weiter entfernen wir uns von der Küste, hinaus in die offene See. Für mich wird Wirklichkeit, was ich mir oft wünschte: zu schwimmen, ohne umzukehren. Im Meer zu schwimmen wie ein Fisch. Weiter, immer weiter.

Wie eine Gefangene führte ich eine Strichliste, zählte die Tage, Wochen, Monate, Jahre, die ich in der Schule absitzen musste, und mir war bewusst, dass diese Zeit für mich verloren war. Die Schule stahl mir meine Lebenszeit. Nur wenig konnte sie mir vermitteln, das ich für mein zukünftiges Leben brauchen würde. Meine Wissbegier ging weit über den Schulstoff hinaus. Ich wollte Zusammenhänge begreifen, Widersprüche aufdecken und Neues erfahren. Der Unterricht dagegen war stupide – vieles musste auswendig gelernt werden –, unfruchtbar wie der Kartoffelbrei im Schlaraffenland, durch den man sich hindurchfressen muss. Ein Brei, der weder schmeckt noch Nährwert hat, der einzig den Bauch aufbläht und den Kopf bleischwer werden lässt. Vier Jahre war ich verdammt, mich durch diesen Berg aus Brei zu graben. Ich wühlte mit all meiner Willenskraft in der Hoffnung, jenseits das Licht zu sehen und eine weite Landschaft, in der sich atmen ließ.

Die Verantwortung für den misslichen Unterricht lag weniger bei den Lehrern, sondern am Lehrplan, der auch sie in ein Korsett zwängte. Ein Lichtblick war unser Sportlehrer, der sogar in seiner Freizeit viel mit uns unternahm: Wandern im Elbsandsteingebirge,

Fahrradtouren entlang der Elbe, Besichtigungen von Schlössern und Burgen. Das Beste aber war unsere Abiturfahrt in die Tschechoslowakei zur Hohen Tatra, einem Hochgebirge mit Gipfeln von über 2500 Meter Höhe und mit wild zerfurchtem Relief, ausgefräst und geschliffen durch die Eiszeit.

Fast alle Schüler in meiner Klasse waren hervorragende Sportler. Ich dagegen fiel höchstens beim Wettlauf auf – wegen Langsamkeit! Der Boden bebte, wenn ich spurtete. Um mich anzuspornen, stellte ich mir vor, dass ich von einem Elefanten, Löwen oder sonst einem wilden Tier verfolgt würde. Vergeblich – die Gefahr beflügelte mich nicht, statt wegzulaufen, wäre ich lieber auf einen Baum geklettert. Ungläubig blickte der Sportlehrer auf die Stoppuhr.

Meine Stärken – Zähigkeit, Ausdauer und Willenskraft – kamen in der Sportstunde nicht zur Geltung, wohl aber beim Wandern und Fahrradfahren. Doch das wurde nicht bemerkt, denn bei solchen Veranstaltungen stand das fröhliche Beisammensein im Vordergrund und nicht die körperliche Leistung.

Die Klassenfahrt in die Hohe Tatra wollte ich als Probe für meine zukünftige Karriere als Expeditionsreisende nutzen. Ich intensivierte mein Training, füllte Vaters Rucksack wieder prall mit Leninbänden – die wogen besonders schwer – und hetzte das Treppenhaus hoch und runter.

Beinahe aber wäre unsere Klassenfahrt an einer unsinnigen Bestimmung gescheitert. Für ein Visum brauchte man die Einladung einer Gastfamilie, für jeden Schüler eine eigene, dabei wollten wir in Wirklichkeit nur zelten.

Offiziell galt die Tschechoslowakei zwar als »Bruderland«, und die Freundschaft zu sozialistischen Staaten wurde immer wieder gepriesen. Trotzdem verhinderten Schikanen einen normalen Kontakt unter den Menschen.

Nach 24-stündiger Fahrt im überfüllten Zug kamen wir erschöpft auf einem Campingplatz in der Nähe von Tatransca Lomnica an und bauten unsere Zelte auf. Zwei Wochen wollten wir bleiben. Ich stellte mir vor, jeden Tag einen anderen Gipfel zu erklimmen, und ärgerte mich über die Ruhetage, die zwischen den Wanderungen geplant waren.

Um uns an die Höhe zu gewöhnen, wanderte der Lehrer mit uns am ersten Tag in das Jägertal, einen zerklüfteten Gebirgseinschnitt. Er war nur wenig älter als wir 18-Jährigen, und die meisten Jungs und auch einige Mädchen überragten ihn bereits. Mit seiner drahtigen Figur, den blonden, stets etwas zerzausten Haaren und seinem frech-fröhlichen Lachen wirkte er jugendlicher als mancher von uns. Er kehrte nicht den Lehrer hervor, und es schien ihm Spaß zu machen, sich auf gleicher Ebene in unserer Gemeinschaft zu bewegen. Beste Voraussetzungen für ein harmonisches Zusammensein und himmlische Ferien. Bald aber stöhnten die Schüler über den steilen Pfad. So anstrengend hatten sie sich das Wandern nicht vorgestellt.

Wie ein trockener Schwamm saugte ich mit allen Sinnen die Eindrücke in mich auf. Sah, wie die Vegetation sich veränderte. Wie der Wald lichter wurde und die Bäume sich duckten, sich an den Boden schmiegten und schließlich verschwanden. Ab 2000 Meter Höhe gab es nur noch Steine, farbenprächtige Blumen und Flechten, die mit bunten Mustern das Gestein schmückten. Ich atmete die frische Luft, roch den harzigen Duft der Krüppelkiefern und den bitteren der Zwergweiden und glaubte sogar, das kalte und klare Parfüm der Steine zu riechen. Ich schmeckte den eisigen Hauch auf meiner Zunge, der von den hohen Gipfeln herabwehte, presste meine Hände gegen die Felsen, spürte ihre raue Festigkeit und hörte das Plätschern und Rauschen des Schmelzwassers. Zum ersten Mal im Gebirge, fühlte ich mich sofort heimisch. Es war eine Landschaft, die zu mir passte.

Am Ende des Tales stürzte ein Wasserfall in einen Bergsee.

Trotz des Monats August war es hier oben winterkalt, sogar Eisschollen trieben noch auf dem See. Erhitzt vom Aufstieg plantschten meine Klassenkameraden mit den Beinen im eisigen Wasser. Ich hatte meinen Badeanzug im Rucksack, zog ihn an und schwamm durch den See. Nicht unbedingt, weil ich mich abhärten wollte, mich trieb eher eine unbestimmte Sehnsucht, mich der Bergwelt zu weihen, mich mit ihr zu verbinden.

Am folgenden Tag wollten sich alle erst einmal von den Anstrengungen erholen, deshalb wanderte ich durch den Wald rund um unseren Zeltplatz. Ohne Erfahrung, Karte und Wegbeschreibung war es mir zu riskant, allein ins Hochgebirge vorzudringen.

Als nächstes Ziel hatte unser Lehrer einen Gipfel ausgewählt, die Schlagendorfer Spitze, immerhin 2452 Meter hoch. Die Ersten, die beim Aufstieg schlappmachten, waren die besten Sportler unter meinen Klassenkameraden. Sie sahen keinen Sinn darin, sich auf einen Gipfel hinaufzuquälen, nur um dann wieder herabzusteigen. Keiner maß mit der Stoppuhr ihre Zeit, niemand feuerte sie an und klatschte Beifall, es gab keine Medaillen und weder Sieger noch Verlierer. Wozu also das Ganze? Zuerst murrten sie leise, jeder für sich. Als sie sich einig wussten, richtete sich ihr Unmut gegen den Lehrer: »Uns reicht es! Wir wissen jetzt, wie es auf einem Berg aussieht.«

Für mich war mein erster Gipfel wie das Tor zu einer neuen Welt. Meine Erwartungen erfüllten sich: Das waren meine Berge! Vor mir breitete sich die Gebirgskette aus, wie ein kostbares Geschenk. Mit begehrlichen Augen sah ich von der Schlagendorfer Spitze noch höhere Berge, die Lomnitzer Spitze und die Gerlachspitze. Berauscht vom Anblick wünschte ich mir, durch dieses Gebirge mit seinen Tälern und Höhen zu wandern, immer weiterzuziehen.

Als wir am dritten Wandertag zum Rysy aufbrachen, eskalierte der Streit zwischen Lehrer und Schülern. Bis zur Bergstation gingen sie mit. Als aber der Pfad steil anstieg, blieben sie einfach stehen.

Ratlos blickte uns der Lehrer an; die Enttäuschung schien ihn zu lähmen. Wohl hatte er die wachsende Unlust gespürt, aber nie vermutet, seine Sportskanonen würden sich tatsächlich verweigern. Er bat jeden Einzelnen: »Hannes, komm mit! Es wird ein toller Tag! Werner? Ulrike? Oder du, Susanne? Lore, du kommst doch mit, nicht wahr?«

Die Schüler schüttelten nur abweisend die Köpfe. Mich hatte er nicht aufgefordert, aber das war auch gar nicht nötig, denn ich brannte darauf, den Rysy zu besteigen.

Aber ich verpasste den rechten Moment. Der Lehrer stiefelte nämlich plötzlich davon, bergaufwärts. Ich wollte ihm folgen, verharrte aber wie verwurzelt, wagte nicht, mich dem Gespött der Mitschüler auszusetzen. Wiehernd würden sie lachen, wenn ich gleich einem Hündchen hinter ihm herhechelte.

Es war noch früh am Morgen, die Stunden verrannen in öder Langeweile. Bitter bereute ich meine Feigheit und beneidete den Lehrer um sein Gipfelerlebnis. Mit überschäumenden Erwartungen war ich in die Hohe Tatra gefahren, nun irrte ich traurig durch die Wälder in der Nähe des Zeltplatzes.

Die Schüler waren stolz auf ihren Sieg. Erstaunt hörte ich ihre gehässigen Reden, hatte ich doch immer geglaubt, der Sportlehrer sei bei ihnen beliebt, weil er nicht autoritär war und ihre Späße verstand. Absichtlich ließen sie beim Abendessen keinen Tee für ihn übrig und kicherten, als er spät zurückkam und im Dunklen seinen Tee aufbrühen musste.

»Wer nicht kommt zur rechten Zeit …«, höhnte Hannes. »Das hat er nun von seinen blöden Bergen. Mit uns nicht! Der kann nichts gegen uns ausrichten, wenn wir alle zusammenhalten!«

Der nächste Tag verstrich. Keiner sprach ein Wort mit ihm. Sie amüsierten sich beim Volleyball, spielten Karten und machten einen Einkaufsbummel im Ort.

Warum diese Kränkungen, fragte ich mich. Nie zuvor und niemals danach ist ein Lehrer mit seiner Klasse ins Hochgebirge gefahren. Uns schenkte er diese traumhafte Reise, und meine Mitschüler taten alles, um sie herabzuwürdigen.

Meine Rolle in der Klasse war immer die einer schweigsamen Unbeteiligten, einer stillen Außerseiterin. Die Mitschüler waren mir gleichgültig geblieben. Meist war ich anderer Meinung als sie. Da mir Streit nicht lag, behielt ich meine Gedanken für mich.

Am Abend teilte uns der Lehrer in einer knappen Rede mit, er würde morgen die Lomnitzer Spitze, den zweithöchsten Gipfel der Tatra, besteigen. Wer wolle, könne sich ihm um sechs Uhr früh anschließen. Käme wieder keiner mit, würden wir übermorgen zurückfahren. Er wünschte uns eine Gute Nacht und kroch in sein Zelt.

»Kommt nicht in die Tüte! Er kann uns nicht erpressen! Hier sind wir nicht in der Schule!«, sagte Hannes.

»Wir lassen uns die Ferien nicht versauen!«, rief Werner, und auch die Mädchen meinten: »Richtig, wir tun nur, was uns Spaß macht.« Niemand nahm seine Worte ernst.

Um sechs Uhr stand ich bereit. »Kommt noch jemand mit?«, fragte mich der Lehrer.

Ich schüttelte verneinend den Kopf und empfand Mitleid, als ich sah, wie betroffen er war. Seine Lieblingsschüler ließen ihn alle im Stich.

Dunkelblau war der Himmel, von keiner Wolke getrübt. Vom 2632 Meter hohen Gipfel sah ich das Gebirge in seiner ganzen Pracht vor mir liegen und war dem Bergsteigen für immer verfallen. Wir waren zügig aufgestiegen und gönnten uns eine erholsame Rast. Während der Wanderung hatten wir nur das Nötigste gesprochen, auch auf dem Gipfel hing jeder still seinen Gedanken nach. Ich empfand es angenehm zu schweigen, lieber lauschte ich den Geräuschen der Natur. Es war aber, als würde das gemeinsame Erleben ein Band zwischen uns knüpfen. In mir keimte die Hoffnung, dass ich mit meinem Lehrer vielleicht noch öfter Bergtouren unternehmen könnte.

Und wieder kam mir zu Bewusstsein, wie einsam ich war. Ein Fremdling in der Welt war ich. Selten waren mir bisher Menschen begegnet, die mir etwas bedeuteten. In meiner Kindheit – Gertraude Hahn und ihr Vater und, trotz allem, auch Rosemarie Hagen, hatte sie mich doch in eine Richtung gelenkt, die meinem Wesen entsprach. Viel mehr Menschen gab es nicht. Doch, noch einen, den wichtigsten natürlich – meinen Vater, er prägte mich am stärksten von allen. In meiner Bischofswerdaer Oberschulzeit war da noch Frau Viehwegs Sohn, aber ihn hatte ich zu einer Fantasiegestalt gemacht. Manchmal überfiel mich Angst, weil ich am normalen Leben vorbeilebte und Zwiesprache mit Menschen nur in Büchern fand.

»Wollen wir morgen wieder auf einen Gipfel steigen?«, fragte ich hoffnungsvoll.

»Ich habe gestern Abend angekündigt, wir fahren zurück. Und das tun wir auch. Es ist ja niemand mitgekommen.«

»Ich war doch da!«

Er schaute mich an, als entdecke er mich zum ersten Mal. »Ja, aber wir fahren trotzdem, ich habe alle Freude verloren.«

Niemand schien sich später noch zu erinnern, wie traurig die Fahrt zu Ende ging. Für mich waren die Erlebnisse in der Tatra wie der Blick durch ein Fenster in eine ferne Zukunft, und ich fühlte mich bestärkt in meiner Leidenschaft für die Berge.

Im letzten Jahr an der Goetheschule in Bischofswerda wurden eines Tages ein Dutzend Schüler zum Direktor gerufen. Ich war dabei. Erschrocken durchforschten wir unser Gewissen: Was konnte gegen uns vorliegen? Hatten wir etwas ausgefressen, von dem wir selbst nichts wussten? Während wir vor der Tür des Direktors warteten, musterten wir uns. Welche Tat verband uns? Mädchen und Jungen, bunt zusammengewürfelt aus den drei Abiturklassen, mit ausgezeichneten, aber auch mit mittelmäßigen Leistungen, Internatszöglinge, Fahrschüler und Ortsansässige. Es fand sich keine Kategorie, die man uns allen hätte überstülpen können. Warum gerade wir? Wir rätselten vergeblich.

Neben dem Direktor saßen zwei Männer der Kreisleitung, als ich den Raum betrat.

Mit förmlichen Worten begann der Direktor: »Wir haben Sie zu uns gebeten, um Sie zu fragen, ob Sie schon einmal daran gedacht haben, in die Partei einzutreten.«

Befremdet schwieg ich. Meine politische Gesinnung hatte ich nie zu erkennen gegeben. Ich schämte mich ihrer wie einer kindlichen Schwärmerei, denn inzwischen war mir bewusst, dass die Wirklichkeit in keiner Weise den Idealen entsprach, die mein Vater mir gepredigt hatte. Dennoch hing ich ihnen an, verbarg sie aber wie unter einer Glasglocke. Fürchtete ich doch, diese märchenhaften Illusionen würden welken in der rauen Luft der Tatsachen.

Die Frage des Direktors entfachte in mir eine leise Freude. Sollte jemand erkannt haben, woran ich heimlich glaubte? In die Partei einzutreten war verlockend für mich. Als Mitglied wäre ich nicht mehr allein, könnte mit Gleichgesinnten für die gemeinsame Sache kämpfen, den Sozialismus stärken und mir die richtigen Argumente gegen die Miesmacher aneignen, die an unserer DDR immer nur herumkrittelten.

»Wieso fragen Sie ausgerechnet mich?« Skeptisch versuchte ich Klarheit zu gewinnen.

»Gewiss – Ihre Überraschung ist berechtigt«, antwortete der Direktor und musterte mich scharf durch seine Brillengläser. »Sie leisten kaum gesellschaftliche Arbeit, an Diskussionen in der FDJ beteiligen Sie sich so gut wie nie. Ihre Einsatzbereitschaft für unsere Gesellschaft ist mangelhaft, daraus müssen wir auf Ihr Desinteresse an der Politik unseres Staates schließen. Nur wegen der Parteizugehörigkeit Ihres Vaters haben wir Sie überhaupt als Kandidat in Erwägung gezogen.«

»Was hat denn mein Vater damit zu tun!«, entgegnete ich entrüstet.

»Aber bitte, immerhin ist er Ihr Vater! Und wir nehmen an, dass er Sie im Sinne unseres Staates erzogen hat.«

»Ja natürlich, mehr als genug! Aber Sie können mich doch nicht für die Partei werben, nur weil mein Vater Mitglied ist. Und eben haben Sie mir doch klar und deutlich gesagt, dass ich selbst keine Veranlassung dazu biete.«

»Wollen Sie über einen Eintritt in die Partei nachdenken?«

»Nein, das möchte ich nicht!«, erwiderte ich, wütend vor Enttäuschung, weil sie gar nicht an mir interessiert waren.

Die Herren nickten und machten resigniert einen Strich hinter meinem Namen.

Könnte mir das bei meiner Bewerbung für das Studium schaden? Derart brüsk abzulehnen war unklug. An der Tür drehte ich mich noch einmal um: »Ich werde es mir überlegen und mich von meinem Vater beraten lassen. Nur denke ich, vorerst bin ich noch nicht reif genug für einen Eintritt. Um ein vollwertiges Mitglied der Partei zu sein, möchte ich erst mehr Lebenserfahrung sammeln.«

Nicht in Dresden, Leipzig, Berlin oder Jena wollte ich studieren, sondern in Greifswald. Von allen Universitätsstädten war sie am weitesten von zu Hause entfernt. Außerdem lag sie an der Ostsee, die ich seit der Zeit der Kinderferienlager liebte. Und es war eine kleine Universität in einer kleinen Stadt, wo ich mich leichter eingewöhnen und orientieren könnte als in einer unübersichtlichen Großstadt-Uni.

Mit dem Zug fuhr ich zur Aufnahmeprüfung. Ich war aufgeregt wie noch nie in meinem Leben. Die Prüfung war die Chance, einen entscheidenden Schritt voranzukommen auf dem Weg zu meinem Ziel. Wenn ich die Prüfung vermassle, was dann? Tierpfleger im Zoo? Dann konnte ich zwar wilde Tiere füttern und ihre Käfige reinigen, doch nie die Länder sehen, aus denen sie stammten, und sie nie in ihrem ursprünglichen Lebensraum beobachten.

Vermutlich würde mich auch ein Biologiestudium nicht automatisch in die Wildnis führen. Ich müsste sicher viel leisten, um für ein Forschungsprojekt ausgewählt zu werden, vielleicht nicht gerade nach Afrika oder Australien, aber wenigstens nach Kuba, in die Sowjetunion oder die Mongolei, vielleicht auch nach Nordkorea. China, das bereits aus dem sowjetischen Block ausgeschert war, ließ nur wenige Ausländer ins Land, und in Vietnam tobte der Krieg gegen die Amerikaner. Ich setzte auf die Sowjetunion, ein riesiges Land mit noch unerforschten Gebieten. Sibirien lockte mich. Die waldreiche Taiga, in der kaum Menschen, dafür aber Tiger, Bär und Zobel beheimatet waren, und die baumlose Tundra zogen mich unwiderstehlich an. Die Flüsse Jenissei, Irtysch, Ob und Lena klangen wie Zauberworte. Mit dem Biologiestudium würde ich den Schlüssel in der Hand halten für das »Sesam öffne dich.«

Noch nie war ich Menschen begegnet, die gleich mir vom Virus der Wildnis befallen waren. Deshalb glaubte ich, nur für mich sei der Studienplatz existenziell notwendig. Ob die anderen Bewerber Biologie studierten oder etwas ganz anderes, würde nicht ihren Lebenstraum zerstören. Ich aber hatte keine Wahl – entweder Biologie oder gar nichts! Mir schien, als wäre ich am Ende meines Lebens angelangt, wenn ich den Studienplatz nicht bekäme. Es machte mir Angst, wie mein Dasein ausschließlich auf ein einziges

Ziel ausgerichtet war. Offenen Auges sah ich, wie nah ich am Untergang entlangbalancierte. Mit meiner kompromisslosen Zielrichtung war das Scheitern fast unausweichlich. Einer Erfüllung meiner Träume standen das Land und die Zeit, in der ich geboren war, entgegen. Mir war zumute, als sei ich von einem bösen Geist besessen. Manchmal wünschte ich mir ein Mittel, das mich von dem Fluch befreien würde. Aber was bliebe dann übrig von mir? Nichts als eine leere Hülle. Mir stand nur dieser eine Weg offen. Er war mir eingepflanzt seit meiner Geburt, seinetwegen war ich auf die Welt gekommen. Ich musste die letzten unberührten Flecken Wildnis erforschen. Das waren meine Überlegungen, während ich zur Aufnahmeprüfung nach Greifswald fuhr.

Beim Blick aus dem Zugfenster flog draußen das flache Land Mecklenburgs an mir vorbei, Wiesen, Seen, Wälder, mäandrierende Flüsse. Greifvögel hockten auf kahlen Ästen oder segelten am Himmel, Rehe ästen im Tageslicht am Waldrand. Es gab kaum Straßen, und die wenigen Siedlungen lagen im Dornröschenschlaf. Hier würde ich gern leben, dachte ich, wenn ich von meinen Reisen in die Ferne zurückkommen würde.

Als ich am Greifswalder Bahnhof aus dem Zug stieg, fuhr mir ein frischer Wind ins Gesicht und zerzauste meine langen Haare, die ich zu einem Pferdeschwanz gebunden hatte. Ich trug ein kornblumenblaues Kostüm, das Mutter aus einem abgelegten Kleidungsstück für mich geschneidert hatte. Sehr damenhaft, also nicht passend für mich. Aber ich folgte dem Rat meiner Mutter und vertraute darauf, dass die adrette äußere Erscheinung das Prüfungsergebnis günstig beeinflussen könnte.

Die kräftige Brise begleitete mich durch die Straßen bis zur Universität. Die Luft roch nach Algen und Meer und trug die Verheißung der Ferne in sich. Als würde mir der Meereswind alle Körperzellen reinigen und mit Hoffnung füllen, ging ich beschwingt und wie trunken zur Aufnahmeprüfung.

Als ich feststellte, dass über 100 Bewerber angereist waren, verließ mich mein Mut. Die schriftlichen Fragen waren einfach zu beantworten. Sie entstammten dem Schulstoff: das Nervensystem des Regenwurmes. Der Aufbau der Zelle. Bau und Funktion des Auges.

Als ich fertig war, blickte ich auf und sah, alle schrieben eifrig weiter. Wir saßen in einer Aula an weit voneinander entfernten Tischen. Vielleicht sollte ich noch etwas zu den Lichtsinnesorganen bei niederen Tieren schreiben, überlegte ich. Das war kein Unterrichtsstoff gewesen, aber ich hatte einiges darüber gelesen. Also zog ich einen doppelten Querstrich über das Blatt und notierte mein angelesenes Wissen.

Mein Termin für die mündliche Prüfung war erst am Nachmittag. Da ich zu nervös war, um etwas zu essen, wanderte ich zum fünf Kilometer entfernten Bodden nach Wieck hinaus. Am Ende der Mole blickte ich übers Meer und fühlte die Gewissheit: Das war der richtige Ort für mich. Wenn ich hier studieren durfte, würde ich Meeresluft atmen und mich ein bisschen freier fühlen.

Voll getankt mit Ostseewind kam ich ins Prüfungszimmer. Mir wurde ein Platz an einem runden Tisch zugewiesen, einem wuchtigen Möbel mit schwarz lackierter Oberfläche. Ringsum saßen Professoren und Doktoren und stellten mir ihre Fragen. Ich sah, wie sich ihre Augen erwartungsvoll auf mich hefteten, und mir schien, als gäben sie mir mit ihren Blicken die Antworten vor. Das Wissen strömte aus mir heraus; ich brauchte mich gar nicht anzustrengen.

Am Ende teilte mir der Vorsitzende der Prüfungskommission mit: »Die mündliche Prüfung haben Sie glänzend bestanden, aber sie gilt nur einfach, während die schriftliche doppelt zählt. Deshalb können wir Ihnen jetzt leider keine Hoffnung machen. Die Auswertung wird noch einige Zeit in Anspruch nehmen, Zeit, die Sie verlieren, um sich in einem anderen Fachgebiet zu bewerben. Würden

Sie unter diesen Umständen nicht lieber ein Studium als Biologielehrer in Betracht ziehen? Da hätten Sie bedeutend mehr Chancen, denn die Anforderungen sind niedriger, und es werden mehr Studenten angenommen. Sie haben ja gesehen, wie viele Bewerber für ein Diplom-Studium angetreten sind, und wir immatrikulieren nur 15 Studenten.«

Ich erschrak. Lehrer sein? Das kam für mich nicht in Frage. Wo ich die Schule abgrundtief hasste! Fast hätte ich herausgeschleudert: »Nur über meine Leiche!« Gerade noch konnte ich meinen Ausbruch stoppen und mit Bestimmtheit entgegnen: »Nein! Lehrer werde ich niemals!«

»Was wollen Sie denn tun, falls Sie nicht bestanden haben?«

»Dann bewerbe ich mich nächstes Jahr wieder bei Ihnen! So lange, bis Sie mich nehmen! Es gibt nur das Biologiestudium für mich!« Dabei wusste ich, dass man keine zweite Chance hatte. Es war nur die Verzweiflung, die aus mir sprach.

Die Runde lächelte amüsiert, und der Vorsitzende verabschiedete mich mit den Worten: »Na, dann drücken wir Ihnen kräftig die Daumen!«

Zuversichtlich kehrte ich nach Hause zurück. Mit jedem Tag des Wartens bröckelte meine Hoffnung. Die Klassenkameraden hatten längst ihre Zu- oder Absagen erhalten. Nur ich wartete noch immer. Dann, nach sechs Monaten, steckte ein blauer Brief im Kasten. Absender: Ernst-Moritz-Arndt-Universität Greifswald. Endlich! Zitternd riss ich den Umschlag auf. Ich hielt den Atem an, und mein Herz setzte für einen Moment aus. »ZULASSUNG zum Studium« stand da. Mein Leben als Studentin konnte beginnen.

Der Morgen im Meer

Gleichmäßig atme ich durch den Schnorchel. Armkreis und Beinschlag im regelmäßigen Rhythmus, wie ein Automat, dazu programmiert, unaufhörlich zu schwimmen. Das Glucksen der Wellen, die sich an meinem Körper brechen, ist der einzige Laut, den ich wahrnehme. Ringsum Dunkelheit. So muss es sein, wenn man blind ist, denke ich. Eine weiche Schwärze. Ganz gleich, wie tief man in sie eindringt, immer bleibt es dunkel.

Stunden sind vergangen, und noch immer schwimmen wir durch das nachtdunkle Meer. Der pendelnde Suchscheinwerfer ist längst ausgeschaltet, auch den Patrouillenbooten sind wir entkommen. Niemand hat uns aufgespürt. Dass Jürgen neben mir schwimmt, weiß ich nur durch die Verbindungsschnur. Mal locker, mal straff überträgt sie Signale an mein rechtes Handgelenk. Es ist tröstlich zu spüren, dass ich nicht allein bin. Die Schnur vereint uns. Wir ähneln einem Hundegespann, das sich übers Eis bewegt: Jeder ist für sich allein und sieht den anderen nicht, die Augen nur auf die weiße Unendlichkeit gerichtet; aber durch das Geschirr verbunden, werden sie einander gewahr, und das stärkt ihren Willen, vorwärts zu kommen. Unmerklich verwandelt sich das Schwarz in diffuses Grau. Ich schrecke auf, als ich plötzlich meine Hände sehen kann. Gleich weißlichen Fischen wischen sie durch das Grau. Ich hebe den Kopf aus dem Wasser und staune, wie hell es über dem Meer ist. Der neue Tag zieht herauf. Ein zarter Schimmer, unentschieden zwischen Hell und Dunkel, doch schon voller Verheißung und Neubeginn. Ein perlmuttfarbener Glanz liegt auf den Wellen, und den Himmel schmücken rosafarbene Schleier. Die Schönheit eines jungen Tages. Kostbare Augenblicke, die schnell vergehen. Ich schiebe die Taucherbrille auf die Stirn, trinke mit den Augen den klaren Morgen und sauge die frische Luft in meine Lungen. Neben mir im Wasser sehe ich eine schwarze Kugel, die mit den Wellen auf und nieder taucht. Es ist Jürgens Kopf, umschlossen von der Neoprenhaube. Auch Jürgen hat aufgehört zu schwimmen. Er treibt auf mich zu, fasst mich an den Schultern und dreht mich in Richtung Süden. Ich hatte bisher nach Osten geschaut und mich ganz in den Anblick der Morgenröte verloren.

Im Süden ist es noch düster. Schwach erkenne ich eine seltsame Linie. Ich strenge meine Augen an: Es sind Bojen mit hochragenden Stäben, wie ein Zaun, der quer über das Wasser führt. So weit ich blicken kann, zieht sich dieser Zaun aus Stabbojen durch das Meer.

»Weißt du, was das ist?«, fragt Jürgen, und seine Augen strahlen.

»Die Dreimeilenzone?«

»Ja! Und wir sind durch! Wir sind jenseits der Grenze!«, jubelt er und fasst mich fest um die Schultern.

»Ich habe gar nicht gemerkt, wie wir durchgeschwommen sind«, wundere ich mich. »Sind wir tatsächlich schon draußen?«

»Ja, ja! Wir sind frei! Frei!«, schreit Jürgen und schüttelt mich.

»Ich kann kaum glauben, dass es keine Netze gibt oder Drähte, die Alarm auslösen.«

»Freu dich doch! Wir haben es geschafft!«

»Aber, Jürgen, wir sind mitten im Meer, weit und breit kein Ufer.«

»Ach was, kein Problem! Es gibt ja Schiffe in der Ostsee. Irgendeins wird uns schon aufnehmen. Wir müssen nur aufpassen, dass wir kein Schiff aus der DDR erwischen.«

»Und die Patrouillenboote? Jetzt, wo es Tag wird, können sie uns im Wasser leichter entdecken.«

»Ach, Schecke! Begreifst du nicht? Wir sind in internationalen Hoheitsgewässern! Die DDR liegt hinter uns. Will das denn gar nicht in deinen Kopf hinein? Wir sind frei!«

»Ja, schon, ich freu mich auch. Es ist nur so unwirklich, und ich würde mich wohler fühlen, wenn wir uns jetzt ins Boot setzen und paddeln könnten.«

»Wir müssen das Beste draus machen, wie die Lage nun mal ist. Wenn ich das Boot nicht zerstört hätte, säßen wir jetzt im Knast, jeder in seiner eigenen Zelle.«

»Wie lange haben wir für die drei Meilen gebraucht?«

»Es ist jetzt kurz vor vier. Um Mitternacht sind wir losgeschwommen. Also haben wir rund anderthalb Kilometer in der Stunde geschafft.«

»Mensch, das ist aber wenig!« rufe ich enttäuscht aus.

»Wir sind so langsam vorangekommen, weil wir gegen Wellen anschwimmen mussten.«

»Mal angenommen, wir finden kein Schiff, das uns mitnimmt, dann müssten wir fast 35 Stunden schwimmen, bis wir Dänemark erreichen.«

»Keine Angst, Schecke. Ich treibe schon ein Schiff auf. Wie findest du das: per Anhalter durch die Ostsee!«

»Ja, du hast ja Recht, das ist witzig!« Ich lächle ihn an und bin dankbar für seine mitreißende Stimmung, die sich auf mich überträgt.

»Wir sind ihnen entwischt, Jürgen! Tatsächlich! Haben wir das nicht toll gemacht? Wie die Hasen, die einen Haken schlagen und durch die Kette der Treiber flitzen. Wir haben die Lücke gefunden, sind durchgeschlüpft, und nun sind wir frei! Was für ein Wort: frei!«

»Jetzt erkenne ich meine Schecke wieder! Und nun heißt es schwimmen! Hast du noch Kraft?«

»Alle Kraft der Welt! Ich bin kein bisschen müde«, antworte ich, und es stimmt. Weder spüre ich die beiden durchwachten Nächte noch die zurückgelegten Kilometer. Ich fühle mich frisch, als hätte ich geschlafen. Die Einbildung verleiht Flügel, und die Motivation lässt körperliche Schwächen vergessen. Bevor ich den Kopf wieder unter Wasser senke, schaue ich nach Osten. Die Sonne verbirgt sich noch hinter dem Horizont. Gegen fünf Uhr, in einer Stunde erst, wird sie aufgehen. Ihre Leuchtkraft hat jetzt schon die Nacht besiegt. Das Rosa verwandelt sich in Purpur und überschwemmt das Himmelsgewölbe wie eine Feuerflut. Der Widerschein liegt auf dem Meer, als würde es brennen. Was für ein Morgen! Noch nie sah ich den Himmel so entflammt. Widerstrebend tauche ich den Kopf ins Wasser. Leider ist es unmöglich, zu schwimmen und gleichzeitig den Sonnenaufgang zu bewundern. Ich werfe einen prüfenden Blick auf den Kompass an meinem linken Handgelenk und richte mich gegen Norden aus. Nach Norden – dorthin, wo Dänemark liegt.

Unter Wasser ist das Licht gedämpft. Die Schwärze der Nacht ist dem Grau und das Grau einem diffusen Nebelgrün gewichen. Weiter als bis zu meinen ausgestreckten Fingerspitzen kann ich nicht blicken. Ich drehe den Kopf nach Jürgen, der neben mir im Wasser schwimmt. Umsonst, er ist unsichtbar für mich. Die Schnur an meinem Handgelenk strafft sich und signalisiert mir, dass ich zu langsam bin. Wieder nach vorn schauend, schlage ich kräftig mit den Flossen, um Jürgens Vorsprung aufzuholen und auf einer Linie mit ihm zu schwimmen. Nach einiger Zeit beginnt das trübe Wasser goldgrün aufzuleuchten. Neugierig hebe ich den Kopf: Ja! Die Sonne geht auf. Sie ähnelt einem goldenen Ball, der auf den Wellen tanzt. Ein Zauberball, den der Froschkönig vom Meeresgrund heraufgeholt hat. Bevor er ihn der Königstochter schenken konnte, sprang er ihm aus dem breiten Maul. Die Goldkugel schaukelt auf den Wellen, hüpft auf und nieder. Und kein Land ringsum. Nur Meer im weiten Rund des Horizonts. Doch mir bleibt kaum Zeit zum Schauen, schon signalisert die Nylonschnur: weiterschwimmen! Mit den Augen wieder unter Wasser, erinnert mich das goldgrüne Leuchten an das Aquarium mit den rotbäuchigen Bergmolchen, wie es im Sonnenlicht erstrahlte, als ich in meinem Zimmer in Halle am Fenster stand und Abschied nahm. Gleich den Molchen bin nun ich im grün schimmernden Medium gefangen, muss Tag und Nacht schwimmen, um am Leben zu bleiben. Auch Molche brauchen Sauerstoff; unter Wasser können sie nicht atmen, sind aber als zwiespältige Geschöpfe in beiden Lebensräumen daheim, im Wasser und auf dem Land. Diese außergewöhnliche Fähigkeit verleiht Molchen, Kröten, Fröschen, Unken und Salamandern eine geheimnisvolle Aura. Im Märchen streifen sie ihre schleimige Haut ab und verwandeln sich des Nachts in wunderschöne Prinzessinnen oder Prinzen. Sie bewachen Schätze unter moosigen Steinen und holen goldene Kugeln aus tiefen Brunnen. Sie hüten das Leben und bringen den Tod.

Vor meiner Abreise habe ich die Bergmolche in die Freiheit entlassen. Der Gedanke, dass ich sie so lange im Glasgefäß eingesperrt habe, verursacht mir Gewissensbisse. Was für ein trostloses Dasein, im künstlich begrenzten Raum leben zu müssen. Aber ich hatte die Tiere nötig. Sie waren für mich Gefährten, mit denen sich mein Eingesperrtsein leichter ertragen ließ. Sie waren hilflose Mitgefangene, für die ich sorgen und mit denen ich das Leid teilen konnte.

Die See hat einen neuen Rhythmus hier draußen. Von keiner Küste wird sie gebrochen und zurückgeworfen. Die Wogen kommen und rollen weiter, einem fernen Ziel entgegen. Die fließende Bewegung überträgt sich auf meinen Körper. Ich fühle mich grenzenlos. War ich je in meinem Leben so frei?

Ich ahne, unsere Flucht wird noch lange dauern. Im Augenblick scheint meine Kraft noch unerschöpflich zu sein. Seit es Tag ist, schwimmen wir schneller. Das Licht wirkt motivierend. Sollte es tatsächlich möglich sein, die Küste Dänemarks schwimmend zu erreichen? Ein berauschender Gedanke. Bisher hatte ich gehofft, von einem Schiff mitgenommen zu werden. Aus eigener Kraft ans Ziel kommen – das wär es! In die Freiheit schwimmen! Das hat vor uns noch niemand gewagt.

Die Kartoffeln von Desekow

Im September 1967 begann ich mein Studium mit einem Ernteeinsatz. Alle Studenten der Universität Greifswald wurden auf die Dörfer Mecklenburgs verteilt, um Kartoffeln zu sammeln. Niemand wunderte sich darüber. Seit der Schulzeit waren wir an Arbeitseinsätze in der Landwirtschaft gewöhnt. Keimte im Frühjahr die Saat, wurden wir Schulkinder zum Rübenverziehen geschickt.

Auf Knien rutschten wir den Acker entlang, und es bereitete uns großes Vergnügen, uns einmal richtig schmutzig zu machen. Die Landarbeit machte mir mehr Spaß, als in der Schulbank zu sitzen. Dann tauchten die Kartoffelkäfer auf. Niemand hatte die gefräßigen Käfer je zuvor gesehen. Sabotage! Die Kapitalisten, die bösen Feinde unseres Arbeiter- und Bauern-Staates haben die Kartoffelkäfer absichtlich eingeschleust, stand in den Zeitungen. Der Käfer als geheime Kriegswaffe! In unvorstellbaren Massen fielen die Plagegeister über die Felder her und fraßen alles ratzekahl. Eine Hungersnot drohte. Eifrig sammelten wir gelb-schwarz gestreifte Käfer und rote Larven, füllten Sack für Sack mit dem Krabbelgetier. Gab es einmal nichts zu zupfen und weder Käfer noch Kartoffeln zu lesen, klaubten wir Steine vom Acker und schichteten sie am Feldrain zu Haufen. In der Schule schrieben wir dann einen Aufsatz: »Mein Unterrichtstag in der sozialistischen Produktion«.

Vor dem Hintergrund meiner Erfahrungen aus der Schulzeit war das Kartoffellesen für mich selbstverständlich. Wir Studienanfängerinnen wurden zusammen mit den Jungen des dritten Studienjahres in Einsatz geschickt. Sie blickten uns neugierig entgegen, als wir zünftig, mit Gummistiefeln und Arbeitskleidung, in den ausgefahrenen Regenrinnen die Dorfstraße entlangstapften. Wir, das waren die lange Christa und fünf pummelige Mädchen. Selten habe ich enttäuschtere Mienen gesehen. Einer, mit Spitznamen

Kiebitz, fand für unsere Erscheinung ein einprägsames Bild: »Fünf Kartoffelknollen und eine Bohnenstange«.

Unser Trupp wurde unverzüglich aufs Feld gefahren und mit Weidenkörben ausgerüstet. Der Boden war frisch umgepflügt und glänzte fettig. Auf der dunkelbraunen Erde lagen die gelben Knollen. Eine gute Ernte, das sah man gleich. Wir schauten die Reihen entlang und konnten nicht erkennen, wo das Feld endete. Es reichte bis zum Horizont und darüber hinaus. Eine gewisse Mutlosigkeit überfiel uns. Tage würde es dauern, um die Kartoffeln nur einer Reihe aufzusammeln. Wir krümmten die Rücken, warfen die Erdfrüchte in die Körbe und schleppten sie zum Anhänger. Bald hatten die lange Christa und ich uns an die Spitze des Trupps vorgearbeitet. Wir halfen uns gegenseitig und trugen die schweren Körbe gemeinsam zur Sammelstelle.

Am Abend lagen alle zerschlagen auf den Betten. Als Christa hereinkam und aufgekratzt rief: »Mädchen, hört mal her! Ich habe gerade mit den Jungs gesprochen. Wir sollen in deren Schlafraum kommen.«

»Du spinnst!«, entgegnete Verena. »Da kannste alleene hingehen. Die sind doch nicht die Bohne an uns interessiert.«

»Darum geht es doch gar nicht! Die wollen nur mit uns singen.«

»Singen?«

»Ja, Lieder singen!«

»Was soll das denn? Wieso singen? Welche Lieder?«, fragte Anna verblüfft.

»Na ja, Studentenlieder. Genau weiß ich das auch nicht. Kommt schon!«, drängelte Christa.

»Singen kann ich überhaupt nicht«, warf ich ein. »Ein einziges Mal musste ich in der Schule vorsingen, da hat sich der Musiklehrer entsetzt die Ohren zugehalten.«

»Das fällt nicht auf, wenn alle singen. Los!« Christa packte mich am Arm und zog mich mit sich. Die anderen folgten neugierig.

Schon von draußen schallten uns kräftige Stimmen entgegen.

»Die singen tatsächlich! Wer hätte das gedacht«, murmelte Verena.

Zögernd traten wir ein. Die Jungs unterbrachen ihr Singen nicht, winkten uns heran und streckten uns Gesangbücher entgegen. Wir hockten uns zwischen sie und starrten ungläubig auf die Liederbücher, dann wieder auf die Münder, aus denen Töne hervorquollen. Die Jungen beendeten ihr Lied, und Kiebitz begrüßte uns: »Willkommen, ihr Holden, in unseren heiligen Hallen. Singt einfach mit.«

»Aber wir kennen die Lieder ja gar nicht«, widersprach ich.

»Die werdet ihr schon noch lernen. Singen ist eine wichtige Säule unseres Zirkels«, erklärte mir Kiebitz, und während er mich anschaute, überlief mich eine Gänsehaut. Seine Augen funkelten spöttisch. Sie hatten die Farbe von Bernstein mit schwarzen Punkten.

»Was'n für ein Zirkel?«, wollte Anna wissen. Ich war ihr dankbar, dass sie seinen Blick von mir weglenkte.

»Wir sind die Lamarckisten«, sagte Kiebitz. Es klang, als sei das etwas ganz Besonderes.

»Schluss mit dem Gequatsche! Lasst uns weitersingen«, rief Ekkehard und stimmte gleich ein Lied an: »Ein Heller und ein Batzen, die waren beide mein.«

Danach sangen sie: »O alte Burschenherrlichkeit« und »Krambambuli«. Das hatte so viele Strophen, dass es kein Ende nehmen wollte. Sie sangen ihre Lieder voller Inbrunst und Leidenschaft. Die Texte kannten sie auswendig. Es waren Lieder, die ich noch nie gehört hatte. Das Singen nervte mich, lieber wollte ich wissen, was es mit dem Zirkel und den Lamarckisten auf sich hatte.

Gerade war wieder ein Lied zu Ende, und ich fragte schnell: »Wieso nennt ihr euch Lamarckisten? Lamarck lag doch falsch mit seiner Behauptung, erworbene Eigenschaften würden sich vererben. Stattdessen hatte Darwin Recht mit seiner Evolutionstheorie.«

»Was haben wir denn da für ein kluges Köpfchen!«, rief Kiebitz und lächelte süffisant.

»Gerade weil Darwin Recht hat, lehnen wir ihn ab und haben Lamarck als Namensgeber für unseren Zirkel gewählt«, erklärte Ekkehard, dessen Gesicht hinter einem mächtigen Bart verborgen war. »Wir sind Querulanten! Machen alles umgekehrt!«

»Egal, wer Recht hat oder nicht, das interessiert uns nicht, meine Süße«, mischte sich Kiebitz wieder ein. Er sah mich an, und mein Herz schlug schneller. »Darwins Theorie ist offiziell anerkannt, Grund genug für uns, dagegen zu sein. Wir sind grundsätzlich gegen alles, was von oben angeordnet wird. Unser Blick ist nicht vorwärts gerichtet, sondern immer rückwärts – deshalb auch der Krebs in unserer Zirkelfahne, denn Krebse bewegen sich bekanntlich rückwärts, um vorwärts zu kommen. Ihr werdet es schon noch begreifen, ihr süßen Mädchen. Wollt ihr anständige Biologen werden, hilft euch das Studium wenig. Das Wichtigste spielt sich bei uns im Zirkel ab. Es bleibt euch gar nichts anderes übrig, als Lamarckisten zu werden und unsere Lieder zu lernen.«

Die Jungen nickten beifällig und intonierten: »Bin ein fahrender Gesell, kenne keine Sorgen, labt mich heut ein Felsenquell, tut es Rheinwein morgen.«

Als ich mich später in meine Decke wickelte, dröhnte mir der Kopf vom Gesang, und mein Kehlkopf brannte. Fünf Stunden hatten wir gesungen; ich hätte nicht vermutet, dass man das so lange durchhalten könnte. Was für eine seltsame Gruppe, die Lamarckisten – wie lebende Fossilien aus einer anderen Zeit, einer vergangenen Epoche, die ich bisher nur aus Büchern kannte.

Am meisten irritierte mich, dass ich mich in Kiebitz verliebt hatte. Kein Zweifel, mein Herz klopfte heftig, wenn ich nur an ihn dachte. Warum musste mir das passieren – ich wollte mich doch aufs Studium konzentrieren. Wieso gerade er? Ekkehard mit seinem schwarzen Bart wirkte attraktiver. Und Johannes, wenn auch mit abstehenden Ohren, war sympathischer. Kiebitz hingegen, spottsüchtig wie er war, weidete sich an den sich krümmenden Opfern und zuckte lässig mit den Schultern, als wollte er sagen: Ist es meine Schuld, wenn ihr so dünnhäutig seid? Er tat, als durchschaue er die Psyche der anderen und könne nach Belieben damit umspringen.

Das lasse ich nicht mit mir machen, dachte ich. Stattdessen wollte ich den Spieß umdrehen und ihn zähmen. Ich schlief ein und träumte wild.

Einen Monat dauerte der Ernteeinsatz. Tagsüber sammelten wir Kartoffeln, und am Abend sangen wir bis tief in die Nacht. Wir lernten Lieder, die ein recht merkwürdiges Studentenleben verherrlichten. Wir sangen vom Saufen und Raufen, von Wein und Weib, von Mut und Tod, von der patriotischen Pflicht aller Deutschen, gegen Napoleon zu kämpfen, vom roten Hahn, den man dem Edelmann aufs Dach setzt, von Bauernhorden, die mit Mistgabeln in den Kampf ziehen, und von der blauen Blume der Sehnsucht. Das Gesangbuch war unsere Bibel, die Zirkelfahne mit Krebs und Waldmeisterblume unser Wappen und Bier unser Elixier.

Wir Nachgeborenen zelebrierten ein Bewusstsein, wie es den Studenten zur Zeit von Ernst Moritz Arndt vor einhundert Jahren zu Eigen gewesen sein mag. Nach ihm – dem Publizisten, Dichter, Professor, der den Befreiungskampf gegen Napoleon initiiert hatte – war die Greifswalder Universität benannt.

Zunächst wunderte mich die Inbrunst, mit der wir die patriotischen Lieder von einst sangen. Lieder, die nationale Begeisterung und den Kampf gegen die Fremdherrschaft verklärten. Allmählich dämmerte mir, dass sie als Sinnbild für die Gegenwart dienten. Die Greifswalder Studenten empfanden den Staatsapparat als bösartiges Geschwür. Sie fühlten sich von ihm beherrscht und versteckten hinter den Liedern ihre Ohnmacht.

Krebs und Waldmeister

Das Studium begann, und das Leben ging so lustig weiter, wie es mit dem Ernteeinsatz angefangen hatte. Die Jungen hatten Recht, im Zirkel lernten wir tatsächlich mehr als in den Vorlesungen und Seminaren. Neben den Studenten gehörten auch diplomierte Biologen, wissenschaftliche Assistenten und sogar Professoren zum Lamarckzirkel.

Der Zirkel war kein Verein, sondern ein anarchischer Haufen ohne Organisation und Führung, und doch – oder gerade deshalb – funktionierte alles reibungslos. Die Lamarckisten trafen sich regelmäßig abends zu wissenschaftlichen Vorträgen und Diskussionen über Bücher westdeutscher Autoren. Erstmals hörte ich von Konrad Lorenz, jenem Verhaltensforscher, der für seine Entdeckungen den Nobelpreis erhalten hatte. Gerade war sein neues Werk, »Das sogenannte Böse«, über aggressives Verhalten bei Mensch und Tier erschienen. Das Buch gab es weder zu kaufen, noch stand es in der Uni-Bibliothek, doch die Lamarckisten wussten, wie man sich verbotene Bücher beschafft, und untereinander diskutierten wir ganz offen über das »Böse«.

Kiebitz nutzte die Gelegenheit, mich zu provozieren: »Was, du kennst Konrad Lorenz nicht? Du enttäuschst mich aber!«

»Kennst du ihn denn?«

»Persönlich nicht, aber seine Bücher. Dich hätte ich für besser informiert gehalten, weil du immer von Expeditionen faselst.«

»Wer hier faselt, bist du! Hättest mir ja deine tollen Bücher borgen können!«, konterte ich.

»Hättest mich bloß fragen brauchen!«

»Wie kann ich nach etwas fragen, das ich nicht kenne?«

»Eben!« Genüsslich dehnte er die Silben. Er hatte immer das letzte Wort.

Mit meinem Plan, Kiebitz zu zähmen, kam ich kein Stück voran.

Meine Kräfte zehrten sich auf, weil ich die Flammen meiner Leidenschaft verbergen wollte. Nur Christa, mit ihren sensiblen Antennen und selbst in Liebesdingen leidvoll geprüft, spürte das Feuer in mir.

»Machst du dir was aus Kiebitz?«, fragte sie mich eines Tages besorgt.

»Da wäre ich ja schön blöd!«

Vor ihr hätte ich mich nicht zu verstellen brauchen. Doch ich meinte, was ich sagte, und begriff nicht, warum mir meine Gefühle einen solchen Streich spielten.

An den Wochenenden organisierten die Lamarckisten naturkundliche Exkursionen entlang der Ostseeküste und zu den Inseln. Mit Kuttern fuhren wir nach Hiddensee und Rügen, nach Usedom und zum Darß. Da ich mich schon immer für die Namen von Tieren und Pflanzen interessiert hatte, wusste ich mehr Arten zu benennen als die anderen Studienanfänger. Bei den Exkursionen lernte ich explosionsartig dazu. Jedes Zirkelmitglied brachte sein Wissen ein und teilte es mit den anderen. Da gab es den Fachmann für Pilze und einen für Moose und Farne, für Seggen und Binsen, für Reptilien und Lurche, für Käfer und Schmetterlinge. Und Kiebitz – daher sein Spitzname – war Spezialist für Vögel, die mich seit je begeisterten.

Mit Christa, Anna und Verena bewohnte ich ein Zimmer im Studentenheim. Wie flügge gewordene Küken mussten wir erstmals unser Leben selbst in die Hand nehmen. Anders als im Internat in Bischofswerda, wo die Schüler nur den Schlafraum geteilt hatten, hielten wir zusammen und halfen uns gegenseitig. Morgens marschierten wir, in unsere Bademäntel gehüllt, zum Duschraum, bereiteten unser Frühstück, schwangen uns auf die Fahrräder und radelten zu den Vorlesungen. Die Hörsäle der einzelnen Institute waren in der Stadt verstreut, und so kurvten wir kreuz und quer durch Greifswald. Verbrachten wir den Abend nicht im Lamarckzirkel, kuschelten wir uns zu viert in Christas Bett, redeten über unsere Zukunft und über Jungen natürlich.

Im Winter scharten sich an der Ostseeküste abertausende Enten und Gänse, Eistaucher und Schwäne, Kormorane und Gänsesäger. Uns Biologen schreckte die Winterkälte nicht, selbst Schneegestöber und Eishagel konnten uns die gute Laune nicht verdrießen. Mit Ferngläsern ausgerüstet und dem Vogelbestimmungsbuch in der Hand, wetteiferten wir beim Benennen nie zuvor gesehener Arten. Lebewesen, die man nur von Abbildungen kannte, erstmals in der Natur zu entdecken war fast wie ein Schöpfungsakt. Was eben noch bloße Vorstellung war, verwandelte sich vor unseren Augen in Leben. Dieses Entzücken hatte ich in meiner Kindheit erlebt, als ich auf dem Rödel die Natur erkundete. Damals war ich ein einsamer Entdecker und konnte mein Vergnügen mit niemandem teilen. In Greifswald war ich endlich mitten unter naturverrückten Gleichgesinnten. Zum ersten Mal in meinem Leben traf ich auf Menschen, die meine Interessen teilten. Hatte ich mir früher vergeblich wenigstens einen einzigen Freund gewünscht, war ich nun eingetaucht in die Gemeinschaft vieler.

Zu diesen Exkursionen gehörte es, in der Ostsee zu baden, bei jedem Wetter – auch und erst recht im Winter. Barfuß rannten wir durch den Schnee und stürzten uns in die Wellen. Die Kälte verschlug mir den Atem, als würde mein Körper von eisigen Fäusten zusammengepresst. Während wir krampfhaft nach Luft rangen, vernahmen wir Ekkehards dröhnende Stimme: »Denkt an die armen Leute, die von der sinkenden Titanic ins Eismeer gesprungen sind!«

Die Andacht, die wir den Unglücklichen von der Titanic widmeten, dauerte nur kurz. In meinem Ehrgeiz schwamm ich so lange im Eiswasser wie die Jungen. Kiebitz sprang heraus, schüttelte sich wie ein Hund und deklamierte: »Ein Lamarckist friert nicht! Er zittert nur vor Wut, weil es so kalt ist!«

Mein Körper war krebsrot, aber ich fror kein bisschen. Im Gegenteil – eine Glutwelle schoss durch meine Adern. Nackt tanzten wir um ein Feuer, bis wir trocken waren, denn Handtücher hatten wir niemals dabei.

»Biologen wie wir werden bald aussterben«, dämpfte Kiebitz unseren Frohsinn. Johannes stimmte ihm zu: »Ich fürchte, du hast Recht, die Biologen nach uns werden den Spatz nicht von einem Finken unterscheiden können.«

»Dann möchte ich kein Biologe mehr sein!«, sagte ich.

»Wie ich immer wieder höre, willst du die Wildnis erforschen. Da testen wir jetzt deine Eignung. Los, Johannes, hol das Pferdefleisch«, befahl Kiebitz.

Die Jungen hatten beim Pferdemetzger den Proviant für das Lagerfeuer gekauft – dort war Fleisch besonders billig. Kiebitz schnitt ein dickes Stück ab und hielt es mir hin.

»Iss! Sonst glaube ich nicht, dass du ein richtiger Wildbiologe bist.«

Das Fleisch war dunkelrot. Von der Schnittstelle fielen Bluttropfen zischend ins Feuer.

Niemand wusste, dass ich eigentlich überhaupt kein Fleisch aß. Vor einem Schnitzel ekelte ich mich, und von jedem Braten wandte ich mich mit Grausen. Seit ich die Vergiftung durch die Weihnachtsgans nur knapp überlebt hatte, rief Fleisch bei mir Brechreiz hervor. Aber nun musste ich mich überwinden. Ich redete mir ein, ich weilte bei Indianern am Amazonas und meine Gastgeber seien tödlich beleidigt, wenn ich ihre Gabe ablehnte. Ohne zögern, stopfte ich mir das Fleisch in den Mund, kaute kräftig und schluckte – es schmeckte sogar. Stolz blickte ich in die Runde.

»Pfui Teufel«, rief Ekkehard, »da schüttelt es mich! Wer dich mal als Freundin bekommt, ist nicht zu beneiden.«

Keiner spendete mir Beifall. Kiebitz spottete: »Ein Mädchen, das härter sein will als wir, hat schon verloren.«

Ungerührt steckte ich den Tadel weg, an den Umgangston der Lamarckisten war ich längst gewöhnt. Statt als zimperlich zu gelten, wollte ich lieber ihren Neid erwecken. Bereits beim Einstand ins Studium hatten wir Anfänger von den älteren Semestern eine Schüssel mit Mehlwürmern, geschmackvoll mit Salatblättern garniert, vorgesetzt bekommen. Braune Würmer wimmelten vor unseren Augen. Schaudernd zuckten die Mädchen zurück und lehnten angewidert ab. Mir waren die »Würmer« – eigentlich Larven des Mehlkäfers – wohl bekannt. Als Futter für meine Vogelkinder, Zauneidechsen, Kröten und andere Pfleglinge hatte ich sie als Kind gezüchtet.

Demonstrativ fischte sich jeder der Jungen einen Mehlwurm heraus, verspeiste ihn und weidete sich an den entsetzten Blicken der Mädchen. »Greift ungeniert zu«, forderten sie uns auf. »Jede muss wenigstens einen Mehlwurm essen, sonst werdet ihr keine richtigen Biologen.«

Ich beschloss, ihnen einen Denkzettel zu verpassen, denn es verdross mich, wenn sie Mädchen für empfindlich hielten. Behänd griff ich in die wimmelnde Masse und steckte mir eine gefüllte Hand Käferlarven in den Mund. Genüsslich kauend tat ich kund, wie gut es schmecke, und freute mich diebisch, als den Jungen ihre Spottreden im Halse stecken blieben. Zu meinem Leidwesen umwarben sie aber gerade die Mädchen, die sich vor Würmern und Maden ekelten, bei Exkursionen schlappmachten, kein Bier tranken und beschützt werden wollten.

Mit Kiebitz beim Vogelzählen

Beim Zirkelabend in der letzten Februarwoche überraschte mich Kiebitz mit einer Einladung. Er beabsichtige, an der Ostseeküste Vögel zu zählen. Ob ich mitkommen wolle?

Und ob ich wollte! Kühl verbarg ich meine Freude: »Wann und wo treffen wir uns denn?«

»Am Sonntag früh um sieben hol ich dich ab.«

Pünktlich fuhr Kiebitz mit seinem Motorrad vor und hupte wild. Hinter der Gardine hatte ich aufgeregt gewartet. Eilig schnappte ich den Rucksack und spurtete los. An der Haustür atmete ich tief durch, zupfte mir die Haare zurecht und trat betont lässig hinaus. Hausmeister Okoli, der dort in seinem Verschlag hockte und unsere Tugend beschützte, blickte mir skeptisch hinterher, wie ich mit Gummistiefeln, eingemummt in dicke Hosen, Anorak, Wollmütze, den Rucksack geschultert, auf der schlammverkrusteten Maschine aufsaß.

»Halt dich an mir fest«, sagte Kiebitz und brauste los.

Am Abend zuvor hatte ich das Bestimmungsbuch studiert und mir die Küstenvögel eingeprägt, denn ich gedachte Kiebitz mit brillanten ornithologischen Kenntnissen zu erobern.

Vor Tagen war der Schnee geschmolzen, und die Erde schmatzte satt vor Feuchtigkeit. Auf den Feldern grünte die Wintersaat. Wir stapften über nasse Wiesen und sprangen über binsengesäumte Wassergräben, in denen flutender Hahnenfuß wucherte. Wolken rasten über den Himmel, vom stürmischen Wind in Fetzen gerissen. Ein Pulk drosselgroßer Vögel, braun mit schwarz gefleckter und gebänderter Kehle, pickten am Bachufer mit pinzettenspitzen Schnäbeln nach Insekten.

»Da, Steinwälzer«, rief ich und zählte rasch: »Neun sind es!«

Kiebitz notierte Anzahl und Art.

Ein langbeiniger Vogel flog schwirrend auf, und ängstlich klang sein Ruf: »Kri, kri kri! Kjück jück jü!«

Langer Schnabel, lange Beine – gehört zu den Limikolen. So viel hatte ich auf den Exkursionen schon gelernt. Aber welche Art genau? Ich nagte an meinen Lippen. Diese Watvögel zu unterscheiden ist eine Kunst – sie ähneln sich zu sehr.

Kiebitz merkte nichts von meiner Unsicherheit. Aufgeregt rief er: »Ein Grünschenkel! Der weiße Keil auf dem Rücken und die grünen Beine – hast du gesehen? –, eindeutig ein Grünschenkel! Ungewöhnlich, dass er schon hier ist. Normalerweise sind Grünschenkel um diese Zeit noch im Winterquartier. Stell dir vor, der westliche Teil der Population fliegt bis Afrika und der östliche sogar bis Australien!«

Vom Damm aus sahen wir das Meer. Der Wind peitschte Wellen mit hellen Schaumkronen über das schiefergraue Wasser. Als die Wolken aufrissen, wechselte es seine Farbe vom stumpfen Grau zu hellem Blau. Für Augenblicke blitzten Sonnenspritzer über Wellen und Schaum. Ich entdeckte einen dunklen Streifen. Im Fernglas löste er sich in einzelne Pünktchen auf – Enten. Eine Massenansammlung von Meeresenten. Nervös drehte ich am Schärfenring des Fernglases und sah schwarzweißes Gefieder, konnte mich aber nicht auf den Namen besinnen.

»Na, wie heißen sie denn?«, fragte mich Kiebitz prüfend.

»Trauerenten«, antwortete ich aufs Geratewohl.

»Also, Mädchen, du musst schon besser aufpassen! Sonst wirst du nie ein guter Ornithologe! Siehst du nicht den kleinen Federschopf am Hinterkopf? Das sind doch Reiherenten!«

Kiebitz trug sein Bestimmungsbuch immer bei sich, schaute aber nur selten hinein. Penibel notierte er die Anzahl der beobachteten Vogelarten. Schließlich hatten wir den vorgesehenen Küstenabschnitt abgeschritten und alles vermerkt, was Federn und Flügel besaß.

»Weißt du was, wir fahren jetzt nach Mohrdorf«, schlug Kiebitz vor. »Der Grünschenkel hat mich auf eine Idee gebracht. Da er so früh zurück ist, haben wir vielleicht Glück, und die Kraniche sind schon eingetroffen.«

Ich schwang mich wieder hinten auf seine Maschine und freute mich, weil ich noch länger mit Kiebitz zusammen sein konnte.

Kraniche hatte ich noch nie gesehen, aber ich wusste, dass sie jedes Jahr auf ihrem mehrere tausend Kilometer weiten Flug von Afrika nach Skandinavien an der Küste rasteten. Sie ruhten sich an den immer gleichen Plätzen ein paar Tage aus und suchten ausgehungert auf den Feldern nach Nahrung.

Während wir noch auf dem Motorrad saßen, flogen die ersten Kraniche über uns hinweg. In schwungvollen Ketten und in V-Formationen erfüllten sie den Vorfrühlingshimmel mit ihren durchdringenden Trompetentönen. Und dann sah ich sie aus der Nähe! Hunderte, tausende silbergraue Vögel! Sie stolzierten über die Felder, reckten ihre langen Hälse in die Höhe, trompeteten und hüpften mit ausgebreiteten Flügeln erwartungsvoll hin und her. Die Luft hallte wider vom ohrenbetäubenden Geschrei.

Ich bewunderte die Grazie, mit der sich die stattlichen Vögel bewegten. Würdevoll schritten sie auf ihren überlangen Beinen einher. Von der Stirn zog sich ein schwarzes Band über Kehle und Hals hinab. Ihre Wangen leuchteten blendend weiß. Am Scheitel schimmerte ein roter Fleck.

»So, fangen wir mal an zu zählen«, unterbrach mich Kiebitz beim Betrachten der anmutigen Vögel. »Männchen und Weibchen kann man nicht unterscheiden, aber siehst du die bräunlich gefiederten Exemplare? Das sind Jungvögel. Erst mit drei bis vier Jahren paaren sie sich und bleiben dann ein Leben lang zusammen. Kraniche trennen sich nie, und wenn einer stirbt, trauert sich der Überlebende zu Tode.«

»Woher willst du das denn wissen?«

»Weil es stimmt! Wenn sie erst kurze Zeit zusammen waren oder keinen Bruterfolg hatten, dann tröstet sich der Überlebende vielleicht mit einem neuen Partner. Aber das ist die Ausnahme. In der Wissenschaft zählt jedoch die Regel und nicht der Einzelfall.«

In seiner Stimme schwang stets ein hochnäsiger Ton mit, als wollte er sein Gegenüber einschüchtern.

»Na, wie viele hast du?«, unterbrach er meine Gedanken.

»Was?«

»Kraniche, wie viele hast du gezählt?«

»Ich hab noch gar nicht angefangen und auch keine Lust dazu. Diese Mengen kann man nicht zählen.«

»Denke dir einfach den Umriss eines Quadrats, und zähle die Tiere in diesem gedachten Quadrat. Dann multipliziere diese Zahl mit der gesamten Fläche, so erhältst du einen zuverlässigen Schätzwert. Das geht ganz schnell.«

Nach dieser wirklich praktischen und einfachen Methode errechneten wir rund 3800 Kraniche. Die Tiere waren in Balzstimmung. Aus dem Stand sprangen sie mit ihren langen Beinen drei, vier Meter in die Luft. Immer wieder hüpfte der eine oder andere Vogel hoch, als wollte er seine Sprungkraft mit den anderen messen und eine Partnerin auf sich aufmerksam machen. Die springenden Vögel erinnerten mich an die Tänze der Massai, eines Nomadenvolkes in Ostafrika, die ich in einem Film gesehen hatte. Die jungen Männer sprangen möglichst hoch in die Luft, um die Mädchen zu beeindrucken und um sie zu werben.

»Weißt du, zu welcher Gattung die Kraniche gehören?«, riss Kiebitz mich wieder aus meinen Überlegungen.

»Zu den Störchen ganz bestimmt nicht und auch nicht zu den Reihern«, wich ich aus.

»Richtig! Aber lenke nicht ab – mit wem sind sie nun verwandt?«

Da ich schwieg, sagte er: »Mit den Rallen! Also mit Blessralle und Teichhuhn! Damit hast du wohl nicht gerechnet, was?«

»Mensch, gratuliere! Man merkt tatsächlich, dass du seit drei Jahren erfolgreich Biologie studierst«, versuchte ich seinen ironischen Ton zu treffen.

»Komm, quatsch nicht, wir wollen uns dort unterstellen, es gießt gleich.« Er deutete zum Himmel, und schon stapfte er los zu einer

Hütte. Die Tür war verschlossen, aber das Dach ragte weit genug vor, um uns Schutz zu bieten.

Aus schwarzen Wolken stürzte eine wahre Flut auf die Erde nieder. An die Holzwand der Hütte gepresst, versuchten wir, trocken zu bleiben. Vom Dach ergoss sich ein Wasserfall. Dieser nasse Vorhang und das Geräusch des Regens grenzten uns von der Außenwelt ab. Und mit einem Male kam mir zu Bewusstsein, wie eng Kiebitz neben mir stand. Ich spürte, dass er mich anstarrte, und kam mir vor wie in einer Falle.

Er war größer und stärker als ich. Ob ich mich erfolgreich wehren könnte, wenn er mich an sich riss? Mein Herz schlug schneller. Der Augenblick war gekommen: Zum ersten Mal würde ich geküsst werden! Als Antwort wollte ich ihm eine Ohrfeige verpassen. Nach einer Weile verbesserte ich meinen Einfall: Zunächst würde ich so tun, als sei ich vor Überraschung wie gelähmt, so könnte ich den Kuss auskosten; dann erst würde ich mich wehren.

Der Regen strömte schon weniger heftig, als ich merkte, dass ich noch immer ungeküsst war. Nun erst sah ich wieder zu ihm hoch. Er stand so nah neben mir, dass sein Gesicht über dem meinen war. Ich blickte direkt in seine spöttisch funkelnden Bernsteinaugen. Vor Scham schaute ich schnell wieder weg und traute mich nicht, ihn noch einmal anzusehen.

Endlich hörte der Regen auf. »Tja, meine Kleine – ein einzigartiger Moment ist verpasst und kehrt nie wieder!«, sagte er leichthin.

Sterbende Ostsee

Nichts als Wasser. Nur weiches Wasser. Wie es nachgibt! Wie es mir durch die gespreizten Finger fließt. Es ist überall. Das Wasser! Es ist unter mir und über mir. Von allen Seiten umgibt es mich und ist doch nicht zu fassen. Ich möchte wieder etwas Festes spüren. Grund unter den Füßen haben. Über Erde laufen. Endlich wieder Erde, die ich berühren, auf die ich mich legen kann, die nicht zurückweicht, die fest und hart ist und Widerstand bietet.

Wie ein Automat schwimme ich seit Stunden durch dieses Meer, durch dieses grenzenlose Wasser. Meter um Meter, aber kein Land wird sichtbar. Komme ich wirklich vorwärts? Welle auf Welle rollt gegen mich, und jede Welle wirft mich scheinbar zurück, als würde ich auf der Stelle bleiben, wie ein Läufer auf einem Tretband.

In der Nacht war es ermüdend, durch das schwarze Wasser zu schwimmen. Doch jetzt am Tag ist es kaum besser. Die Sicht ist trostlos. Ich blicke in eine trübgrüne Brühe und sehe nichts. Keine Fische, nicht einmal Quallen. Die Ostsee scheint ohne Lebewesen zu sein. Alles vernichtet, abgestorben, eine tote Kloake. Schmutzig braune Schlieren trüben das Wasser. Vielleicht sind es Fäulnisalgen oder sich zersetzende Abfälle, denn die Ostsee dient zum Kühlen der Atomkraftwerke und erwärmt sich immer mehr.

Es ist Mittag. Die Sonne steht im Zenit. Strecke ich den Kopf aus dem grünen Dämmerdunkel heraus, sticht mir das Licht blendend in die Augen. Eine Nacht und einen halben Tag sind wir schon auf der Flucht. Seit zwölf Stunden schwimmen wir und schwimmen. Zwölf Stunden ohne Pause. Ich habe nicht gewusst, dass ich so lange schwimmen kann. Noch bin ich nicht erschöpft. Das Wasser trägt mich. Dieses weiche Wasser erleichtert die Bewegung. Wäre ich zwölf Stunden ununterbrochen gewandert, würde ich müder sein.

Ich verspüre keinen Hunger und auch keinen Durst, bin vollkommen auf das Schwimmen eingestellt. Mein Körper verbrennt seine Reserven. Das Überleben hängt davon ab, wie lange der Körper leistungsfähig bleibt. Nichts höre ich außer dem Geräusch, das ich selbst beim Schwimmen verursache. Meine Hände haben sich in schwammige Lappen verwandelt. Weiß und aufgedunsen wischen sie durch das Wasser, abstoßend wie bei einer Wasserleiche. Wie mag erst mein Gesicht aussehen?

Jürgen bleibt im Dämmergrün verborgen. Seit dem frühen Morgen, als wir die Bojen der Dreimeilenzone hinter uns ließen, haben wir uns nicht mehr gesehen. Nur die Verbindungsleine signalisiert mir, dass er neben mir ist, und dieses Wissen stärkt meinen Durchhaltewillen.

Das eintönige Schwimmen, die immer gleichen Bewegungen, das Fehlen neuer Eindrücke und Sinnesreize lässt die Gedanken abschweifen. Vor meinen inneren Augen läuft ein Bilderreigen ab, und ich erlebe vergangene Ereignisse, als würden sie noch einmal passieren.

Kiebitz nahm mich kein zweites Mal zum Vogelzählen mit. Meine Schwärmerei verblasste allmählich. Und schließlich machte mein Herz keine Sprünge mehr, wenn ich ihn sah.

Das Jahr 1968 bescherte uns die Hochschulreform und mir eine neue Liebe. Die Studentenunruhen in Westdeutschland nahmen wir kaum wahr – ein konturloses Rauschen fern unseres Lebens. Wer Zeitungen las, Radio hörte und fernsah, konnte sich zwar informieren, aber uns Biologiestudenten interessierte das nicht, wir brauchten kein Radio, keinen Fernseher und keine Zeitung, und wir demonstrierten nur, wenn es angeordnet wurde, und dann lustlos. Freiwillig auf die Straße zu gehen wie die westdeutschen Studenten wäre uns nie in den Sinn gekommen. Uns ging es gut, wenn wir unsere Lieder singen und Vögel beobachten konnten.

Die Studenten in Westdeutschland wollten den Mief aus den Universitäten jagen, die alten Zöpfe abschneiden und die Talare lüften, so erklärte man uns in den FDJ-Versammlungen. Wir hörten kaum hin. Was ging's uns an! Wir zelebrierten die Vergangenheit und waren entschieden gegen Veränderungen. Unberührt von den Ereignissen, die in Westdeutschland eine ganze Generation prägten, stapften wir, das Fernglas um den Hals gehängt, in Gummistiefeln die Küste auf und ab, tranken Bier und sangen Lieder aus der Zeit Napoleons und der Bauernkriege.

Studenten anderer Universitäten mögen gegenwartsbezogener auf die Nachrichten reagiert haben. Wir Greifswalder Biologiestudenten ließen alles an uns abprallen, wie die drei Affen, die weder hören noch sehen und kein Wort sprechen wollen. Zwar wahrten wir den äußeren Schein – schließlich wollte keiner von uns seine Studienzulassung einbüßen –, nahmen an politischen Veranstaltungen der Fachgruppen teil und waren in der FDJ sowie in der Deutsch-Sowjetischen Freundschaft, wenn wir auch noch nie einem Sowjetmenschen, wie man die Russen offiziell nannte, persönlich begegnet waren. Alle diese Pflichtveranstaltungen und Pflichtmitgliedschaften hatten keinerlei Bedeutung für uns. Wir schluckten die verordneten Pillen nicht, sondern spuckten sie hinter dem Rücken der Verantwortlichen wieder aus.

Ich fühlte mich wohl bei dieser Art spielerischen Umgangs mit der Realität. In Greifswald söhnte ich mich mit dem Zwiespalt in meinem Inneren aus. Dennoch sollte unser vogelfreies Leben bald ein Ende haben.

Johannes

Zwei Jahre lang war ich in Greifswald und fühlte mich wie ein Fisch, der endlich seinen Schwarm gefunden hat. Die Sehnsucht nach der Ferne war dadurch allerdings nicht schwächer geworden, vielmehr bekam sie immer neue Nahrung durch die Exkursionen entlang der Ostseeküste. Sie stellten für mich Übungen dar, Proben,

Vorbereitungen für spätere Expeditionen in unerforschte Gebiete. Ich glaubte, ich sei schon auf dem Weg.

In meinem zweiten Winter in Greifswald entdeckte ich eines Tages am Infobrett der Uni eine Nachricht der Tauchsportler und meldete mich sofort für die Ausbildung an. Nach ein paar Wochen Training im Schwimmbad sollten wir Tauchschüler zum ersten Mal mit Sauerstoffflaschen in der Ostsee tauchen. Mit einem Kutter fuhren wir an einem nasskalten Dezembertag hinaus. Studenten der Fachrichtungen Geologie und Medizin waren dabei, von den Biologen nur Johannes und ich. Mir fiel damals noch nicht auf, dass Johannes wie zufällig überall erschien, wo auch ich war.

Ich zog den Trockentauchanzug über meine Kleidung und glitt ins Wasser. Die eisige Kälte spürte ich durch den dünnen Gummi und die Kleidung bis auf die Haut. Statt abzutauchen, trieb ich gleich einem Korken an der Oberfläche. Der Ausbilder hängte mir noch mehr Bleigewichte an den Gürtel. Wie ein Stein sank ich daraufhin bis zum Meeresgrund. Dunkelgrüne Düsternis empfing mich. Eisiges Wasser drang in meinen Anzug und durchnässte meine Kleidung. Durch den Tiefendruck war der Trockentauchanzug undicht geworden. Ich schluckte heftig, um den Druck im Innenohr auszugleichen.

Johannes folgte mir in die Tiefe. Im ersten Moment dachte ich, ein riesiger Fisch nähere sich mir. Erleichtert entspannte ich mich, als ich ihn erkannte. Wir verständigten uns mit den gelernten Handzeichen und probten die so genannte Wasserpfeife. Dabei atmet man aus einer Flasche und reicht das Mundstück hin und her. Eine Übung für den Notfall. Im Schwimmbad war sie kinderleicht gewesen. In der Tiefe des Meeres kostete es mich Überwindung, freiwillig auf Atemluft zu verzichten. Zögernd reichte ich Johannes mein Mundstück, hielt die Luft an und wartete begierig darauf, dass ich es zurückerhielt und wieder atmen konnte. Dann übten wir, die

Maske mit Wasser zu füllen und es wieder herauszublasen sowie Taucherknoten zu knüpfen.

Der Messfühler zeigte an, dass der Sauerstoff in meiner Flasche zur Neige ging. Ich gab Johannes ein Zeichen und wollte auftauchen. Es ging aber nicht. Ich stieß mich ab mit aller Kraft und sank zurück. Wie Eisenstaub von einem Magneten angezogen wird, so hielt mich der Meeresgrund fest. Angst ergriff mich, ich schnallte den Bleigürtel ab und gab ihn Johannes. Wieder stieß ich mich mit meiner ganzen Kraft ab, strampelte wild – und sank erneut zurück. Noch immer war ich zu schwer. Warum nur? Was war geschehen? Darüber nachzudenken, fehlte mir die Zeit, denn meine Flasche war inzwischen völlig leer, und ich begann unter Atemnot zu leiden. Durch die Taucherbrille warf ich Johannes verzweifelte Blicke zu. Wie aber sollte er mich retten? Mir blieben ungefähr drei Minuten, länger würde ich es ohne Luft nicht aushalten. Bis Johannes aufgetaucht, zum Kutter geschwommen und sie mich vielleicht mit Hilfe eines Seiles heraufgezogen hätten, wäre ich längst ertrunken.

Panik überfiel mich. Dort oben lag das Boot, und ich konnte es nicht erreichen. Der Meeresboden hielt mich fest. Die Luftnot wurde schlimmer; ich stand Todesängste aus, und mir wurde schwarz vor den Augen – dann konnte ich plötzlich wieder atmen. Johannes hatte mir sein Mundstück zwischen die Zähne gezwängt. Hastig sog ich die Luft ein, spürte dankbar, wie sie meine Lungen durchströmte. Luft! Atem! Leben! Nun konnte ich auch wieder denken. Johannes hatte getan, was wir unmittelbar vorher geprobt hatten. Aber was nun? Der Zeiger an seinem Gerät näherte sich dem Nullpunkt. Nur noch ein paar Minuten, dann war auch in seiner Flasche kein Sauerstoff mehr. Das Meer wollte mich nicht loslassen. Ich reichte Johannes das Mundstück und gab ihm zu verstehen, dass ich aufgeben würde. Eine Rettung schien mir unmöglich. Er aber zog und zerrte an mir herum, bis schließlich ein Gewicht von mir abfiel.

Johannes hatte mich von den schweren Metallflaschen auf meinen Rücken befreit, an die ich in meiner Todesangst nicht mehr gedacht hatte. Endlich war ich leicht genug. Als ich mich im Kutter von der Gummihülle befreite, floss Wasser in Strömen heraus. Sein Gewicht hätte mich beinahe das Leben gekostet.

»Auf den Schrecken lade ich dich zu einem strammen Max ein«, sagte Johannes, als wir in Greifswald ankamen.

»Nein, umgekehrt, ich spendiere das Essen«, erwiderte ich. »Schließlich hast du mich gerettet.«

Wir gingen in unsere Stammkneipe und setzten uns an den schweren Holztisch mit tiefen Einkerbungen, an dem wir auch bei Zirkelabenden gern saßen. Zum ersten Mal waren wir zu zweit, ohne die anderen. Ich war verlegen, weil ich noch nie allein mit einem jungen Mann in einer Gaststätte war, und nun ausgerechnet mit Johannes. Ihn hatte ich bisher nicht richtig wahrgenommen, obwohl er bei allen Aktionen der Lamarckisten mit dabei war. Still und unauffällig, beteiligte er sich niemals an derben Späßen, und wenn die anderen ihn zur Zielscheibe ihres Spottes erkoren, ließ er die Sticheleien wortlos über sich ergehen, nur seine abstehenden Ohren glühten auf. Während die anderen ihre Männlichkeit betonten und sich Bärte wachsen ließen, ähnelte Johannes mit seinem glatten Gesicht und den weichen Gesichtszügen fast einem Mädchen. Er war nicht mein Typ, denn ich wünschte mir einen draufgängerischen Partner, mit dem ich wilde Abenteuer bestehen konnte.

»Ich habe vorhin richtig Angst um dich gehabt«, unterbrach er meine Überlegungen. »Du hättest um dein Leben kämpfen müssen, doch du hast dich einfach aufgegeben.«

»Warum kämpfen, wenn es sinnlos ist? Die letzten Sekunden wollte ich in Ruhe nutzen, um Abschied vom Leben zu nehmen.«

»Du hast gar nicht bemerkt, dass ich da war«, sagte er mit vorwurfsvollem Ton in der Stimme.

»Doch, ich habe dir sogar Zeichen gegeben«, widersprach ich. »Aber ich bin es gewohnt, mir selbst zu helfen, und wenn ich alles Menschenmögliche getan habe und es war vergeblich, wie sollte mir dann ein anderer helfen können?«

»Allein kannst du niemals alles überblicken. Zusammen sind wir stärker«, sagte Johannes.

Erstaunt fragte ich mich, wie er das wohl gemeint hatte. Wollte er damit sagen: er und ich? Der schüchterne Johannes – sollte das ein Antrag sein? Ich entschloss mich, so zu tun, als hätte ich nichts gehört, und bestellte schnell noch ein Bier.

Er bestand darauf, mich zum Studentenheim zu begleiten, obwohl er in die entgegengesetzte Richtung musste, zu den Baracken jenseits des Bahnhofs. Schon hatte ich mich von ihm verabschiedet, da zog er mich an sich. Sein Gesicht war nah. Im Licht der Straßenlaterne sah ich seine braunen Augen leuchten. Was für schöne Augen er hat, dachte ich, vorher war mir das noch nie aufgefallen. Ich wollte mich aus seiner Umarmung befreien, als er mich küsste.

»Warum?«, fragte ich, als ich wieder Luft bekam.

»Endlich! Darauf habe ich schon lange gewartet.« Er nahm mich fester in seine Arme und zog mich dicht an sich. Ich begriff nur langsam; dann wurde mir erschrocken klar, dass er mich liebte. Es machte mir Angst. Mich hatte noch nie jemand geliebt. Wenn ich für einen Jungen schwärmte, war es stets mein Geheimnis geblieben, niemals musste ich eine Reaktion auf meine Gefühle befürchten. Es war einfacher, von der Liebe zu träumen, als sie zu erleben, und eigentlich hätte ich vorgezogen, es wäre so geblieben.

Für Johannes aber war unser erster Kuss das Zeichen, dass er mich erobert hatte und wir nun zusammengehörten. Es verging kein Tag, an dem er mich nicht besuchte. Nur schwer gewöhnte ich mich daran, dass ich jetzt seine Freundin war und kaum noch Zeit für mich allein hatte. Er blieb, auch wenn ich ihm zu verstehen gab, dass mir seine Anwesenheit manchmal zu viel wurde. »Macht nichts«, sagte er, »da warte ich eben«, setzte sich still in eine Ecke und sah mich an, bis ich es nicht mehr aushielt: »Na gut, ich bin fertig, lass uns etwas unternehmen.« Er wusste immer, welcher Film im Kino lief oder was sonst noch los war. Auch Christa und die anderen Mädchen hatten inzwischen Freunde, und so war ich fast nur noch mit Johannes zusammen.

Allmählich wuchs in mir ein zärtliches Gefühl für ihn. Zuerst merkte ich es nicht. Erst als ich ein paar Tage zu Hause bei meinen Eltern war, spürte ich, dass er mir fehlte. Er fehlte mir wie ein Zwillingswesen. Bei allem, was ich tat, dachte ich an ihn. Vom Aufwachen bis zum Einschlafen war er in meinen Gedanken. Seltsam, als sei ich verzaubert. Mir kam zu Bewusstsein, wie sehr wir schon miteinander verschmolzen waren, und ich wehrte mich nicht mehr gegen unsere Beziehung. Einem Menschen so nahe zu sein und mit ihm eine Einheit zu bilden, wie bei einer Symbiose, war eine neue Erfahrung in meinem Leben.

Johannes holte mich am Bahnhof ab. »Nie wieder lass ich dich allein wegfahren«, sagte er erregt, »ich möchte alles mit dir gemeinsam erleben, alles mit dir teilen. Immer bei dir sein. Ein ganzes Leben lang.«

Seine Worte flößten mir keine Angst mehr ein. Ich war von der Liebe infiziert und dachte wie er.

Am Abend wollten wir eine Veranstaltung des Lamarckzirkels besuchen, blieben dann aber bei ihm. »Du warst so lange nicht da«, sagte er – es waren nur drei Tage gewesen –, »da will ich dich nicht gleich wieder mit anderen teilen müssen.«

Wir liebkosten uns. Johannes bewohnte das Zimmer mit einem Studienkollegen, der verreist war. »Bleib diese Nacht hier! Nur dieses eine Mal.«

»Wenn alles so bleibt, wie es ist, übernachte ich bei dir«, antwortete ich.

»Einverstanden, ich rühre dich nicht an, obwohl ich nichts lieber möchte.«

»Hattest du schon mal eine Freundin«, fragte ich Johannes, der schon 24 Jahre alt war. Verlegen schüttelte er den Kopf. »Nee, keine richtige. In der Schule habe ich ein Mädchen bewundert, sie jedoch nie geküsst.«

»Allerhand, bei mir hast du dich gleich getraut!«, lachte ich.

In dem schmalen Zimmer stand ein Etagenbett; ich legte mich oben schlafen und Johannes unten. Zum Gute-Nacht-Sagen stieg er hoch zu mir und blieb da. Er tat mir Leid, weil es ihm schwer fiel, sein Versprechen zu halten, aber in dieser Umgebung wollte ich nicht mit ihm zusammen sein. Nicht, wenn es zum ersten Mal war. Nicht in dieser Studentenbaracke mit den dünnen Sperrholzwänden, wo man Geräusche aus den anderen Zimmern hörte und jeden Schritt, wenn draußen jemand vorbeilief. Nicht in diesem Raum und nicht in dem Bett, in dem sonst der Kommilitone schlief.

Seitdem wir uns zum ersten Mal geküsst hatten, waren fünf Monate vergangen. Es war Mai. Wenn es denn sein musste, dann wünschte ich mir, wir würden uns in der Natur lieben. Ich begehrte Johannes nicht, dennoch wollte ich mein Leben mit ihm verbringen. Ich liebte ihn zärtlich, aber nicht leidenschaftlich. Er war mir zu nah, zu vertraut. Es gab keine prickelnde Fremdheit zwischen uns. Er war lieb und verständnisvoll, fürsorglich und anhänglich, aber erregen konnten mich diese Eigenschaften nicht.

Am nächsten Tag fuhren wir mit den Fahrrädern nach Eldena zu einem romantischen Platz bei einer Klosterruine, die Caspar David Friedrich oft gemalt hat. Wir breiteten eine Decke aus und legten uns darauf. Johannes liebkoste mich. Es kam mir komisch vor, und ich musste mich anstrengen, nicht zu lachen. Ich hielt ganz still und schloss die Augen. Als ich ihn spürte, öffnete ich sie wieder. Mein Blick fiel auf eine Eidechse. Sie sonnte sich dicht neben mir auf einer Wurzel. Ich sah jede einzelne Schuppe, ihren zarten Kopf und die schwarze Zunge, die hin und wieder herausschnellte. Ich starrte die Eidechse an, konnte meinen Blick nicht von ihr lösen. Ihr Anblick brannte sich in mein Gehirn ein. Alles Übrige ist verschwommen, nur die Erinnerung an die Eidechse ist so deutlich, als hätte ich sie noch immer vor Augen.

Hochschulreform

Die Kompassnadel dreht abrupt nach Ost. Plötzlich muss ich mich beim Schwimmen anstrengen, um den Nordkurs zu halten. Wir sind in eine starke Stömung geraten, die uns nach Osten treibt. Wer einen Fluss durchschwimmt, erreicht das andere Ufer erst weit flussabwärts, und wie ein schnell fließender Fluss zieht uns die Strömung jetzt mit sich. Der Kompass zeigt nicht an, wie weit wir schon abgetrieben sind. Ohne Fixpunkt können wir unsere Position nicht bestimmen.

Wie im Meer treibendes Holz sind wir der Strömung ausgeliefert. Wir schwimmen mit aller Kraft gegen sie an, werden aber unaufhaltsam abgetrieben. Nach Osten! In die offene See hinaus, ohne die Aussicht, lebend eine Küste zu erreichen. War alle Anstrengung umsonst?

Die Angst war groß, die Studentenunruhen in Westdeutschland könnten auch die Jugend in der DDR infizieren. Plötzlich sollten wir Professoren benoten, Vorlesungen beurteilen und Verbesserungen vorschlagen. Dabei war die Hochschulreform längst entschieden. Sie wurde, wie alles in der DDR, von oben gesteuert. Unsere Meinung war völlig belanglos, man wollte uns nur beschäftigen und uns die Illusion geben, wir könnten etwas verändern.

In Greifswald verblieb nur die Fachrichtung Mikrobiologie. Wer einen anderen Schwerpunkt setzen wollte, musste die Universität wechseln, was vorher nahezu unmöglich war. Jetzt wurden wir von der Hochschulreform überallhin gepustet wie Löwenzahnsamen vom Wind. Unsere Seminargruppe löste sich nach dem zweiten Studienjahr auf, und wir verteilten uns auf fast alle Universitäten der Republik. Johannes entschied sich für Mikrobiologie und blieb in Greifswald, denn er hatte nur noch ein Jahr bis zum Diplom. Ich bewarb mich in Rostock für die Fachrichtung Meereskunde, die mich dem Ziel meiner Träume näher bringen würde, da die Rostocker Studenten mit einem Forschungsschiff über die Weltmeere fuhren.

Meine Bewerbung wurde abgelehnt, ohne Angabe von Gründen. Vielleicht war kein Studienplatz mehr frei, so vermutete ich. Als Alternative bot man mir das Studium der Zoologie in Leipzig an. Nach zwei Jahren in Greifswald wechselte ich also nach Leipzig, bei uns Studenten verschrien als die »rote Uni«.

Die Trennung von Johannes fiel mir nicht schwer. Was waren drei Jahre gegen das ganze Leben! Er musste sich sowieso auf seine Diplomarbeit konzentrieren, und in drei Jahren, wenn auch ich mein Diplom hätte, könnten wir uns beide für eine Forschungsarbeit im Ausland bewerben, am besten irgendwo in Sibirien.

Endlich – die Kompassnadel zeigt wieder ruhig nach Norden, die starke Strömung haben wir durchquert. Aber wie weit hat sie uns abgetrieben? Um die Drift auszugleichen, müssten wir uns nach Westen ausrichten. Die Vorstellung, wir könnten an Dänemark vorbeischwimmen, weil wir zu weit im Osten sind, bereitet mir höllische Angst. Ich muss mit Jürgen darüber sprechen und ziehe dreimal an der Verbindungsleine – das Notsignal.

»Was hast du?«, fragt er besorgt.

»Wir müssen unseren Kurs ändern!« Ich beschreibe ihm meine Schreckensvorstellung. Während ich spreche, versuche ich mich an seinen Schultern festzuhalten. Meine aufgedunsenen Hände gleiten über die glatte Oberfläche seines Taucheranzuges, rutschen ab. Die Wellen schaukeln uns gegeneinander, dann wieder voneinander fort. Weil ich zum Sprechen den Schnorchel aus dem Mund genommen habe, schlucke ich salziges Meerwasser und huste. Meine Kehle verkrampft sich. In mir steigt Verzweiflung hoch. Überall Wasser! Weit entfernt von jeder Küste wissen wir nicht einmal mehr die Richtung. Wieder versuche ich mich an Jürgen festzuhalten. Hinter dem Glas der Taucherbrille sehe ich seine Augen. Sie erscheinen unnatürlich groß und geben mir keinen Trost. Wir sind verloren.

Mit weißer, schwammiger Hand nimmt er jetzt den Schnorchel aus dem Mund und sagt bestimmend: »Vergiss die Strömung – wir halten den Nordkurs. Es gibt viele Strömungen im Meer, in sämtliche Richtungen. Wenn wir die alle ausgleichen wollten, müssten wir im Zickzack schwimmen. Wir können nur eins tun – jede Strömung so schnell wie möglich durchqueren!«

Seine entschiedenen Worte, sein fester Tonfall besiegen meine Verzweiflung und geben mir meine Willenskraft zurück. Zwar glaube ich nach wie vor, dass die Strömungen alle nach Osten gerichtet sind, aber genau weiß ich es nicht. Warum also zu früh aufgeben? Noch habe ich Kraft weiterzuschwimmen.

Die kopflosen Frösche

An der Universität in Leipzig fanden keine Exkursionen in die Natur statt, und niemand interessierte sich für die Bezeichnungen der Tiere und Pflanzen, schon gar nicht für die Namen der Vögel. Vogelkunde war eine Liebhaberei, ein Hobby. In Leipzig wurde ernste Wissenschaft betrieben und gelehrt. Über Tiere, ihr Leben und ihre Umwelt erfuhr ich nichts. Die Bezeichnung Zoologie trug diese Wissenschaft nur, weil Tiere unfreiwillige Spender waren für Gewebeschnitte, die wir im zoologischen Praktikum einfärbten und unter dem Mikroskop betrachteten.

Das freie Studentenleben, wie ich es von Greifswald kannte, war zu Ende. Dort hatten wir selbst entschieden, welche Vorlesungen wir besuchten. In Leipzig aber war die Ausbildung ähnlich reglementiert wie in der Schule. In den Vorlesungen wurden Anwesenheitslisten geführt, die Praktika waren Pflichtveranstaltungen, für die es Scheine gab. Ohne sie konnte man sich nicht zum Vordiplom anmelden. Wir tauchten tief ein in die Wissenschaft, und die weißen Kittel, die wir trugen, mit Flecken und Löchern – Spuren der Experimente – ließen uns bedeutsam erscheinen.

Im anorganischen Praktikum mussten wir ein unbekanntes Mischpräparat in seine Bestandteile zerlegen. Wir ließen die Substanz über dem Bunsenbrenner brodeln, kochten drauflos und bekamen allerlei zu sehen und zu riechen. Es war fantastisch – nur ein Tropfen mehr ins Reagenzglas pipettiert, und schon verwandelte sich die farblose Flüssigkeit. Rote, blaue, grüne, gelbe Schleier schwebten im Glas. Eine farbenfrohe Spurensuche. Ich spürte die nahe Verwandtschaft des Chemikers zu Alchemisten und Zauberern. Sinnlich erlebbar war diese Welt des Anorganischen. Die Augen erfreuten sich an Kobaltblau und Zinnoberrot. Auch die Nase bekam ihr Teil ab, wenn Ammoniak aus dem Kolben strömte und Schwefelwasserstoff – ein Gestank nach faulen Eiern – einem undichten Schlauch entwich. Wir fühlten den Schmerz, wenn Säure weiße Flecken in die Haut fraß und sich die Fingerkuppen schälten, weil man sie unvorsichtig in Lauge getaucht hatte. Das Hören wurde aktiviert, wenn Natrium explosiv auf Wasser traf. Betäubt und halb vergiftet, kam mir der Geschmackssinn abhanden. Mir war dann völlig gleichgültig, was in der Mensa auf dem Speisezettel stand.

Weiter ging es mit organischen und biochemischen Versuchen, die ähnlich intensiv meine Sinne reizten. Das zoologische und immunologische Praktikum traf mich allerdings wie ein Schock. Es begann relativ harmlos mit dem Töten eines Regenwurms. Seinen Körper mussten wir längs aufschneiden, die Haut mit Stecknadeln beidseits auf eine Wachsplatte spannen und seine inneren Organe studieren. Beim Präparieren der Blutgefäße, beim Auffinden des Strickleiternervensystems und des zentralen Nervenknotens, des Oberschlundganglions, siegte noch die Neugier über die Abneigung, einem Wesen das Leben zu nehmen. Es war ja nur ein Wurm, so dachten die meisten.

Das war der Beginn des Unrechts. Stufenweise ging es weiter. So banal, kaum wahrnehmbar, fängt immer alles an. Wir glauben unser Tun verantworten zu können, finden nichts Schlimmes dabei. Ein Wurm. Was wird der schon fühlen? Aber er hat Nerven, Blutgefäße und Sinneszellen.

Gibt es eine Grenze, die wir nicht überschreiten dürfen? Wo endet unsere Allmacht über andere Lebewesen? Oder verschiebt sich die Grenze Schritt für Schritt. Nehmen wir das Unrecht, ohne es zu merken, immer weniger wahr, bis manche Menschen zu Verbrechen fähig sind, die uns schaudern lassen? Sie alle haben klein und harmlos begonnen. Wer kann nach einer Reihe von Verstößen noch beurteilen, wie unmenschlich das ist, was er tut? Einer Pflanze sinnlos die Blüte abzureißen, wer empört sich darüber? Wer denkt darüber nach, dass Blumen in der Vase sterbende Geschöpfe sind? Pflanzen existieren, um uns zu erfreuen und zu schmücken, so glauben wir. Dass wir töten, wenn wir sie pflücken, ist uns nicht bewusst. Wurm, Schnecke oder Insekt stehen uns nicht nahe. Wenn wir sie zertreten, bleibt nur ein häßlicher Fleck. Aber je näher verwandt die Kreaturen mit unserer eigenen Art sind, umso stärker wirkt eine hemmende Kraft, anderes Leben zu zerstören.

Als Nächstes sollten wir einen Frosch dekapitieren, das hieß dem lebenden Tier mit der Schere den Kopf abzuschneiden. Dies sei die humanste Art, ihn zu töten. Jeder Student fand an seinem Platz ein Glas mit einem Frosch und eine Schere. Die Mädchen zögerten, die meisten ekelten sich, das glitschige Tier überhaupt anzufassen. Das Praktikum wurde von einem Wissenschaftler geleitet, den wir Bodo nannten. Er beruhigte die Studentinnen, ihnen würde nicht negativ angerechnet, wenn sie ihren Frosch von männlichen Kommilitonen dekapitieren ließen.

Ich wollte es nicht gelten lassen, als Frau zimperlich zu sein. Stets fühlte ich mich herausgefordert, wenn es darum ging zu beweisen, die gleichen Fähigkeiten wie Männer zu haben und möglichst noch besser zu sein. Ich nahm die Schere und schnitt dem Frosch den Kopf ab. Was ich dabei empfand? Eine Gefühlsregung unterdrückte ich. Wenn ich schon tötete, dann wollte ich nicht auch noch scheinheilig sein, keine sentimentale Mörderin, die ihr Opfer bemitleidet.

Frösche, Kröten, Salamander und Molche waren aber die Gefährten meiner Kindheit gewesen. Mit Leidenschaft und Ausdauer hatte ich die Bewohner des Dunklen und Feuchten aufgespürt. Ich nahm sie gern in meine Hände, besah sie aus der Nähe und blickte in ihre golden schimmernden Augen. Ich erlebte ihre Verwandlung, wenn aus einer Kaulquappe mit Kiemen ein lungenatmender Lurch wurde. Und jetzt hatte ich absichtlich und ohne Not einen der ihren getötet. Immer hatte ich alles über Tiere wissen wollen, aber in ihr Innerstes wollte ich nicht schauen. Ungeprüft hätte ich den zoologischen Fachbüchern geglaubt, dass bei Fröschen das sauerstoffreiche, arterielle Blut und das sauerstoffarme, venöse Blut im Herzen gemischt werden, weil sie noch keine getrennten Vorkammern haben. Warum einen Frosch töten, sein Herz herauspräparieren, nur um dem nachzuforschen, was in jedem Fachbuch stand? Ich fand es spannender, die Geheimnisse des Lebens aus den Büchern herauszulesen. Zusammenhänge begreifen, Hintergründe erfahren, die Mechanismen des Lebens durchschauen, das erschien mir wie die Lösung einer Rätselaufgabe. Das theoretische Lernen forderte meinen Verstand heraus und war für mich reizvoller, als bereits bekanntes Wissen durch einen Versuch zu bestätigen.

»Ihr müsst die Techniken kennen lernen«, entgegnete Bodo auf meinen Einwand, »sonst könnt ihr später keine eigenen Forschungen vornehmen.«

Da begriff ich, dass ich nicht den Ehrgeiz eines Wissenschaftlers besaß. Immer mehr zu wissen, immer tiefer einzudringen, immer kleinere Bausteine zu finden, mehr Details von immer weniger zu erfahren, das war nicht mein Begehr. Und ich war auch nicht bereit, den Preis dafür zu zahlen. Ein getöteter Frosch war schon zu viel gewesen.

In einem anderen Kurs lernten wir die Technik der Elektronenmikroskopie. Zunächst war ich fasziniert, weil das Unsichtbare sichtbar wurde, aber als ich erfuhr, dass durch den Prozess der Fixierung alle Zellen abgetötet werden, erlosch mein Interesse. Ich wollte das Leben lebendig erleben, die Tiere in ihrer natürlichen Umgebung beobachten und nicht zerstückelt in Gewebeschnitten.

Mein Entsetzen wuchs im immunologischen Praktikum. Wieder war die Theorie ungeheuer spannend. Damals im Jahr 1970 hatte das Wissen über Antigen- und Antikörperreaktionen noch keinen Eingang in den allgemeinen Sprachgebrauch gefunden. Die Grundlagenforschung begann gerade erst, und die Universität Leipzig war führend in dieser neuen Forschungsrichtung. In den Vorlesungen übertrug sich die Begeisterung auf uns Studenten, die neuesten Ergebnisse aus den Labors wurden uns frisch präsentiert, unmittelbar erlebten wir mit, was gerade entdeckt wurde.

Im Praktikum wendeten wir die theoretischen Erkenntnisse an. Die Reaktion von Mäusen auf fremdes Körpermaterial sollte getestet werden. Die Ohren einer Maus mussten einer anderen auf den Rücken genäht werden. Nach einigen Tagen war das Ohr entweder angewachsen oder das Gewebe abgestorben. Ein sinnloses Experiment, denn das Ergebnis stand vorher fest. Nur wenn die beiden Mäuse einem Inzuchtstamm angehörten, also genetisch identisch waren, wuchs das Ohr am Rücken an.

Alles war schon vorbereitet. An jedem Platz standen Gefäße mit zwei Mäusen und eine Ätherflasche. Daneben lagen ein Skalpell, um die Rückenhaut aufzuschneiden, chirurgische Nadeln und die Schere, mit der wir schon die Frösche dekapitiert hatten.

Diesmal stellte sich für mich nicht die Frage, zimperlich oder mutig zu sein. Zwar werden die Tiere für die Operation betäubt, aber die Schmerzen danach? Tagelang würden sie leiden müssen. Das Experiment war für mich ein Verbrechen. Bodo verpflanzte ein Ohr, um die Technik zu demonstrieren. Zwei Studenten folgten seinem Beispiel. Wir anderen blickten unschlüssig auf die Präparationsschale mit den narkotisierten Mäusen. Niemand wagte, laut seine Meinung zu sagen. Manche mussten dringend zur Toilette, andere behaupteten, ihre Mäuse seien schon wieder aus der Narkose erwacht. Verständnisvoll brach Bodo das Experiment ab. »Drei Mäuse genügen, um das Prinzip zu erklären«, meinte er.

Was wäre geschehen, hätte er uns unter Druck gesetzt, gedroht, den Schein nicht auszustellen und damit den Abschluss unseres Studiums zu gefährden? Ob wir alle nicht lieber die Mäuse geopfert hätten, statt uns selbst zu schaden? Es nützte mir nichts, dass ich mir die Hände nicht schmutzig gemacht hatte, mein Gewissen plagte mich trotzdem. Einer, der zuschaut, wie Unrecht geschieht, und es nicht verhindert – macht er sich nicht auch schuldig? Vielleicht sogar mehr als der Täter, denn der begreift mitunter gar nicht, was er tut.

Die Horror-Mäuse mit den Ohren auf dem Rücken waren mein Abschied von der Biologie als Wissenschaft. Diesen Entschluss fasste ich aber für die Zukunft, denn mein Studium wollte ich abschließen. Wissenschaftlerin würde ich also nicht werden. Aber was dann? Tiere beobachten und sie dabei nicht stören, konnte das ein Beruf sein?

ෆ

Mir ist kalt. Schlagartig spüre ich die Kälte. Was ist passiert? Warum isoliert mein Taucheranzug nicht mehr? Durch das Wasser, das sich zwischen Körper und Neopren staut und aufwärmt, bildet sich normalerweise eine perfekte Isolationsschicht und schützt vor Kälte. Aber bei jeder Bewegung meiner Arme dringt frisches Meerwasser in den Anzug. Mir wird immer kälter. Ich beginne zu frieren.

Als ich mit einer Hand die Halsmanschette umschließe, hört der kalte Zustrom auf. Da liegt der Fehler, der Taucheranzug ist am Hals zu weit für mich. Bisher habe ich es nicht bemerkt, weil mein Körper genügend Reserven hatte und das einströmende Wasser wieder wärmte. Mit der Hand am Hals ist es unmöglich zu schwimmen. Ich muss wieder loslassen und erschauere unter dem Schwall eiskalten Wassers. Ich schlage heftig mit den Beinen, stoße kräftig mit den Armen, um mich warm zu arbeiten, aber meine Muskeln fühlen sich hart und verkrampft an. Und noch etwas macht mir schwer zu schaffen: Meine Blase drückt, schon seit Stunden. Es wird immer schlimmer und ist kaum noch auszuhalten.

Der Taucheranzug hat keine Öffnung, ich müsste ihn ausziehen. Schon an Land ist es schwer, das eng anliegende Neopren abzustreifen, und erst recht, wieder hineinzuschlüpfen. Nun aber muss es sein, sonst platzt noch meine Blase. Ich gebe das Notsignal, ziehe dreimal fest an der Leine und bitte Jürgen, mir beim Aus- und Anziehen zu helfen. Er lacht, als er von meiner Not hört. »Was? Bis jetzt hast du ausgehalten? Unglaublich! Ich musste schon am Morgen und seitdem noch ein paar Mal.«

»Wie hast du es gemacht?«, frage ich gequält.

»Lass es einfach in den Anzug laufen.«

»Nee, ich will ihn lieber ausziehen.«

»Keine Chance! Ausziehen schaffst du vielleicht, aber du bekommst den Anzug nicht wieder an. Nicht im Wasser. Ich könnte dir dabei auch nicht helfen. Du kannst dich nirgendwo gegenstemmen, das Wasser bietet keinen Widerstand. Vergiss es.«

Notgedrungen befolge ich seinen Ratschlag. Weil ich so ausgekühlt bin, empfinde ich den körperwarmen Urin, als sei er glühend. Ich kann nicht mehr lange durchhalten, wenn ich bereits so weit unterkühlt bin. Aber mir kommt noch ein anderer schrecklicher Gedanke: Was tue ich, wenn sich ein großes Geschäft anmeldet?

»Denk lieber nicht daran«, sagt Jürgen. »Halte deinen Darm ruhig, dann passiert nichts.«

Normalerweise gehe ich jeden Morgen regelmäßig zur Toilette. Jetzt scheine ich Glück zu haben, denn mein Körper hält sich zurück.

Die Sonne hat den Zenit überschritten und sinkt dem Nachmittag entgegen. Wir halten uns an den Händen und versuchen, über die Wellenberge hinweg einen Blick auf den Horizont zu erhaschen. Ringsum Wasser. Nichts als Wasser!

»Los, wir müssen weiter, wir werden gerade wieder von einer starken Strömung fortgerissen«, mahnt Jürgen.

Mir geht es jetzt besser. Die Blasenschmerzen sind weg, und der Urin wärmt meine Beinmuskeln. Sie werden wieder geschmeidig, und die wohltuende Wärme überträgt sich auf den ganzen Körper.

Das Durchqueren der Strömung erfordert Konzentration; ich bin wieder ganz aufs Schwimmen eingestellt.

Der Friedhof und die »rote Uni«

Die Kommilitonen in Leipzig blieben mir fremd. Ich war wieder allein, fühlte mich aber nicht so hoffnungslos einsam wie in der Schulzeit. Greifswald war ja der Beweis: Es gab Menschen, die so verrückt waren wie ich, die bei jedem Wetter draußen herumliefen, um Tiere zu beobachten und Vogelarten zu bestimmen. Warum sollte ich nicht bald wieder neue naturbegeisterte Freunde finden? Drei Jahre nur musste ich durchhalten. Drei Jahre bis zum Diplom, dann würde ich frei sein und leben.

Gegen die Einsamkeit halfen mir meine Gefühle für Johannes. Jeden Abend schrieb ich ihm, was ich tagsüber getan hatte, was ich dachte und fühlte. An allem, was mich bewegte, ließ ich ihn teilhaben. Meine Briefe an ihn waren wie ein Tagebuch. Einen nach dem anderen sandte ich ab, immer wenn ich drei Bögen beidseitig beschrieben hatte. Sehen konnten wir uns während des Semesters nicht. Mit dem Zug dauerte die Fahrt von Leipzig nach Greifswald einen vollen Tag, da hätte ich mich am nächsten Morgen gleich wieder verabschieden müssen, um zur Vorlesung rechtzeitig zurück zu sein. Außerdem brauchte ich die Wochenenden. Ich musste mich auf Praktika vorbereiten, Vorlesungen nacharbeiten, für Prüfungen lernen, Seminararbeiten schreiben und an politischen Veranstaltungen teilnehmen, denn unsere Gruppe bewarb sich um den Titel »Sozialistisches Studentenkollektiv«.

Schmerzlich vermisste ich die abenteuerlichen Wanderungen an der Küste, das Erkunden der Natur, den frischen Meereswind, der den Duft der Ferne mit sich trug. Die Vorzüge der weltbekannten

Messestadt Leipzig mit Einkaufszentrum, Kulturveranstaltungen, Cafés und Bars bedeuteten mir nichts. Stattdessen prägten sich mir die negativen Aspekte der Stadt ein: graue Fassaden und enge Straßen, in denen Tag und Nacht Straßenbahnen fuhren, deren Gequietsche mich bis ins Mark erschütterte. Das Haus, in dem ich ein winziges Zimmer bewohnte, stand in einer dieser Straßenschluchten.

Doch ich hatte Glück. Eines Tages fand ich mitten im Häusermeer meine Oase, einen alten Friedhof. Seine Pforten waren für Besucher geschlossen. Die hohen Ziegelmauern zerfielen Stein um Stein. Durch einen schmalen Spalt gelangte ich ins Innere. Eine Wildnis empfing mich. Grashalme wiegten sich hüfthoch im Wind, Wildkräuter und Blumen blühten allerorten, Büsche und Stauden wuchsen auf eingesunkenen Gräbern.

Mit seiner wuchernden Natur erinnerte mich der Friedhof an meine Kindheitserlebnisse im Wald auf dem Rödel. Auf dem Friedhof traf ich nie einen Menschen; er gehörte nur mir und den Vögeln. Die Pflanzenwildnis bot ihnen unzählige Schlupfwinkel und reichlich Nahrung. Da zog der Trauerfliegenschnäpper, sonst ein Bewohner lichter Wälder, seine Jungen in der Höhlung eines Ahornstammes auf, und zwischen den Wurzeln desselben Baumes baute ein Rotkehlchen sein Nest. Das kugelige Moosnest des Wintergoldhähnchens hing zwischen den Nadeln der Blautanne, die Heckenbraunelle brütete, wie ihr Name sagt, in der Ligusterhecke, sogar der seltene Kernbeißer mit dem gewaltigen Schnabel hatte unerreichbar hoch in den dünnen Zweigen einer Pappel sein Nest verankert. Als die Jungen schlüpften, lagen grünschwarze Eischalen auf dem Weg. Der stille Friedhof mitten in der Stadt zog erstaunlich viele Tiere an. Wie in einer Arche Noah waren fast alle Vogelarten Deutschlands hier zu finden.

Mit den Lehrbüchern unter dem Arm ging ich jeden Nachmittag zu meinem Friedhof und blieb, bis die Nacht hereinbrach. Auch die Freistunden zwischen den Vorlesungen verbrachte ich dort. Bis weit in den Herbst, solange es die milde Witterung Leipzigs erlaubte, saß ich inmitten von Blumen auf einem sonnenwarmen Grabhügel, über mir das Rauschen der Bäume, und lernte für Prüfungen. Das Fernglas lag stets griffbereit neben mir. Den geheimen Zufluchtsort teilte ich mit keinem meiner Kommilitonen, nur Johannes schrieb ich von meinen Erlebnissen, aber er antwortete immer seltener. Seine Diplomarbeit beanspruche ihn zu sehr, entschuldigte er sich.

Unsere Seminargruppe »kämpfte« derweil um den Titel »Sozialistisches Studentenkollektiv«. Wir hatten uns zu einem Zehn-Punkte-Programm verpflichtet.

»Zehn ist immer gut«, meinte Kim. »Eine symbolische Zahl, wie schon die zehn Gebote beweisen.« Kim war meist vorsichtig mit ihren Äußerungen, aber eine gute Pointe ließ sie sich ungern entgehen. Sie flüsterte mir zu: »Im Prinzip der reinste Affenzirkus, aber wir machen das Beste daraus. Uns tut es nicht weh, und es schadet niemandem.«

Ich wusste genau, wer von den Kommilitonen gegen den Staat war. Ausgerechnet sie kamen mir ohne mein Zutun freundschaftlich entgegen. Sie kannten allerdings nicht meine wahre Einstellung, die ich sorgsam geheim hielt. Nicht, weil ich mich absichtlich verstellen wollte, sondern weil ich unsicher war. Ich wusste nicht, wofür ich eintreten sollte. Der verordnete »Kampf« um das »Sozialistische Kollektiv« war lächerlich. Aber ich hing immer noch der Hoffnung nach, eines Tages die Wirklichkeit in Übereinstimmung zu bringen mit den Idealen, die ich wie unter einer Käseglocke hütete. Nach außen ließ ich nichts dringen, denn ich fürchtete, für meinen Kinderglauben ausgelacht zu werden. Ich wollte ihn mir aber auch nicht zerstören lassen und hielt ihn deshalb geheim.

Weil Leipzig als »rote Uni« galt, hatte ich erwartet, meine Hoffnung auf Verwirklichung der alten Ideale könnten sich hier erfüllen. Aber die rote Farbe war nur Makulatur, das merkte ich bald.

Wir Studenten spendeten zwar für das »heldenhaft kämpfende vietnamesische Volk«, wir sammelten Unterschriften für die Freiheit von Angela Davis, der schwarzen Bürgerrechtlerin in den USA, und sandten Protestbriefe an den amerikanischen Präsidenten. Allen diesen Aktivitäten widmeten wir uns jedoch nicht aus politischer Überzeugung, sondern weil sie unser Studium günstig beeinflussten.

In Leipzig, an der »roten Uni«, wurde mein Glaube gründlicher zerstört als in Greifswald. Dort standen die Studenten dem Staat eindeutig ablehnend gegenüber. In Leipzig ließen wir die sozialistische Fahne hoch im Winde wehen, weil es uns Vorteile brachte. Mit dem Herzen aber war niemand dabei. Doch, einen Studenten gab es in unserer Gruppe, der von der sozialistischen Sache begeistert war – Filipp. Während wir mit dem geringsten Aufwand den größtmöglichen Nutzen zu erzielen suchten, war Filipp so ehrlich überzeugt, wie ich es gern gewesen wäre. Wir wählten ihn einstimmig zu unserem FDJ-Vorsitzenden, benutzten ihn als Aushängeschild und belächelten seinen Übereifer. Getreu dem Spruch: »Der innere Schweinehund muss bekämpft werden!«, den er unentwegt auf den Lippen führte, arbeitete Filipp an seiner positiven Charakterbildung. Als ich ihn besser kannte, grauste mir vor ihm, seinen markigen Sprüchen und seiner unerbittlichen Einstellung. Was würde er tun, wenn er später einmal mehr Macht hätte? Ich ging ihm aus dem Weg und hielt mich lieber an Kim, die ironische Lebenskünstlerin, die mich mit ihrem Frohsinn ansteckte. Bald waren wir bei den Kommilitonen als die »unmöglichen Zwillinge« verschrien. Dabei sahen wir uns eigentlich nicht ähnlich, außer dass wir beide klein und blond waren.

Mit Kim zusammen entdeckte ich nun doch Leipzig. Wir gingen ins Kino, Kabarett, Theater und Konzert. In der Milchbar »Pinguin« gönnten wir uns den köstlichen Nougateisbecher, und wollten wir etwas Besonderes feiern, aßen wir im Restaurant »Kiew«, wo die Wände mit Mohnblüten und Gedichten von Wladimir Majakowski bemalt und beschrieben waren: »Schön blüht Reseda, Erika, erst recht der rote Mohn, wir überholen Amerika, wir, die Sowjetunion«. Inbrünstig rezitierten wir die Verse und schütteten uns aus vor Lachen. Als Unisport wählten wir Rudern, wo wir unter den langen Sportlern wie Zwerge wirkten, was uns nicht abhielt, auf den Kanälen von Leipzig begeistert für Wettkämpfe zu trainieren.

Kim und ich freundeten uns mit zwei ausländischen Studentinnen unserer Seminargruppe an, Catherine aus Kenia und Poppy aus Südafrika. Catherine hatte eine fünfjährige Tochter, Njambura, die perfekt Sächsisch sprach. Mit der Kleinen gingen wir in den Zoo und zeigten ihr Elefanten, Nashörner und Löwen, afrikanische Tiere, die sie noch nie gesehen hatte.

Passanten sahen uns merkwürdig an, wenn wir mit der kleinen Afrikanerin unterwegs waren. Ob sie sich fragten, wer von uns beiden die Mutter war? Wir lachten amüsiert darüber, und es kümmerte uns nicht, welche Gedanken ihnen sonst noch durch den Kopf gehen mochten.

Überhaupt kicherten und alberten Kim und ich fast ständig herum, was mich von meinen trüben Gedanken und der Verzweiflung ablenkte, die sich immer mehr in mir ausbreitete.

Wir Biologen errangen mit Bravour den Titel »Sozialistisches Studentenkollektiv« im Wettbewerb mit den anderen Fakultäten. Unsere Gruppe hatte ihr Zehn-Punkte-Programm hundertprozentig übererfüllt, wie es unlogisch hieß. In allen Bereichen hatten wir am besten abgeschnitten: Studienleistung – ausgezeichnet. Politische Tätigkeit – hervorragend. Soziales Engagement – erstklassig. Kulturelle Arbeit – außergewöhnlich. Unser Linolschnittzyklus über Angela Davis hatte besonderen Eindruck gemacht; obwohl zukünftige Naturwissenschaftler, hatten wir uns als Künstler betätigt – im Dienst der Weltrevolution. Wer konnte uns da den Rang streitig machen! Filipp nahm die Urkunde mit feuchten Augen entgegen.

Kim grinste mich an. Ich senkte beschämt den Blick und wusste noch immer nicht, auf welcher Seite ich stehen sollte.

Nachmittag. Die Sonne hat den Zenit überschritten. Seit 16 Stunden schwimmen wir. Pausenlose Bewegung des Körpers. Beinschlag. Armkreis. Die Euphorie des Anfangs, die mich den Vormittag über trug, hat mich längst verlassen. In die Freiheit zu schwimmen – welche Vermessenheit! Wir werden nie ankommen. Ich weiß, dass wir verloren sind. Aber ich fürchte mich nicht mehr. Die Angst ist stumpf geworden. Angst peinigt nur, wenn das Unheil nahe, aber noch nicht eingetroffen ist. Solange man Hoffnung hat, fürchtet man sich. Jetzt glaube ich nicht mehr an Rettung. Niemand wird uns finden in der Weite des Meeres. Eine Nacht und fast einen Tag sind wir geschwommen und haben kein einziges Schiff gesehen. Gibt es einen eindeutigeren Beweis für meine Vermutung, dass wir nach Osten abgetrieben sind, abseits der Schifffahrtsrouten? Ohne Hoffnung und ohne Angst bin ich jetzt. Ich weiß, was passieren wird. Trotzdem schwimme ich weiter. Was sollte ich sonst tun? Das Schwimmen ist das einzige Mittel gegen die Kälte. Sie hat von mir Besitz ergriffen, aber noch wehrt sich mein Körper dagegen, völlig zu erkalten.

Es gibt Phasen, da versinke ich in wohltuende Gefühllosigkeit, da ist die Kälte wie ein Mantel, der mich einhüllt. Sie betäubt mich und schenkt mir gefühlloses Vergessen. Doch dann strömt plötzlich Energie von innen zu den steifen Muskeln, sie dehnen sich und senden schmerzende Impulse aus. Die Wärme verwandelt sich in eine Schmerz verursachende Feindin. Vielleicht sollte ich aufhören zu schwimmen und mich ergeben?

Einmal sandte mir Johannes einen Eilbrief: »Komm schnell, wenn du kannst! Die Ostsee friert zu! Einzigartig, das hat es noch nie gegeben. Über das Eis kann man zu Fuß bis Hiddensee wandern. Fantastisch! Stell dir vor: über das Meer! Ein Abenteuer! Kommst du?«

Eigentlich hatte ich keine Zeit, denn ich musste eine Seminararbeit abgeben, doch die vereiste Ostsee wollte ich auf keinen Fall versäumen. Über das Eis zu gehen, diese weite Strecke von der Küste bis zur Insel Hiddensee, und zu wissen, dass darunter das tiefe Meer strömt, musste unvergleichlich sein und unwiederholbar. Also setzte ich mich in den Zug nach Greifswald.

Unser Wiedersehen war seltsam. Zuerst nahm ich seine Veränderung nicht wahr. Unter der monatelangen Trennung hatte ich wenig gelitten, denn in Gedanken hatte ich mich immer mit Johannes ausgetauscht. Er aber meinte, wir müssten uns erst wieder aneinander gewöhnen. Ich lachte: »Was soll das, wir sind doch eins!«

»Wenn wir das nur wären«, orakelte er. »Dir macht es doch nichts aus, wahrscheinlich hast du dich längst getröstet.«

Mich empörte diese Unterstellung. Doch ich schwieg. Nur jetzt nicht streiten, dachte ich, wo wir wieder beisammen sind.

»Weißt du«, erzählte mir Johannes versöhnlich, »neulich habe ich meine Großeltern besucht. Sie saßen auf einer Bank vor ihrem Haus in der Nachmittagssonne und hielten sich an den Händen gefasst. So stelle ich mir unsere Zukunft vor.«

»Ja, wenn wir alt sind, aber vorher will ich leben, mit dir durch die Welt ziehen und Abenteuer bestehen.«

Er schaute mich traurig an: »Du bist kalt und egoistisch, immer denkst du nur an deine Ziele, nie an mich.«

»Du spinnst doch! Es ist normal, dass man Pläne hat, wenn man jung ist. Du willst nur mit mir streiten! Das ist gemein!«, sagte ich verärgert.

»Für mich ist das Bild meiner Großeltern vor ihrem Haus ungeheuer wichtig. Mit einem Mal habe ich gewusst, was das ist – Glück. Wenn du es nur begreifen könntest. Aber du willst immer Abenteuer erleben! Unsinn! Kinderei! Was wirklich zählt im Leben, habe ich in den Augen meiner Großeltern gesehen.«

Er würde sich wieder beruhigen und normal werden, dachte ich. Johannes hatte sich in etwas verrannt, wahrscheinlich, weil er für seine Abschlussprüfungen gelernt und nächtelang an seiner Diplomarbeit gearbeitet hatte.

»Hast du schon den Rucksack gepackt?«, wechselte ich das Thema. »Müssen wir noch etwas einkaufen, und wann wollen wir starten?«

Er sah mich durchdringend an: »Gib es zu, du bist nur deswegen gekommen!«

»Aber … aber du hast mir doch geschrieben …«, stotterte ich.

»Die zugefrorene Ostsee war es dir wert. Da ist dir kein Weg zu weit. Um mich zu besuchen, hattest du immer eine Ausrede.«

»Johannes, nun krieg dich wieder ein. Du glaubst doch selbst nicht, was du sagst.« Ich versuchte zu lachen.

»Wärst du sonst auch gekommen? Gib mir eine ehrliche Antwort!« Er sah mich streng an.

Ich war nun auch wütend. »Hör auf mit dem Kinderkram. Als wenn man das eine vom anderen trennen könnte. Du hast geschrieben, ich solle kommen, und nun bin ich da und will mit dir nach Hiddensee wandern. Punktum. Aus. Mehr sage ich nicht!«

Johannes machte keine Anstalten, den Rucksack zu packen, und ich wagte nicht, ihn zu drängen. Den Riss zwischen uns wollte ich nicht sehen. Nur eine Verstimmung, dachte ich. Es fiel mir schwer, auf die Eiswanderung zu verzichten, auf diese einzigartige Gelegenheit. Sie würde nie wiederkehren. Bis zuletzt hoffte ich, Johannes käme zur Besinnung. Aber er ließ die Zeit verstreichen, als wollte er prüfen, was mir wichtiger war, er oder die Ostsee. Ich konnte meinen Ärger nur schlecht verbergen und fuhr nach Leipzig zurück, ohne das zugefrorene Meer gesehen zu haben.

Johannes beendete sein Studium und machte das Diplom mit »summa cum laude«. Er schien wieder vernünftig geworden zu sein, denn er schrieb, er wolle mit mir im Sommer nach Bulgarien reisen. Sein Plan gefiel mir: Wandern durch das Rilagebirge, Schlangen fangen und Klöster besuchen, die höchsten Gipfel des Piringebirges besteigen und zum krönenden Abschluss im Schwarzen Meer baden.

Meine Leipziger Seminargruppe erhielt zur gleichen Zeit eine Einladung nach Moskau. Dort hätte ich vielleicht Kontakte knüpfen können für eine zukünftige Forschungsarbeit in Sibirien, schon deswegen wäre ich gern mitgefahren. Doch nach kurzem Zögern entschied ich mich für die Reise mit Johannes.

Es wurde Sommer, und ich erhielt keine Briefe mehr. Tag um Tag verging – ohne jede Nachricht von Johannes. In Greifswald kannte ich niemanden mehr, den ich fragen konnte. Nur mühsam unterdrückte ich meine innere Unruhe, brachte die Semesterprüfungen hinter mich und fuhr am nächsten Tag nach Greifswald. Johannes' Zimmer wurde von zwei mir unbekannten Studenten bewohnt, die mir einen Packen Briefe übergaben – meine eigenen. »Der ist schon lange weg«, sagten sie. Nein, sie wüssten nicht, wohin. Ich erkundigte mich in der mikrobiologischen Abteilung, wo er seinen Abschluss gemacht hatte. Ein Assistent meinte vage: »Er hat was von Eberswalde erzählt, dort hatte er eine Stelle in Aussicht.«

Im Greifswalder Bahnhof löste ich eine Fahrkarte nach Eberswalde, ohne zu wissen, wo der Ort überhaupt lag oder welche Institute es dort gab. Dennoch gelang es mir, ihn zu finden.

Johannes begrüßte mich mit Vorwürfen: »Es ist schon schwer genug, wie es ist, da musst du daherkommen und alles noch schwerer machen.«

»Du warst fort. Ich wusste nicht, was los ist. Du kannst doch nicht ohne eine Nachricht verschwinden.«

»Wieso nicht – du hast es doch so gewollt.«

»Niemals, ich will mit dir zusammenbleiben.«

»Dafür hast du nichts getan«, sagte er bitter. »Dein Studium war dir immer wichtiger als ich. Hättest du mich wirklich geliebt, wärst du bei mir geblieben und nicht nach Leipzig gewechselt. Ich verdiene jetzt ausreichend, du hättest nicht studieren oder arbeiten müssen und dich um die Kinder kümmern können.«

»Welche Kinder?«, fragte ich fassungslos und begriff noch immer nicht.

»Unsere Kinder. Wir hätten geheiratet und wären eine normale Familie geworden.«

»Nein! Das war noch nie mein Wunsch!«

»Siehst du, weil ich das erkannt habe, musste ich mich von dir trennen.«

»Du hast mir nie gesagt, dass du eine Familie willst. Wir wollten doch zusammen Forschungsreisen machen. Das war doch auch deine Vorstellung! Wir haben so oft darüber gesprochen«, sagte ich verzweifelt und merkte, wie mir die Tränen kamen.

»Das war einmal. Werde endlich erwachsen, Mädchen! Es ist höchste Zeit! Bei mir war es wie eine Neugeburt. Ich habe meine ganze Kraft dazu gebraucht und deshalb den Kontakt zu dir abgebrochen. Du hättest mich nur wieder zurückgezerrt. Endlich habe ich die Eischale zerbrochen und bin frei, habe die Vergangenheit abgestreift. Die Studienzeit ist für mich vorbei. Es war eine schöne und verrückte Zeit, aber nun beginnt etwas Neues. Man kann nicht sein ganzes Leben lang Kinderträumen nachhängen.«

»Für mich sind das keine Kinderträume. Ich träume nicht, sondern werde meine Ziele verwirklichen!«

»Dann viel Glück. Aber ohne mich! Ich wünsche dir von ganzem Herzen, dass du es schaffst, aber ich kann dich dabei nicht begleiten. Ich halte mich lieber an das Mögliche.«

Ein Schiff im Abendrot

Tief in seinem Inneren ist mein Körper noch warm, und dieser Rest von Wärme stemmt sich verzweifelt gegen die Kälte von außen. Quälend langsam dringt die Unterkühlung in immer tiefere Schichten meines Körpers ein. Ohne die Bewegung des Schwimmens würde ich bewusstlos werden und erlöst sein. Den Kampf des eigenen Körpers gegen den Kältetod mitzuerleben ist fast unerträglich. Ich werde sterben. Den Tod spüre ich schon so nah, dass ich keine Angst mehr habe. Aber ich fürchte mich vor den Schmerzen. Sie werden mich überwältigen.

In meinem Kopf formt sich eine Idee: Ich werde die Verbindungsleine an meinem Handgelenk lösen, den Neoprenanzug abstreifen und im Meer versinken. Ein schneller Tod. Eine Erlösung. Der Gedanke macht mich fast froh. Ich habe einen Entschluss gefasst und bestimme das Ende selbst, überlasse mich nicht willenlos meinem Schicksal. Eine Weile noch denke ich darüber nach, erinnere mich an meinen ersten Tauchgang in der Ostsee, als Johannes mich gerettet hat. Auch damals war ich überzeugt, dass ich keine Chance mehr hätte und ertrinken müsste. Wie hatte Johannes mich ermahnt: »Allein hast du nicht den Überblick. Wie willst du wissen, dass es nicht doch ein Entrinnen gibt?«

Soll ich auf eine glückliche Fügung hoffen? Ich glaube nicht an Fügungen, sondern an Wahrscheinlichkeiten, und es ist äußerst unwahrscheinlich, dass wir mitten im Meer gefunden werden. Ja, wenn wir nicht durch die Strömung abgetrieben wären, wenn wir uns noch in der offiziellen Schifffahrtsroute befänden, dann bestünde Aussicht, von einem Schiff aufgenommen zu werden. Aber wir sind gewiss weit nach Osten getrieben – daran besteht kein Zweifel, sonst hätten wir längst ein Schiff gesichtet. Den Kopf immerzu unter Wasser, können wir zwar nicht sehen, was sich auf der Oberfläche abspielt, aber wir hätten die Schiffsmotoren gehört, denn unter Wasser überträgt sich der Schall im weiten Umkreis. Während ich diese Überlegungen anstelle, spüre ich meinen Körper immer weniger.

Mein Entschluss steht fest. Nun muss ich nur noch nachdenken, was für Jürgen das Beste ist. Er wird weiterschwimmen. Sein Taucheranzug ist dicht, deshalb leidet er nicht unter der Kälte. Auch ich würde jetzt nicht aufgeben, wenn die Manschette fest um meinen Hals läge und ich nicht starr vor Unterkühlung wäre.

Meinen ersten Impuls, mich heimlich von der Verbindungsschnur zu lösen, verwerfe ich, als ich mir den Schock vorstelle, den Jürgen bekäme, wenn er entdeckt, dass ich nicht mehr da bin. Er würde nie erfahren, was geschehen ist, und sich vielleicht ein Leben lang Vorwürfe machen. Es fällt mir schwer, ihn mit meiner Entscheidung zu belasten. Doch es muss sein. Dreimal ziehe ich an der Leine.

Seit Stunden war um mich nur trübe Düsternis. Jetzt strecke ich den Kopf heraus und sehe eine rote Kugel auf den Wellen tanzen. Die Abendsonne. Nur noch einige Augenblicke, dann wird sie am Horizont versinken. Wie oft habe ich früher an der Küste gestanden, habe über das Meer geschaut und den Sonnenuntergang bewundert! Nun ist es das letzte Mal. Aber das ist mir jetzt nicht bewusst. Eben noch habe ich mich für den Tod entschieden, und nun ruft der Anblick der roten Sonne mich ins Leben zurück. Nicht, dass ich neue Hoffnung schöpfen würde. Nein, ich denke gar nicht an mich und was mit mir geschehen wird. Das Rot der untergehenden Sonne spiegelt sich im Meer. Eine rote Ader fließt über die Wellen auf mich zu und erfüllt mich mit Glück.

Da taucht, schwarz umhüllt von der Neoprenkappe, Jürgens Kopf dicht neben mir auf. Eine Weile treiben wir nebeneinander und blicken übers Meer, versunken in den Anblick der Sonne. Bald macht er ein Zeichen, die Pause zu beenden und weiterzuschwimmen. Ich schüttle den Kopf, nehme den Schnorchel aus dem Mund und ziehe Jürgen zu mir heran. Aber ich bringe kein Wort heraus. Im Licht der Sonne schäme ich mich, vom Sterben zu sprechen. Will ich wirklich mein Leben auslöschen? Warum nicht kämpfen, bis es von selbst vergeht? Aber was ist mit den Schmerzen? Soll ich die Qualen langsamen Erstarrens bis zum Ende erleiden? Im Augenblick friere ich allerdings weniger, als habe die rote Sonne neue Energien in mir entfacht.

»Was ist los?«, fragt Jürgen ungeduldig. Er will weiter.

»Wir schaffen es nicht nach Dänemark«, sage ich. Er nickt.

»Wir werden umkommen«, taste ich mich an das Thema heran. Er zögert, bevor er zustimmend nickt.

»Mit mir geht es zu Ende, Jürgen. Ich habe keine Kraft mehr.«

Er nimmt den Schnorchel heraus und sagt: »Los, Schecke, solange du noch sprechen kannst, kannst du auch schwimmen. Wir haben nur eine Chance, wenn wir schwimmen.«

Halb überzeugt blicke ich zur Sonne. Mit ihrem unteren Rand taucht sie eben ins Meer. In ihrer Mitte sehe ich einen dunklen Punkt. Einen Sonnenfleck? Ich schaue genauer hin, der Punkt verändert sich, wird größer. Schon verdeckt er einen Teil der Sonnenscheibe. Eine Sinnestäuschung? Nein, der Punkt verwandelt sich in ein Schiff. Aus der glutroten Mitte der Sonne löst sich ein Schiff und fährt direkt auf uns zu. Der freudige Schreck lässt mich einen Schrei ausstoßen. Jürgen zuckt zusammen und blickt mich an, als hätte ich den Verstand verloren. Da sein Gesicht mir zugewandt ist, kann er das Schiff nicht sehen, und ich drehe ihn in Richtung des Wunders. Ein Schiff, das aus der Sonne kommt. Wir können beide nicht fassen, was wir sehen. Ein Schiff!

Wie im Zeitraffer wird es größer und hält geraden Kurs auf uns. Es kommt, um uns zu retten. Ich sehe dunkelbraun gebeiztes Holz, das die bauchige Außenfront des Schiffes umkleidet. An der Bordwand leuchten goldene Lettern. Ich setzte die Buchstaben zusammen und lese: LÜBECK. Ein westdeutsches Handelsschiff. Die Rettung. Ich strecke meine Hände aus dem Wasser, meine das feste Holz schon zu fühlen. Stelle mir vor, wie meine Hände die Holzplanken berühren. Heraus aus dem Wasser, endlich wieder Festes fassen.

Das Schiff fährt mit gewaltiger Bugwelle auf uns zu. Das Meer beginnt zu kochen. Wellen schlagen über mir zusammen. Wasser dringt in den Schnorchel. Vor Schreck verschlucke ich mich, und meine Kehle brennt vom Salzwasser. Prustend nach Luft schnappend, tauche ich wieder auf. Drohend wie ein Ungeheuer erhebt sich das Schiff über mir. Seine Motoren dröhnen ohrenbetäubend. Was eben noch Rettung verhieß, wird mich zermalmen. Schon spüre ich den Sog der Schiffsschraube. Wild um mich schlagend, mit Armen und Beinen strampelnd, kämpfe ich verzweifelt um mein Leben. Der Koloss stampft in voller Fahrt vorbei. Berge und Täler reißen mich hoch und nieder und schleudern mich wie einen Korken hin und her. Und dann sehe ich schon das Heck und werde vom Kielwasser wild geschaukelt. Der Todesgefahr gerade noch entronnen, blicke ich entsetzt dem Schiff hinterher. Seine Maschinen stoppen nicht. Weiter pflügt es seine Wellenspur durch das Meer. Hat uns denn niemand gesehen? Das darf nicht wahr sein! Kaum einen Wurf weit waren wir von der Bordwand entfernt. Ich schreie, strecke die Hände in die Luft, schlucke Wasser und schreie weiter. Auch Jürgen brüllt. Erst jetzt sehe ich ihn wieder. Er schleudert den weißen Plastikbehälter mit unseren Papieren hoch, blinkt verzweifelt Signale mit der Taschenlampe. Die »Lübeck« hält ihren Kurs. Alles umsonst. Es muss doch jemand im Ausguck sitzen. Sind denn alle beim Abendessen? Sieht uns denn kein einziger Mensch? Das Schiff wird klein, ist bald nur noch ein winziger Punkt in der Wasserwüste und verschwindet schließlich am Horizont.

Gleich einem Wunder tauchte es aus der Sonne auf, brachte uns fast um, und nun ist es wieder fort, wie ein Spuk. Wie das Geisterschiff des Fliegenden Holländers. Aufgetaucht und verschwunden. Aus. Vorbei. Keine Rettung.

Was ich gerade erlebt habe, wirkt gespenstisch. Doch in mir kommt keine Verzweiflung hoch, ich rette mich in Galgenhumor. Das absurde Ereignis und der abrupte Wechsel der Gefühle zwingen zum Lachen. Ist es nicht ein Witz? Da kommt ausgerechnet in dem Moment, da ich aufgeben will, ein Schiff. Nach 20 Stunden im Wasser das erste Schiff! Es verspricht Erlösung aus höchster Not, wird selbst zur Bedrohung, verschont knapp mein Leben und macht sich wieder davon. Und noch dazu hieß das Schiff »Lübeck«, wie die erste Stadt im Westen, die ich kennen lernte, als ich meine Großeltern besuchte. Merkwürdig. Unglaublich.

Meine Situation hat sich durch die »Lübeck« völlig verändert. Das Schiff beweist: Meine Annahme ist falsch. Wir sind nicht abgetrieben, sondern befinden uns in der Schifffahrtsroute. So exakt, dass uns das Schiff beinahe niedergewalzt hat. Niemand hätte diesen Schnittpunkt von Raum und Zeit berechnen können. Zwei Schwimmer in der Weite des Meeres, ausgeliefert den Strömungen, kollidieren fast mit einem Schiff – das ist höchst unwahrscheinlich, und doch ist es geschehen.

Die Mannschaft der »Lübeck« hat uns nicht gesehen. Na, wenn schon, beim nächsten Schiff haben wir eine neue Chance. Wo ein Schiff fährt, kommt auch ein zweites. Es lohnt sich weiterzukämpfen. Das Wechselbad der Gefühle hat die Kälte aus meinem Körper vertrieben. Also weiter! Wer weiß, vielleicht sind wir der dänischen Küste näher, als wir denken? Auf einmal scheint alles möglich.

Mit meiner Mutter beim Beobachten eines Käfers und die erste Exkursion mit meinem Vater im Elbsandsteingebirge

Flirt mit einem Löwen

Mit meinem vierzehn Jahre jüngeren Bruder Holger und ein Landausflug mit Mutter und Geschwistern

Mit Kommilitonen in Greifswald (3. v. rechts)

Im Ernteeinsatz mit meiner Seminargruppe (4. v. links)

Lieblingslage beim Lernen

Erster Ausritt vor den Toren Leipzigs

Experiment mit Lurch beim Studium in Leipzig

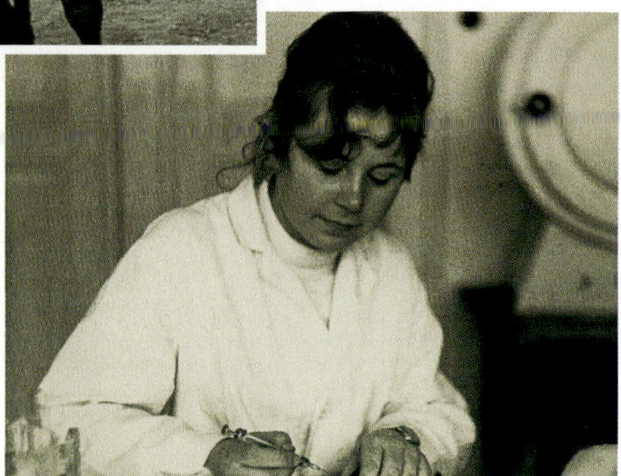

Frauengefängnis Hoheneck im Erzgebirge

Arrestzelle im Gefängnis Hoheneck

Mit Pferd Tuco unterwegs in Argentinien

Mit Meerechse auf den Galapagosinseln

Beim Klettern in den Alpen

Dreharbeiten über Machu Picchu in Peru

Mit Beduinen am Lagerfeuer in Jemen

»Am Ende der Welt«: Finisterre

Die Aussprache mit Johannes hatte mir nicht den Schimmer einer Hoffnung gelassen, und doch konnte ich nicht aufhören, an ihn zu denken. Ich schrieb ihm Briefe, die ich nicht abschickte. Johannes, mit dem ich mich unlösbar verbunden glaubte, hatte sich abrupt von mir getrennt. Der Schmerz dieser seelischen Amputation ließ mich erstarren. Erstmals hatte ich die wärmende Nähe zu einem Menschen kennen gelernt. Das erneute Alleinsein kam mir vor wie ein Sturz aus den Wolken in den Abgrund. Wenn ich in den Spiegel schaute, fragte ich mich, warum meine äußere Erscheinung und mein inneres Erleben nicht übereinstimmten. Mein Gesicht war mir fremd in dieser Zeit. Die glatten Wangen, das Lächeln, die freundlichen Augen, alles erschien mir wie eine verlogene Maske. Nichts drang nach außen. Ich verbarg meine Verletzung, bis ihre zerstörerische Wirkung langsam nachließ.

Es dauerte fast ein Jahr. Irgendwann hörte ich auf, Briefe zu schreiben an einen mir unerreichbaren Adressaten. Eines Morgens wachte ich auf und dachte nicht an ihn. Erst am Abend fiel mir auf, dass ich ihm den ganzen Tag keinen einzigen Gedanken gewidmet hatte. Es war vorbei, wusste ich nun. Von jetzt ab würde ich immer seltener an ihn denken. Nicht, dass ich ihn vergessen hatte, aber irgendwann hörte die Erinnerung auf, mich zu begleiten. Sie blieb zurück wie ein Baum, ein Haus, eine Gestalt, wenn der Zug sich entfernt.

Ich fühlte mich ausgezehrt wie nach einem monatelangen Fieber. Die Kühle der Freiheit erfrischte mich, und doch war dieses wohltuende Gefühl mit Trauer gemischt. Nun war die Trennung für immer besiegelt, die Liebe verglüht.

Die Umrisse der »Lübeck« haben sich am Horizont aufgelöst. Verzweifelt hat Jürgen den Behälter mit unseren Papieren hoch in die

Luft geschleudert, um die Mannschaft auf uns aufmerksam zu machen. Dabei muss sich der Knoten gelöst haben. Entsetzt starre ich auf das leere Ende der Schnur. Ich muss ihn wiederfinden! Der Behälter ist aus Plastik und schwimmt an der Oberfläche. Er kann noch nicht weit fortgetrieben sein. Aber das bewegte Meer ist nur wenige Meter weit zu überblicken. Der Kanister bleibt im Wellenspiel verborgen.

»Warum regst du dich so auf? Um die Papiere ist es nicht schade«, beschwichtigt mich Jürgen. »Im Westen bekommen wir sowieso neue Ausweise.«

Jürgen weiß nicht, dass im Behälter kostbare Andenken sind, die ich heimlich hineingesteckt habe, damit sie in der Fremde meine Erinnerungen lebendig halten – Fotos meiner Eltern und Geschwister, Kinderaufnahmen von mir und ein Amulett aus Türkis, das mir Bodo geschenkt hat. Alles unwiederbringlich verloren.

»Nun komm schon, wir müssen weiter«, mahnt Jürgen. »Es wird bald dunkel, den Kanister finden wir nicht mehr.«

Der Verlust dämpft meine euphorische Stimmung, und die Hoffnung, doch noch zu überleben, schwindet wieder dahin. So wie der Kanister sind auch wir der Gewalt des Meeres ausgeliefert, und niemand wird uns im Wellengekräusel entdecken.

Während ich schwimme, male ich mir aus, dass der Behälter irgendwann und irgendwo an eine Küste treibt. Ich stelle mir eine junge Frau in meinem Alter vor. Sie liebt das Meer und sehnt sich nach der Ferne. Eines Tages findet sie am Strand einen merkwürdigen, mit Siegellack wasserdicht verschlossenen Gegenstand. Sie ahnt, dass darin etwas Besonderes verborgen ist, und entfernt vorsichtig den roten Lack. Was mag sie beim Anblick der Fotos empfinden? Versteht sie, dass es Botschaften von einem Mädchen sind, das nicht mehr lebt?

Johannes ließ nie mehr von sich hören. Die Erinnerung an ihn war wie ein Gemälde, das langsam von Säure zerfressen wird. Die Gesichtszüge noch erkennbar, lösten sich Details schon auf. Schlieren liefen über die Oberfläche, die Farben vermischten sich, und nur noch Schatten blieben zurück.

Die drei Jahre in Leipzig vergingen. Die Zukunft kam näher. Was sollte ich nach dem Studium tun? Damals in Bischofswerda, als mir die Zeit bis zum Abitur endlos lang erschien, war ich überzeugt gewesen, dass ich nach dem Studium das »Sesam öffne dich« in meiner Hand halten und mein Leben beginnen würde.

Fast hätte sich die Mauer für mich geöffnet. Eines Tages las ich am schwarzen Brett der Uni einen Aushang. Das Institut für tropische Landwirtschaft suchte Biologen, die als Forschungsstudenten nach Kuba gehen wollten. Ich bewarb mich sofort. Alles stimmte: Ich hatte den gewünschten Notendurchschnitt, war im letzten Studienjahr und tropentauglich. Darüber hinaus hatten sich weniger Studenten beworben, als gebraucht wurden. Kein Zweifel, ich sah mich schon in Kuba, belegte einen Spanischkurs und bestellte in der Bibliothek Bücher über die Insel.

Den Sprachkurs hatte ich fast beendet, da erhielt ich ein Schreiben: abgelehnt! Ohne Angabe von Gründen. Das konnte nur ein Irrtum sein. Ich ließ mir beim Professor für tropische Landwirtschaft, der unsere Bewerbungen entgegengenommen hatte, einen Termin geben und verlangte eine Erklärung. Er hob bedauernd die Hände, mit der Ablehnung habe er nichts zu tun. Die Fragebögen seien zum MfS, dem Ministerium für Staatssicherheit, geschickt und dort bearbeitet worden. Warum sie mich abgelehnt hatten, wusste er nicht.

Damit wollte ich mich nicht zufrieden geben. »Sie haben meine Bewerbung an das Ministerium weitergeleitet. Wer dort für meine Unterlagen verantwortlich ist, werden Sie ja wohl wissen. Ich rühre mich nicht von der Stelle, bis Sie mir sagen, warum ich nicht nach Kuba darf.«

»Immer mit der Ruhe, junges Fräulein! Gehen Sie erst mal nach Hause. Die Auskunft bekomme ich nicht so schnell.«

Nach einer Woche saß ich wieder vor seinem Schreibtisch.

»Alles ist ganz harmlos«, erklärte er. »In Ihrer Kaderakte steht nichts Schlimmes. Aber Sie haben schon einmal eine Ablehnung erhalten, als Sie sich für das Studium der Meeresbiologie beworben haben. Hat man Ihnen gesagt, warum?«

»Nein, ich habe gedacht, die Studienplätze seien schon vergeben.«

»Damals wie jetzt hatte die Ablehnung den gleichen Grund – Sie haben leider Verwandte in Westdeutschland.«

»Was haben die denn mit mir zu tun und mit Kuba?«

»Eine Bestimmung. Wer Verwandte im Westen hat, kann nicht Auslandskader werden.«

»Das ergibt keinen Sinn. Kuba ist ein sozialistisches Land. Wen stört es dort, dass ich Verwandte in Westdeutschland habe?«

»Da fragen Sie mich zu viel.«

»Können Sie denn keine Ausnahme machen? Kuba ist enorm wichtig für mich.«

»Ausnahmen gibt es immer wieder. Aber so weit reichen meine Beziehungen beim Ministerium für Staatssicherheit nicht.«

Ich erhob mich. »Danke, Professor, dass Sie sich bemüht haben. Jetzt weiß ich wenigstens Bescheid. Ich werde es schaffen – trotz alledem. Eines Tages bin ich in Kuba!«

»Ich würde es Ihnen wünschen. Aber überlegen Sie es sich gut. Auslandskader wird man nicht ohne Gegenleistung. Vom Ministerium für Staatssicherheit bekommt man nichts umsonst.«

Die Warnung – oder war es eine versteckte Einladung? – überhörte ich. Darüber, was er genau damit gemeint hatte, dachte ich nicht weiter nach.

Das Herz der Taube

Ein milder Sommerabend im August. Noch leuchtet der Himmel in zartem Grünblau wie kostbares Glas. Das Gewölbe ähnelt einer dünn geschliffenen Schale, die sorgsam behandelt sein will. Leicht könnte sie zerspringen.

Die Strandlokale füllen sich mit Menschen. Es ist Urlaubszeit. Während die Gäste auf ihr Essen warten, blicken sie auf das Meer, und niemand ahnt, dass dort draußen seit über 20 Stunden zwei Menschen um ihr Leben kämpfen. Wer würde schon glauben, dass man so lange schwimmen kann. Ich bin schwach geworden. So sehr, dass ich die Erschöpfung nicht wahrnehme, weder Hunger noch Durst spüre, auch die Kälte nicht. Meine Empfindungen sind abgestumpft, meine Gedanken fließen nur noch langsam. Das Erinnern ist mühsam geworden. Aber ich muss mich erinnern und die bleierne Müdigkeit besiegen.

Wie ging es weiter in Leipzig? »Trotz alledem, ich werde es schaffen«, hatte ich zu dem Professor gesagt. Aber wovon sollten sich meine Hoffnungen speisen? Der Himalaya, die Anden, Feuerland und Kamtschatka waren in unerreichbare Ferne gerückt. Nie würde ich dorthin gelangen. Mein Leben war auf einmal wie abgeschnitten. Ich war verurteilt. Das Urteil hieß lebenslänglich! Ohne Aussicht, je freizukommen. Und seit ich das Urteil kannte, konnte ich nicht weitermachen wie vorher.

Die Schubkraft, die ich in mein Studium gesteckt hatte, stieß mich noch ein Stück vorwärts. Die Themen für die Diplomarbeit hingen am schwarzen Brett. Die Kandidaten eilten hinzu, die Ersten hatten die größte Auswahl. Als Letzte, nachdem die Kommilitonen den Platz freigaben, überflog ich die Liste. Es hätte mich gewundert, wäre ein Thema für mich dabei gewesen.

Ich hatte schon längst mein eigenes Gebiet gefunden. Aus den Beobachtungen, die ich in den vergangenen drei Jahren auf dem alten Friedhof gemacht hatte, ergaben sich wichtige Informationen über den Bruterfolg einzelner Vogelarten. Ich hatte aufgezeichnet, wann Zugvögel eintreffen und wieder abfliegen, wie sich die verschiedenen Arten Jahr für Jahr ausbreiten, wo sie bevorzugt ihre Nester bauen und welche Vögel im Winter dableiben. In Zusammenhang gebracht mit den wechselnden Wetterbedingungen, ließen sich umfangreiche Aussagen machen. Ich musste meine Daten nur noch auswerten, populationsdynamische Schlussfolgerungen ziehen und mit der entsprechenden Fachliteratur vergleichen.

Doch ich durfte meine Arbeit nicht einreichen. Sie fiel völlig aus dem Rahmen. Der Beauftragte für die Diplomanden zitierte mich verärgert zu sich: »Was haben Sie sich nur dabei gedacht? Wenn sich jeder nach Lust und Laune ein Thema wählen würde. Das reinste Chaos!«

»Ich bin ja die Einzige. Eine Ausnahme muss doch möglich sein.«

»Ausnahmen dürfen wir nicht dulden und können es auch gar nicht, denn jeder Diplomand braucht einen wissenschaftlichen Betreuer. Niemand hier könnte Ihre Arbeit bewerten. Was Sie sich ausgesucht haben, ist ein völlig veralteter Zweig der Biologie, das interessiert keinen mehr. An unserem Institut wird moderne Forschung betrieben, danach haben auch Sie sich zu richten.«

Notgedrungen schaute ich mir wieder die Liste an. Nur noch wenige Themen waren übrig geblieben, und ich entschied mich für »Fluoreszenzmikroskopischer Nachweis neurosekretorischer Nervenzellen im Gehirn der Haustaube«.

Von Nervenzellen, die Hormone produzieren, hatte ich in den Vorlesungen schon gehört. Ich arbeitete mich in die Fachliteratur ein und war fasziniert. Die Hormone Vasopressin und Oxytozin entstehen bei allen Wirbeltieren im Gehirn, werden über spezielle Nervenbahnen zur Hypophyse und von dort ins Blut geleitet. Diese Hormone beeinflussen den Blutdruck. Aber das ist nicht alles, Vasopressin reguliert die Wasserausscheidung, Oxytozin greift bei Säugetieren in den Fortpflanzungszyklus ein, bewirkt die Kontraktion des Uterus bei der Geburt und initiiert die Milchsekretion.

Ich wunderte mich, warum Hormone im Gehirn hergestellt werden und nicht von Hormondrüsen. Dann las ich, dass es nicht nur bei Wirbeltieren Neurohormone gibt, sondern bei niederen wirbellosen Tieren auch. Die Nervenzellen waren also die ersten Hormonproduzenten, erst später entwickelten sich spezielle Drüsen.

In meiner Begeisterung über die theoretischen Erkenntnisse vernachlässigte ich die eigentliche Aufgabe – nämlich die Zellen durch die Fluoreszenz-Färbemethode nachzuweisen. Diese Laborarbeit langweilte mich. Noch schlimmer, ich musste Tauben töten. Von einem Taubenzüchter kaufte ich zehn Tiere und beherbergte sie in einem Käfig auf dem Boden des Instituts. Ich versorgte sie gut, und schon bald bauten die Tauben Nester, in denen eines Tages die ersten Eier lagen. Sie waren länglich oval mit einer Schale so weiß und zart wie kostbares Porzellan. Statt unten im Labor zu arbeiten, beobachtete ich auf dem Boden, wie die jungen Tauben schlüpften und mit Brei aus dem Kropf ihrer Mutter gefüttert wurden.

Mein Betreuer drängte. Er wollte Ergebnisse sehen. Fluoreszierende Zellen. Ich tötete eine Taube. Schnell musste es gehen. Neurohormone sind empfindliche Substanzen. Die Schädelkapsel öffnen, das Gehirn herausholen. Schnell. Schnell. Das Gehirn in die Fixierungslösung geben. Mehr als eine Woche dauerte es, bis ich es in hauchdünne Schnitte zerlegt hatte. Dann schob ich in der Dunkelkammer Objektträger nach Objektträger unter das Fluoreszenzgerät. Nichts. Kein Leuchten. Ich hatte das Tier umsonst geopfert.

Die Fixierung sei zu langsam in das Gewebe eingedrungen, und die Neurohormone seien zerfallen, bevor sie fixiert werden konnten, meinte der Betreuer. Ich solle ihm eine Taube bringen, er zeige mir eine bessere Methode. Er betäubte die Taube mit Äther, und während sie noch lebte, öffnete er ihren Brustkorb, stach eine Kanüle in das frei liegende Herz und presste das Fixierungsmittel hinein. Das Herz der Taube schlug weiter und pumpte die Fixierung durch den Körper zu allen Organen bis ins Gehirn. Mein Betreuer sagte zufrieden: »Schnell und effektiv – besser kann man nicht fixieren.«

Ich ging auf den Dachboden, öffnete das Fenster und ließ alle Tauben frei.

Schwarz ist die Nacht im Wasser. Das Himmelsrund schmückt sich mit dem Lichtmuster der Sterne, und am Horizont versinkt der Mond hinter den Wellen. Die zweite Nacht schwimmend im Meer. Raum und Zeit dehnen sich ins Unendliche. Ich finde keinen festen Punkt, um mich zu orientieren, auch der Zeitbegriff verschwimmt für mich. Gestern? Wann war das? In einer anderen Zeit und einer anderen Welt. Ich schwimme durch die Schwärze, und mein Gedächtnis irrt durch die Vergangenheit. Bilder flackern auf, Szenen fügen sich aneinander, ich sehe und fühle. Bin ich das, die schwimmt? Ich verlasse meinen Körper und fliege davon, befreit von Zeit und Raum. Winzig bin ich, ein Tropfen im Universum und dabei unermesslich groß, alles und überall zugleich. Schäumendes Wasser und Fels und Berg, all das bin ich. In den Wellen, im Wind, überall. Inmitten der Symphonie von Materie zerfällt mein Sein in Atome, die sich in der Unendlichkeit des Sternenstaubes verlieren.

Ein starker Ruck. Es reißt mich gewaltsam zurück in die Wirklichkeit. Mein Bewusstsein kehrt wieder. Wo bin ich? Schwarz.

Wasser. Jemand rüttelt mich an den Schultern, schlägt auf meine Wangen. Jürgen brüllt mich an.

»Was ist passiert«, frage ich ihn und fühle mich immer noch fern.

»Auf einmal hast du dich nicht mehr bewegt. Dein Kopf hing tief im Wasser, und du hast kaum noch geatmet.«

»Mir geht es gut, ich habe nur geträumt.«

»Du darfst nicht einschlafen, hörst du! Du musst schwimmen. Dich immer bewegen.« Eindringlich, mit beschwörender Stimme spricht er. Wir halten uns fest aneinander, treiben durch das nachtdunkle Meer und schaukeln mit den Wellen. Die Sterne verschwimmen vor meinen Augen zu einer flimmernden Menge, aber da ist ein Stern unter den vielen, der sendet Signale. Er blinkt, erlischt, blinkt. An und aus, rhythmisch an und aus, als betätige jemand einen Lichtschalter. Mein Kopf ist müde, und ich begreife nicht, was für ein seltsamer Stern das ist.

»Warum blinkt der Stern dort immerzu?«, frage ich schlaftrunken.

»Red keinen Unsinn«, sagt Jürgen. »Kannst du jetzt wieder schwimmen?«

»Da schau nur, er gibt Signale.« Ich strecke meine Hand aus und zeige auf das blinkende Licht.

»Mensch!«, schreit Jürgen. »Das ist ein Leuchtturm! Das ist die Küste von Dänemark! Wir sind gerettet.«

Tatsächlich zeigt die Nadel nach Norden, als ich die Lichtquelle mit dem Kompass anpeile. Aber die dänische Küste kann es nicht sein. Oder doch?

Auch das Gehirn der zweiten, so grausam gemordeten Taube fluoreszierte nicht. Es war mir egal. Diese Versuche wollte ich nicht weiterführen. Die Tauben hatte ich freigelassen, aber ich selbst konnte nicht weg. Die Mauern um mich waren hoch und wuchsen immer höher. Wie am Grund eines tiefen Schachtes drang kein Lichtstrahl zu mir herab. Meine Kräfte erlahmten, und ich gab den Kampf auf, hockte mich nieder, zog die Knie ans Kinn und beugte meinen Kopf. Im Institut schloss ich mich in die Dunkelkammer ein. Draußen leuchtete das rote Warnschild. Drinnen war ich geschützt, unerreichbar für alle. Niemanden sehen, mit niemandem sprechen, keine Fragen beantworten. Ich saß dort den ganzen Tag, tat nichts, bewegte mich nicht und wartete. Tag um Tag brütete ich in meiner Einsamkeit, hörte auf die Geräusche draußen, die Stimmen und Schritte, bis sie allmählich verebbten.

Abends öffnete ich vorsichtig die Tür, spähte um die Ecken und schlich mich hinaus. Vom irrwitzigen Grübeln ermüdet, schleppte ich mich durch die dunklen Straßen, legte mich ins Bett und fiel in bleiernen Schlaf.

Mein Lebensfaden wurde immer dünner. Ich hatte keine Kraft mehr, mich zu wehren. In der Dunkelkammer eingeschlossen, wartete ich, bis wieder ein Tag verging. Mit dem Urteil, für immer in der DDR bleiben zu müssen, nie Dschungel, Wüste, Gebirge, nie andere Länder und Völker kennen zu lernen, erlosch mein Lebenswille. Wozu leben? Wozu? Diese Frage kreiste unablässig in meinem Kopf, und ich konnte keine Antwort finden.

Ich war in der DDR gefangen, wie im Paradies, wo die Äpfel der Erkenntnis verbotene Früchte sind. Eigene Meinungen und Ideen, kritische Fragen, gar Zweifel waren unerwünscht, nur was von »oben« verordnet wurde, galt als richtig. Wie im biblischen Paradies war für die Befriedigung der materiellen Bedürfnisse gesorgt. Es gab zwar nicht alles im Überfluss, doch genug für jeden. Wer sich fügte, dessen Leben war abgesichert: von der Kinderkrippe über den Kindergarten in die Schule, dort vom Thälmann-Pionier mit blauem Halstuch zur Freien Deutschen Jugend mit blauem

Hemd, danach Armee, Lehrzeit oder Studium, Beruf, Heirat, Wohnung, Kinder, Rente. Von der Geburt bis zum Grab, alles war geplant und geregelt. Damit dieses Leben gelang, durfte man sich nicht nach verbotenen Früchten sehnen, nicht nach Erkenntnis und Wahrheit streben, sondern man musste unmündig bleiben, keinen eigenen Willen besitzen oder ihn unterdrücken und sich in den vorbestimmten Weg fügen. Wer sich anpasste, dem ging es gut. Er war nie allein mit seinen Sorgen und Nöten, immer half ihm das Kollektiv, die Regierung, die Gesellschaft, die Partei.

Mir aber war nicht zu helfen. Nie habe ich verstanden, warum Menschen sich wünschen, im Paradies zu leben. Wer über sich selbst bestimmen will und wie ich im vermeintlichen Paradies mit Mauer und Selbstschussanlagen geboren wurde, der würde lieber die Hölle wählen.

Umsonst hatte ich mich all die Jahre angepasst, Regeln und Verordnungen befolgt und gehofft, zur Belohnung würden sich die Pforten für mich öffnen. Eifrig hatte ich meinen Teil des Handels erfüllt und sah mich nun schmachvoll betrogen. Lüge! Alles, was ich geglaubt hatte, stellte sich als Lüge heraus. Endlich erloschen meine kindlichen Illusionen, und ich erkannte, was ich all die Jahre nicht hatte sehen wollen, dass es in der DDR eben nicht menschlich und gerecht zuging. Und wie jeder enttäuschte Gläubige begann ich zu hassen. Mein Hass fand aber kein Gegenüber. Hass gegen das Schicksal, in der DDR aufgewachsen zu sein? Dafür konnte ich niemanden verantwortlich machen. Hass, weil ich so dumm war? Hass, weil ich immer noch geglaubt hatte, als ich es längst schon hätte besser wissen müssen? Viel zu lange hatte ich mich blind gestellt. Erst als mich die Einschränkung selbst betraf, war ich fähig, zu sehen und zu erkennen. Ich richtete den Hass gegen mich! Ich spaltete mein Sein und focht gegen mich selbst. Zerriss mich mit Vorwürfen und zerschlug mich mit Beschuldigungen. Ein Teil meines Ichs forderte, ich solle auf die unerfüllbaren Träume verzichten und die Sehnsucht nach der Ferne für immer töten, der andere Teil biss sich fest und verteidigte seine Ziele mit Klauen und Zähnen. Ich ließ die beiden Ichs miteinander kämpfen und meinte, es könne nicht mehr lange dauern, dann sei mein Leben sowieso zu Ende.

Die Boje

Seit ich das blinkende Licht entdeckt habe, schwimmen wir erstmals einem greifbaren Ziel entgegen. Aber eine heftige Strömung zieht uns erneut mit sich fort, als seien wir in einen reißenden Fluss geraten. Da der Kompass in dieser Situation nicht zu gebrauchen ist, muss ich unter Mühen immer wieder den Kopf aus dem Wasser heben, um die Lichtquelle zu orten. Obwohl wir schon eine Weile auf die Erscheinung zuschwimmen, scheint die Distanz die gleiche zu bleiben. Ich bin total erschöpft. Doch die Vorstellung, eine rettende Küste zu erreichen, setzt verborgene Kräfte in mir frei.

Zwei Uhr nachts. Ich bewege mich wie im Traum, manchmal schlafe ich ein und wache erst auf, wenn an meinem Handgelenk die Schnur ruckartig angezogen wird. Das blinkende Signallicht habe ich vergessen, bin mir meiner selbst und der Situation nicht mehr bewusst. Wie eine Marionette an unsichtbaren Fäden vollführe ich Schwimmbewegungen, ohne zu denken und ohne zu wissen, warum und wozu.

෴

Eines Abends schlich ich mich wie immer aus der Dunkelkammer, um heimzugehen. Es war Winter. Die Nacht lag schwarz hinter den Fenstern. Die Holzdielen im Gang knarrten unter meinen Schritten, obwohl ich sachte auftrat. Ich musste noch zum Labor, um meinen Anorak und die Tasche zu holen. Leise drückte ich die Klinke nieder und öffnete die Tür. Normalerweise war um diese Zeit niemand mehr anwesend, aber diesmal blendete mich grelles Neonlicht. Der Raum schien leer; die Arbeitstische waren abgeräumt. Vielleicht hatte jemand vergessen, das Licht auszuschalten? Mit wenigen Schritten ging ich an den deckenhohen, mit Laborutensilien gefüllten Schränken vorüber, die als Raumteiler dienten und die Sicht auf den Platz dahinter verbargen. Dort hatten wir Diplomanden unsere Sitzecke eingerichtet, einen Tisch mit weißer Wachstuchdecke und ein paar Stühle, für eine Tee- oder Kaffeepause.

»Hallo, wie geht's Ihnen denn? Sieht man Sie auch mal wieder«, begrüßte mich Bodo und grinste breit, als er sah, wie ich zusammenzuckte. Seit er unsere Seminargruppe bei einigen Kursen betreut hatte, schaute er ab und zu im Labor vorbei, weil er sich für uns verantwortlich fühlte, wie er gern betonte. Mir aber schien, er langweile sich bei seiner eigenen Arbeit und wolle zudem eine Tasse Tee und Kekse schnorren.

»Was tun Sie denn noch so spät hier? Warten Sie auf jemanden?«, fragte ich mürrisch und ließ ihn spüren, dass mich seine Anwesenheit störte.

»Auf Sie warte ich seit längerem. Sie arbeiten bis tief in die Nacht und haben trotzdem als Einzige noch keine Zwischenergebnisse vorgelegt. Was haben Sie eigentlich für Schwierigkeiten?«

Das würde ich dem gerade erzählen! Kalte Wut ergriff mich. Sollten sie mich doch alle in Ruhe lassen!

»Kommen Sie! Trinken Sie erst mal. Der Tee ist noch heiß«, versuchte er die Situation zu entspannen. Ich setzte mich und gab Zucker in den Tee. Sollte das ein Verhör werden, fragte ich mich verärgert und rührte heftig mit dem Löffel im Glas. Aus mir würde er nichts herausbekommen. Wieso mischte er sich überhaupt ein? Er war nicht mein Betreuer, ihn ging es folglich nichts an, ob und wie ich mit meiner Arbeit zurechtkam. Ich hielt Bodo für einen langweiligen Menschen, der als Wissenschaftler mit der einmal erreichten Position zufrieden war und immer gerade nur so viel wie notwendig tat. Er würde nie etwas wagen und sich niemals in Schwierigkeiten stürzen, war ich überzeugt.

Lag es an der Zuwendung, weil da jemand auf mich gewartet und Tee für mich gebrüht hatte? Jedenfalls begann ich auf einmal zu reden. Wie eine Dammflut brachen die Worte aus mir heraus. Während ich sprach, dachte ich nicht daran, dass ich einen Zuhörer hatte. Erst als ich meine Beichte beendete, wurde mir wieder bewusst, dass ich Bodo gegenübersaß, und ich begann mich unbehaglich zu fühlen. Warum nur hatte ich mich gerade ihm anvertraut? Gern hätte ich das Gesagte zurückgenommen. Wie konnte ausgerechnet mir das passieren – mir, die ich sonst so verschwiegen war? Ich fühlte mich leer und hatte einen schalen Geschmack im Mund.

Bodo sagte nichts, sah mich nur an. Plötzlich kam er auf mich zu und legte seine Hand auf meine Brust. Empört wollte ich ihn zurückstoßen. Aber ich konnte nicht. Denn mein Gehirn explodierte, jedenfalls erlebte ich es so. Die Berührung seiner Hand auf meiner Brust war ungeheuerlich. Zugleich spürte ich mit der schmerzhaften Heftigkeit eines elektrischen Schlages: Das genau ist es, was mir fehlte. Kein unnützes Gerede, keine mitleidige Heuchelei. Einzig diese Hand auf meiner Brust, sie rettet mich, sie hält meinen Sturz auf und führt mich zurück ins Leben. Dann fühlte ich, wie seine Hand meinen Rock hochschob. Mein Gehirn schickte elektrische Impulse in jede Zelle meines Körpers, und ein Strudel riss mich fort. Als wir uns voneinander lösten, fühlte ich mich verwandelt, als hätte ich einen neuen Körper.

Am nächsten Abend wartete ich im Labor auf Bodo. Er kam nicht. Weil in seinem Arbeitszimmer noch Licht brannte, klopfte ich und öffnete die Tür. Schuldbewusst saß er da, blinzelte mich verlegen an und stammelte Entschuldigungen. Schnell verschloss ich seinen Mund mit einem Kuss. Er sollte nicht über etwas reden, wofür es keine Worte gab.

Eine Affäre mit Bodo zu beginnen reizte mich sehr. Aufregend waren die heimlichen Absprachen, die wir trafen, und die Zeichen, die wir unbemerkt austauschten. Der Gedanke, etwas zu tun, was niemand wissen durfte und was alle verurteilen würden, beflügelte mich und betäubte meine Verzweiflung. Mich frei von jeglicher Verantwortung fühlend, streifte ich bereitwillig mein altes Leben ab und kostete ohne Reue das Verbotene.

Selten sprachen wir miteinander. Wozu auch – wir hatten uns nichts zu sagen. Nie wieder drängte es mich, ihm von mir zu erzählen. Ich hatte ihm alles gesagt, und er gab mir die Antwort auf seine Art und rettete damit mein Leben. Unsere Beziehung war für mich wie ein heilendes Pflaster, das den Schmerz betäubt. Allmählich vernarbten die Wunden, und mir wuchs eine neue Haut.

Stunden sind vergangen. Ich träume, während ich schwimme, und ich schwimme, während ich träume. Nach dem Lichtsignal halte ich nicht mehr Ausschau. Ich habe vergessen, dass es existiert, bewege mich in einem dumpfen Dämmerschlaf. Da stoße ich hart gegen einen Gegenstand. Meine aufgeweichten Hände schmerzen vom Aufschlag, und der Schmerz reißt mich in die Wirklichkeit zurück. Ich denke wieder. Weiß, wer ich bin und wo und warum. Aber ich verstehe nicht, was meine Hände berühren. Ich klopfe dagegen – ein metallischer und hohler Klang ertönt, fast wie bei einer Glocke.

Jürgen taucht neben mir auf. Sein Gesicht ist hell beleuchtet. »Schade, es ist kein Leuchtturm, nur eine Boje«, sagt er, und seine Stimme klingt mutlos und enttäuscht.

»Was meinst du? Wieso Boje?« Noch immer weiß ich nicht, was geschehen ist.

»Eine Leuchtboje mit rotierendem Scheinwerfer zur Markierung der Schifffahrtsroute.«

Nun erst erkenne ich, dass meine Hände eine Metalltonne berühren. Oben hat sie eine kleine Plattform, darauf ein drei Meter hohes Gestell, an dessen Spitze sich eine Lichtquelle dreht. Jürgen versucht hinaufzuklettern. Wegen der bauchigen Form der Boje rutscht er immer wieder ab. Mit aller Kraft schiebe ich ihn höher. Er stellt sich auf meine Schultern und erreicht mit den Fingern den Rand der Plattform. Heftig stößt er sich ab, wobei ich tief unter Wasser gedrückt werde. Als ich wieder auftauche, sehe ich, wie er in der Luft hängt, mit den Beinen zappelt und mit den Händen das Gestell umklammert. Ich gebe seinen Füßen einen Stoß, und mit einem Klimmzug zieht er sich hoch. Ich strecke ihm meine Hände entgegen, aber der Abstand ist zu groß. Unsere Hände berühren sich nicht. Verzweiflung erfasst mich. Jürgen oben auf der Plattform ist gerettet. Ohne meine Hilfe wäre er nicht hinaufgekommen, aber – wer hilft jetzt mir?

Jürgen löst die Schnur vom Handgelenk und bindet seine Füße an die Metallstreben. Wie ein Zirkuskünstler hängt er kopfüber nach unten. Unsere Fingerspitzen berühren sich. Das reicht nicht, um mich hochzuziehen. Aber die Berührung hat mir Hoffnung gemacht.

»Los, Schecke, spring! Drück dich vom Wasser ab!«

Ich tauche ein Stück unter, schieße nach oben, schnelle bis zur Taille hoch, trete mit den Flossen das Wasser, strecke die Arme aus, greife nach oben – und fasse Jürgens Hände! Ächzend zieht er mich zu sich hinauf. Wir fallen uns in die Arme und fühlen uns gerettet. Endlich aus dem Wasser heraus! 28 Stunden sind wir pausenlos geschwommen, ohne Schlaf, ohne zu essen, ohne zu trinken.

Die Boje ist unsere Rettungsinsel, eine kleine, aber feste Zuflucht im Meer. Auf und nieder tanzt sie im Wellengang und sendet ihre Lichtsignale hinaus in die Nacht. Eine Wohltat, sich nicht mehr bewegen zu müssen: hinsetzen, ausruhen, schlafen. Wie gut das tut.

Die runde Plattform misst gerade mal einen Meter im Durchmesser. Gekrümmt hocken wir zwischen dem Gestell und sichern uns mit der Schnur, damit wir im Schlaf nicht abrutschen und ins Wasser fallen. Unsere Kräfte würden nicht reichen, noch einmal hinaufzuklettern.

Die polnische Jacht und das Kriegsschiff

Bodo machte es mir leicht, mich von ihm zu trennen. Zum Abschied schenkte er mir ein Amulett aus Türkis.

In meiner Diplomarbeit konzentrierte ich mich auf die theoretischen Erkenntnisse und stellte Vermutungen an, warum die Hormonzellen nicht fluoreszierten. Die Arbeit wurde angenommen, und nachdem ich sie verteidigt hatte, war ich eine arbeitslose Diplombiologin.

Die mir angebotenen Stellen lehnte ich ab, weil ich sicher war, in der Tretmühle des Alltags meine Vorstellungen niemals verwirklichen zu können. Ich befand mich am Scheideweg meiner Existenz. Wenn ich jetzt nachgab, hatte ich verloren. Deshalb suchte ich nach einer Tätigkeit, die mich auf meinem Weg weiterbringen und schließlich zum Ziel führen würde. Aber welche Arbeit konnte das sein? Durch die Bestimmung, dass man keine Westverwandtschaft haben durfte, war mir ja jeder Einsatz im Ausland verbaut.

Da las ich den Bericht der Universität Halle, und es gelang mir, dort angestellt zu werden – aber das Tor für eine Reise in die Mongolei öffnete sich für mich nicht. Abgeschirmt saß ich im

Nebengebäude und sortierte tote Insekten. Ich befand mich in der Sackgasse. Kein Ausweg, nirgendwo. Als Jürgen mich fragte, ob ich mit ihm fliehen wolle, wusste ich sofort, das war meine einzige Chance.

Noch ist es Nacht, als ich von Motorengeräusch geweckt werde. Ein Schiff zieht vorbei. Hoch ragt es mit seinen Aufbauten aus dem Meer. Es ist hell beleuchtet, vielleicht ein Vergnügungsdampfer? Schnell klettere ich das Gestell hinauf und verdecke mit den Flossen den Scheinwerfer in kurzen und langen Abständen.

»Was machst du da oben?«, fragt Jürgen, der auch aufgewacht ist.

»Ich sende SOS.«

»Komm runter! Wir verhalten uns besser ruhig. Das Fährschiff hält Kurs auf Rostock. Wer weiß, ob die uns nicht ausliefern.«

Als ich das nächste Mal aufwache, steht die Sonne hoch über dem Horizont. Es ist sieben Uhr. Den Sonnenaufgang um fünf habe ich verpasst. Mir geht es erstaunlich gut. Munter klettere ich die Verstrebung hinauf. Von oben habe ich eine weite Sicht über das Meer. Silbrig glänzend liegt es vor mir, wie eine runde Scheibe. Sacht kräuseln Wellen die spiegelnde Oberfläche. Der Himmel über mir ist wolkenlos blau. Es ist der 25. August, ein Sonntag und ein lichter Sommertag. Die Boje schwankt auf und nieder, hebt und senkt sich im Wellengang. Ich fühle mich wie ein Schiffsjunge im Mastkorb und schmettere lauthals ein Seemannslied.

»Wirst du gleich Ruhe geben!«, entrüstet sich Jürgen. »Du krähst wie ein Hahn und raubst einem am frühen Morgen den Schlaf.«

»Aha, du bist ein Morgenmuffel«, necke ich ihn.

Jürgen ist nicht zum Scherzen zumute. »Komm runter! Du schaukelst so doll, da wird man noch seekrank.«

»Mensch, Jürgen, freu dich doch! Wir sind aus dem elendigen Wasser raus. Auf der Tonne sind wir in Sicherheit, und bald kommt die ›Lübeck‹ zurück, in Rostock bleibt sie bestimmt nicht lange. Hier auf der roten Tonne sind wir mit unseren schwarzen Anzügen nicht zu übersehen.«

»Sei dir da nicht so sicher. Wenn sie nun nachts fährt? Außerdem – wenn sich ein Schiff der Ostblockländer nähert, müssen wir sofort von der Boje herunterspringen und uns hinter ihr verstecken.«

»Du meinst, wir sollen zurück ins Wasser?«, frage ich erschrocken. »Aber das geht doch nicht! Wir kämen nie wieder hinauf.«

Er zuckt gleichmütig die Achseln. »Siehst du, es gibt keinen Grund, übermütig zu sein. Wir haben es noch lange nicht geschafft und müssen mit unseren Kräften haushalten. Lass jetzt das alberne Herumturnen, und – tu mir den Gefallen – hör bloß mit dem Singen auf.«

»Ich bin einfach froh, diesen Tag noch zu erleben. Verstehst du das nicht? Du weißt gar nicht, wie schlimm es mir zuletzt im Wasser ergangen ist.«

»Und ob, dauernd bist du eingeschlafen, und dein Kopf hing tief im Wasser. Du wärst ertrunken, hätte ich nicht ständig an der Leine gezogen. Und jetzt bist du überdreht vor Erschöpfung. Kann ich gut verstehen. Auch ich bin ausgelaugt, deshalb müssen wir uns abwechseln. Einer schläft, der andere passt auf, ob ein Schiff vorbeikommt.«

»Wenn du willst, übernehme ich gleich die erste Wache.«

»Lass uns noch warten«, schlägt Jürgen vor, »beginnen wir, wenn einer von uns müde wird.«

Rücken an Rücken gelehnt, hocken wir auf der winzigen Plattform und blicken übers Meer. Die glitzernde Weite flimmert mir vor Augen. Kein Lebewesen außer uns beiden. Keine Möwe fliegt durch die Luft. Kein Fisch springt aus dem Wasser. Nur das leise

Plätschern der Wellen, die sich an der Boje brechen, ist zu hören. Eine Stille wie am Ende aller Tage. Die Sonne steigt höher. Ihre Strahlen reflektieren silberweiß auf dem Wasser.

Noch immer bin ich durchgefroren. Allmählich heizt die Sonne den schwarzen Anzug auf, und ich höre auf zu zittern. Es dauert noch eine ganze Weile, bis sich mein unterkühlter Körper auf seine normale Temperatur erwärmt. Vorerst kann es gar nicht warm genug für mich sein.

Die Wärme macht schläfrig. Die Wellen klingen monoton wie ein Wiegenlied. Sanft schwankt die Boje hin und her. Der Schlaf kommt ohne Vorwarnung. Bevor wir uns absprechen können, wer die erste Wache übernimmt, schlafen wir beide gleichzeitig ein.

Ruckartig erwache ich, als ich Jürgens Stimme höre: »Schiet, jetzt haben sie uns entdeckt!«

»Wer? Wo?«

»Zu spät. Es sind Polen!«

Und da sehe ich schon die Segeljacht – ein schnittiges, weiß lackiertes Boot mit schneeweißem Segel vor der Kulisse des blauen Himmels. An Bord sind zwei, vielleicht auch drei oder vier Leute. Stumm starren sie uns an, als seien wir aus der Tiefe des Ozeans aufgetauchte Meeresungeheuer. Man sieht ja auch nicht alle Tage zwei Menschen mitten in der Ostsee auf einer Tonne sitzen.

Ich spreche sie auf Englisch an. Selbst wenn sie diese Sprache nicht verstehen sollten, hoffe ich sie zu verunsichern, damit sie uns nicht gleich als DDR-Flüchtlinge identifizieren. »Good morning! Please, help us. We are from Denmark. We were diving in the sea and suddenly we miss our ship. Maybe you could bring us back to Denmark? Please!«

Einer der Männer ruft etwas auf Polnisch. Es klingt unfreundlich. Sie wenden die Jacht, der Wind bauscht die Segel, und sie rauschen davon. Schnell verschwinden sie am Horizont.

»Woher wusstest du, dass es Polen sind?«

»Sie hatten doch ihre Flagge am Mast.«

»Warum hast du mich nicht rechtzeitig geweckt?«

»Leider habe ich sie auch erst gesehen, als sie auf uns zusteuerten.«

»Ob sie uns verraten?«

»Garantiert! Das sind Bonzen, Parteifunktionäre, dunkelrote Kommunisten. Nur Auserwählte, die auf Herz und Nieren geprüft sind, erhalten die Erlaubnis, auf der offenen Ostsee zu segeln. Für die sind wir Verräter.«

»Jürgen, wir schwimmen weiter. Ich will nicht warten, bis sie uns abholen.«

»Nee, im Meer haben wir keine Überlebenschance. Im Wasser sieht uns niemand, und wir sind zu erschöpft, um noch weit zu kommen. Bis die Polen ihre Meldung machen, bis diese an die DDR-Behörden weitergeleitet und die Aktion genehmigt ist, haben wir noch eine Chance. Sie dürfen nicht einfach in die internationalen Hoheitsgewässer hinein. Wir sind hier schließlich außerhalb der DDR. Mit ein bisschen Glück kommt bis dahin ein westliches Schiff und nimmt uns an Bord.«

Die Zeit vergeht. Die Sonne steigt höher. Bald steht sie im Zenit. Die Anspannung hält uns wach. Ringsum nur wellenbewegtes Wasser. Da – am südlichen Horizont – ein winziges Schiff. Rasch wächst es, nimmt rasend schnell an Größe zu.

»Los, ins Wasser! Das ist ein Kriegsschiff!«, schreit Jürgen und lässt sich von der Plattform fallen. Ich hinterher. Wir verbergen uns hinter der Tonne. Motorenlärm kommt näher. Wir wagen nicht an der Tonne vorbeizuschauen, verharren bewegungslos. Wenn sie niemanden an der Boje finden, lassen sie sich vielleicht täuschen und fahren weiter. Da stoppen die Motoren. Wir schauen uns an. »Es ist aus«, flüstert Jürgen. »Sie lassen ein Beiboot herab.«

Das Schlauchboot kreist um die Boje, und wir sind entdeckt. Einer der Männer signalisiert mit hocherhobenem Daumen der

Mannschaft auf dem Schiff: »Wir haben sie!« Gemächlich tuckert das Boot heran. Acht bis zehn bewaffnete Marinesoldaten sitzen drin. Einer befiehlt: »Los, kommt rein!«

So leicht will ich es ihnen nicht machen. »Nein!« sage ich. »Wir befinden uns in internationalen Hoheitsgewässern, da gelten die Gesetze der DDR nicht mehr! Wir sind frei!«

»Ihr seid in Seenot. Es ist unsere Pflicht, euch zu retten.«

»Sind wir nicht! Wir stellen nämlich einen neuen Rekord auf und schwimmen durch die Ostsee, so lange und wohin wir wollen.«

Ein anderer Soldat mischt sich ein: »Quatsch nicht! Entweder du kommst jetzt, oder du kriegst eins auf den Dez!« Er dreht seine Waffe um und droht, mit dem Kolben auf meinen Kopf zu schlagen.

Ich strecke meine Arme nach oben. Jemand ergreift sie. Ich lasse mich hängen wie ein nasser Sack. Drei Männer zerren mich schließlich ins Boot. Dann greifen sie sich Jürgen. Sie werfen den Motor an und fahren zum Schiff. Erst jetzt erfasse ich es in seiner vollen Größe. Nur im Kino habe ich zuvor ein ähnliches Schiff gesehen, in dem Film »Panzerkreuzer Potemkin« von Sergej Eisenstein.

An der mit Stahlplatten gepanzerten Bordwand hängt eine Leiter herab, eine simple Strickleiter aus grobem Hanf. Der aus natürlichem Material geknüpfte Gegenstand wirkt an dem martialischen Kriegsschiff seltsam archaisch und friedfertig. Mit einer herrischen Handbewegung wird uns bedeutet, über die Strickleiter an Bord zu klettern. Der grobe Hanf drückt sich in meine blanken Fußsohlen ein. Ich spüre jede Faser. Das ist einer der Augenblicke, an die du dich, solange du lebst, erinnern wirst, denke ich. Nie wirst du vergessen, wie sich die Strickleiter unter deinen Füßen angefühlt hat, wie sie bei jeder Bewegung hin und her geschwankt ist, wie du mit den Händen höher gegriffen, dich hochgezogen hast und Sprosse um Sprosse an dem Kriegsschiff emporgestiegen bist. Solange du atmest, wirst du es niemals vergessen.

Ich klettere, so langsam ich nur kann. Das sind deine letzten Minuten in Freiheit, sage ich mir, koste sie aus. Schließlich komme ich oben an, schiebe meinen Kopf über die Reling und sehe die Mannschaft aufgereiht an Deck stehen. Wie zum Empfang einer bedeutenden Persönlichkeit steht sie in Reih und Glied. Mit erhobenem Kopf schreite ich die Reihe ab, wende mein Gesicht den Soldaten zu, blicke jedem Einzelnen ins Gesicht. Es sind junge Buschen, kaum älter als 18 Jahre. Die meisten senken verlegen die Augen.

In einer Kajüte werde ich eingeschlossen. Die Motoren stampfen. Das Schiff fährt den weiten Weg zurück, den wir zwei Nächte und einen Tag lang geschwommen sind – zurück in die DDR.

Einzelhaft

Eine unbekannte Welt lernte ich nun kennen, betrat einen verborgenen Kontinent, und wie Gulliver verschlug es mich an Orte, die einer skurrilen Fantasie entsprungen sein konnten. Meine dramatische Reise dauerte zwei Jahre und führte mich durch die Gefängnisse von Rostock, Halle und Hoheneck. Es war wie ein Abstieg in den Hades, in eine verborgene, mystische Unterwelt. Bisher hatte ich im Licht gelebt, mit einer geschönten Fassade vor Augen, nun sah ich die schamhaft versteckten Hinterhöfe, tauchte ein in Kloaken und Schmutz. Ich begegnete Menschen, die auf der Rückseite des Lebens geboren waren und im Schatten aufwuchsen, und als sie strauchelten, weggeschlossen und hinter Gittern gehalten wurden, damit sie das saubere Bild nicht beflecken.

Seit dem Augenblick, als ich über die Strickleiter an Deck des Schiffes der Nationalen Volksarmee kletterte, begann ich mich für einen Kampf zu wappnen, den ich gewinnen wollte. Es war mir eine Genugtuung, an den wie für einen hohen Besucher aufgereihten Marinesoldaten vorbeizudefilieren und sie zu zwingen, beschämt zur Seite zu blicken. Ein Gefühl der Stärke durchströmte mich. Ihr könnt mich nicht demütigen, und ihr werdet mich nicht zerbrechen, dachte ich.

Über eine Metalltreppe steige ich hinab in eine Kajüte, wo mir befohlen wird, den Taucheranzug abzulegen. Es ekelt mich, als mir der Gestank stechend in die Nase fährt. Während der vielen Stunden ist mein Urin zu einem entsetzlichen Gebräu vergoren. Da ich die Peinlichkeit nicht eingestehen will, werfe ich dem Soldaten, der den Anzug mit spitzen Fingern wegträgt, einen triumphierenden Blick zu, muss er doch wie ein Lakai meinen Unrat beseitigen.

Die Tür schlägt zu. Ich bin allein in der Kajüte. Erst jetzt merke ich, wie schlapp ich in Wirklichkeit bin, und wanke zu einer Koje. Wie gern würde ich den klebrigen Badeanzug ausziehen und mich waschen! Ich wickle mich in eine Decke und falle in abgrundtiefen Schlaf.

Plötzlich werde ich heftig gerüttelt. Obwohl ich mich fühle, als würde ich aus einer Ohnmacht erwachen, ist mir meine Situation sofort bewusst. Ich nehme an, der Soldat ist ärgerlich, weil ich mich in die saubere Koje gelegt habe, aber er deutet zum Tisch. Dort hat er eine bauchige Kanne mit Fencheltee und einen Stapel von mindestens zwölf Stullen hingestellt. Bisher habe ich weder Durst noch Hunger verspürt. Die übergroße Anstrengung hatte nahezu alle normalen Bedürfnisse unterdrückt. Jetzt aber kitzelt der Geruch von Leberwurst die Nase und weckt meinen Appetit. Der Fencheltee duftet anregend, und ich leere eine Tasse nach der anderen. Die Schnitten, daumendick mit Wurst belegt, schlinge ich in mich hinein. Mein Körpergefühl funktioniert noch nicht richtig. Im Halbschlaf nehme ich nicht wahr, wie viel ich esse und trinke. Es kommt mir so vor, als würde ich eine leere Scheune füllen. Erst als kein

Brot mehr auf dem Teller liegt und kein Tropfen in der Kanne ist, höre ich auf.

Dass sie den Staatsfeind, der ich in ihren Augen bin, bewirten, und noch dazu so üppig, verwundert mich. Von jetzt an bis zum Ende meiner Gefangenschaft werde ich in diesen zwei Dimensionen denken: dort sie, die Kerkermeister, und hier ich, die Eingekerkerte. Die Rollenverteilung ist unverrückbar festgelegt, dennoch kann ich über meinen Part frei verfügen, ihn nach meinem Willen gestalten – Regisseur, Dialogschreiber und Drehbuchautor sein. Denn aus diesem Spiel will ich als Siegerin hervorgehen. Weder will ich mich durch Böswilligkeit demütigen noch durch noble Gesten beeindrucken lassen. Ich bin fest überzeugt, wer Mitmenschen nur deswegen einsperrt, weil sie ihren Wohnort frei wählen wollen, von denen ist keine gerechte Behandlung zu erwarten.

Mit übervollem Magen schleppe ich mich zurück in die Koje und versinke augenblicklich in bleiernen Schlaf. Nicht lange. Wieder werde ich gerüttelt und geschüttelt. Ein Soldat schreit mir ins Ohr: »Wer war hier?«

Aus dem Tiefschlaf gerissen, begreife ich nicht, was er will, und starre ihn nur an. »Wer hier war, will ich wissen, antworten Sie!«

»Keine Ahnung.«

»Wer war noch da?«, brüllt er und deutet aufgeregt zum Tisch. »Wer hat das alles gegessen und getrunken?«

Jetzt bin ich wieder klar im Kopf. Gern würde ich antworten: »Die sieben Zwerge und Schneewittchen«, aber ich bin noch zu matt für Auseinandersetzungen und sage: »Na ich!«

»Unmöglich! Das hätten Sie nie allein geschafft!«

Ich schweige. Der Soldat kann sich nicht vorstellen, welche körperlichen Strapazen ich ausgestanden habe. Ich lasse mich zurücksinken, schließe die Augen und höre, wie die Tür wieder verriegelt wird. Bis Rostock kann ich nun in Ruhe schlafen.

Das Schiff der NVA, der ostdeutschen Kriegsmarine, ankert

weit draußen, und ich werde mit einem Kutter in den Hafen gebracht. Jürgen ist nicht dabei, ihn sehe ich erst vor Gericht wieder. Außer dem Soldaten, der den Kutter lenkt, ist ein weiterer zu meiner Bewachung abgestellt. Vierschrötig und korpulent mit angegrauten Haaren, die stachelig wie bei einer Drahtbürste vom Kopf abstehen, starrt er mich unablässig an. Ich bin noch immer in die Decke gehüllt, die man mir gelassen hat.

Zunächst ignoriere ich sein Geglotze und schaue auf das in der Nachmittagssonne glitzernde Meer. Schließlich reicht es mir: »Hören Sie auf, mich anzustarren!«

»Man darf ja noch mal gucken«, blafft er, »man kriegt nicht alle Tage eine Irre zu sehen. Wer so etwas tut, muss verrückt sein. Da kann ich nur sagen, wenn es dem Esel zu gut geht, tanzt er auf dem Eis.«

Mit dem Schafskopf will ich eigentlich kein Gespräch führen, trotzdem rutscht mir eine Entgegnung heraus: »Was wissen Sie schon!« Brüsk wende ich mich ab und blicke wieder auf das Meer.

Wir legen an der Mole an. In einem fensterlosen Wagen werde ich in das Gefängnis von Rostock gebracht und einem Haftrichter namens Bleier vorgeführt. Er ordnet Untersuchungshaft an mit der Begründung, dass Fluchtverdacht vorliege, der sich aus der Tathandlung ergebe. Im Haftbefehl steht: »Die Festgenommene wird beschuldigt, in Gruppe handelnd, die DDR ohne staatliche Genehmigung verlassen zu haben, indem sie schwimmend die Territorialgewässer verließ, mit dem Ziel, ungesetzlich in die BRD zu gelangen. Die Beschuldigte ist des Verbrechens gemäß § 213 Abs. 1 und 2 Ziff. 3, § 6 Abs. 1 Ziff. 6 StGB dringend verdächtig. Die Anordnung der Untersuchungshaft ist gemäß § 122 Abs. 1 Ziff. 1 und Abs. 2 Ziff. 1 StPO gesetzlich begründet.«

Mit Gesetzen, Paragraphen, Ziffern und Absätzen werfen sie mir ein staatsfeindliches Verbrechen vor. Dabei habe ich nur versucht, von dort wegzugehen, wo ich keine Lebensperspektive mehr sah, habe ein Grundrecht in Anspruch genommen, das nicht nur jedem Menschen zusteht, sondern überhaupt allen Lebewesen. Selbst ein Tier wird den Ort meiden, wo es nicht leben kann. Mit ihren Gesetzen und Strafandrohungen kaschieren sie nur, dass sie sich selbst eines Verbrechens schuldig machen. Ich fühle mich frei von jeder Schuld und blicke Haftrichter Bleier gerade in die Augen. Ausgerechnet ihn von meinem Recht auf Freiheit zu überzeugen ist natürlich sinnlos. Eins aber will ich von ihm wissen: »Wieso in Gruppe gehandelt? Wir waren doch nur zu zweit.«

Eben darum, gibt er mir zur Antwort, ab zwei Personen ist man eine Gruppe. Ein ganz neuer Gesichtspunkt, demnach wäre jedes Liebespaar, jede Zweierbeziehung eine Gruppe. Der Gedanke erheitert mich.

In einer Kammer, die so eng ist, dass man eigentlich nur stehen kann, muss ich lange warten. Nun machen sich die Strapazen und das Schlafdefizit aus drei durchwachten Nächten bemerkbar. Die Unterbrechungen während der paar Einnickphasen haben mir nur weiter zugesetzt und mich in eine abstumpfende Müdigkeit gestürzt. Bald sacke ich zusammen.

Als die Tür aufgerissen wird, liege ich zusammengekrümmt am Boden und schlafe fest. Eine korpulente Frau in Uniform rüttelt mich heftig wach und schreit mir in die Ohren.

Um sie zu beruhigen, lache ich ihr ins Gesicht: »Nichts passiert, ich lebe noch, bin nur müde.«

Barsch entgegnet sie: »Untersteh dich, noch einmal zu schlafen, ohne Erlaubnis!« Sie stößt mich vor sich her durch lange Flure, mal nach rechts, dann wieder nach links, bis wir schließlich vor einer Tür stehen bleiben. Sie klopft an, wartet auf das »Herein!«, öffnet und fragt: »Genosse Milbart, soll ich sie reinführen?«

Ich trete in das Vernehmungszimmer. Der Unterleutnant sitzt hinter einem Schreibtisch und weist auf einen einfachen Hocker ohne Lehne, der in einiger Entfernung an der Wand steht. Ich fange den erstaunten Blick des Genossen Milbart auf und freue mich, dass ihn mein Anblick irritiert, denn ich trage noch immer den Badeanzug und habe die Decke locker um mich geschlungen. Er hat sich sofort wieder in der Gewalt, mit keinem Wort geht er auf meinen ungewöhnlichen Aufzug ein.

Der Unterleutnant trägt Zivil. Wie ein Militärangehöriger sieht er nicht aus, ähnelt eher dem Klischeebild eines Beamten: exakt gescheitelte, glatt gekämmte dunkle Haare, die ölig glänzen. Sein Gesicht ist ausdruckslos, nur an der dunklen Hornbrille könnte ich ihn wiedererkennen. Seine Miene bleibt während des ganzen Verhörs unverändert, lakonisch stellt er seine Fragen und tippt meine Antworten mit zwei Fingern langsam in die Schreibmaschine, Buchstabe für Buchstabe. Das Verhör dauert Stunden bis zum Abend, obwohl es weder etwas zu leugnen noch zu gestehen gibt. Dass ich die Absicht hatte zu flüchten, ist unbestritten, zumal die Flucht ja schon gelungen war. Meinen Vorwurf, dass meine Gefangennahme unrechtmäßig ist, weil ich mich schon jenseits der Grenze befunden habe, wischt er mit einem »Umso schlimmer!« beiseite.

Seine Fragen formuliert er in umständlichem Beamtendeutsch. Die erste lautet: »Sie wurden am 25. August 1974 von Angehörigen der Sicherheitsorgane der DDR in der Ostsee festgenommen. Warum hielten Sie sich dort auf?« Ich antworte ihm wahrheitsgemäß.

»Warum haben Sie sich entschlossen, die DDR illegal in die BRD zu verlassen?« Typisch, denke ich, diese Formulierung. Sprachlich ungeschickt baut er in seinen Satz die verhasste Bezeichnung »BRD« ein, und seine Stimme vibriert vor Abscheu bei der Aussprache dieser drei Buchstaben.

Nachdem ich begründet habe, warum es für mich keine Zukunft in meinem Land gab, will er wissen, wie wir uns auf unser ungesetzliches Vorhaben vorbereitet haben. Mir fällt nichts dazu ein. Er weiß es besser und fragt gezielt nach unserer Ausrüstung: Neoprenanzug, Flossen, Brille, Schnorchel, Kompass, Schlauchboot. Alle diese Dinge besessen und zur Flucht benutzt zu haben, gehöre zur Vorbereitung und erhöhe das Strafmaß.

Schließlich geht es darum, wie die Flucht abgelaufen ist. Ausführlich erzähle ich ihm jedes noch so belanglose Detail: schwimmen, schwimmen, schwimmen, Wellen, Sonne, Nacht und Sterne und die Leuchtboje, aber ohne die polnische Jacht zu erwähnen, da ich mir nicht sicher bin, ob die Polen uns verraten haben. Vielleicht war ein Sensor in der Tonne, oder sie sind uns irgendwie sonst auf die Spur gekommen.

Mit Schärfe in der Stimme stellt er zuletzt die Frage: »Welche Personen haben Sie über Ihr Vorhaben, die DDR illegal in die BRD zu verlassen, in Kenntnis gesetzt?« Nur schwer kann er sich mit meiner Antwort abfinden, dass wir niemanden informiert haben. Wie gern er weitere Menschen verhaften und zum Verhör hätte vorführen lassen, ist ihm deutlich anzumerken.

Als das Verhör zu Ende ist, reicht er mir das Protokoll zum Unterschreiben. Ich traue meinen Augen nicht. Er hat meine Aussagen in seine Papiersprache übersetzt. Sachlich stimmt alles, aber es klingt abscheulich. Ich unterschreibe mit dem Zusatz: Inhaltlich korrekt, aber nicht meine Worte.

Er klingelt. Die Wärterin nimmt mich in Empfang, dirigiert mich vor sich her und schließt mich in eine Einzelzelle. Erst als ein schrilles Klingeln ertönt, darf ich mich hinlegen und schlafen. Schlafen, schlafen. Die Lampe, grell wie ein Scheinwerfer, brennt weiter, aber das nehme ich in meiner ersten Nacht im Gefängnis nicht wahr. In der zweiten und dritten fällt es mir hingegen schwer, bei dem hellen Licht einzuschlafen, immer wieder wache ich geblendet auf.

Ärztlich untersucht werde ich nicht, trotz meiner Erschöpfung und Unterkühlung, von denen ich im Verhör berichtet habe. Aber ich erhole mich schnell und fühle mich bald so gesund wie zuvor.

Die Untersuchungshaft in Rostock dauert drei Tage. Unvermittelt werde ich aus der Zelle geholt und muss in einen Transporter steigen. Das Fahrziel ist mir unbekannt. Der Kastenwagen ist durch Metallplatten in acht Einzelkammern unterteilt, die eine Grundfläche von 50 mal 50 Zentimeter haben. Mit den Knien stoße ich vorn an das Metall, kann mich nicht drehen und wenden, muss steif aufgerichtet auf einem schmalen, harten Brett sitzen und schleudere mit dem Kopf schmerzhaft gegen die Platten, wenn das Fahrzeug plötzlich bremst. In dem Kabuff ist es fast dunkel.

Ich kann mir nicht denken, wohin sie mich bringen, rätsle hin und her. Vielleicht zu einer Gegenüberstellung oder schon zur Gerichtsverhandlung? Wie auch immer, ich rechne nicht mit einer weiten Fahrt. Doch ich irre mich. Bald brummt der Motor gleichmäßig, und die Räder schnurren über den glatten Straßenbelag einer Autobahn!

Die Fahrt scheint kein Ende zu nehmen. Ob noch andere Gefangene in den käfigartigen Kammern hocken? Manchmal glaube ich, jemanden atmen zu hören, auf meine leisen Rufe reagiert jedoch niemand. Irgendwann, fast ein ganzer Tag muss vergangen sein, fährt der Transporter wieder durch eine Stadt, beschleunigt und verlangsamt, stoppt – wohl vor Ampeln –, biegt rechts und links ab. Ich versuche mir alles einzuprägen, aus Geräuschen und Fahrtverlauf zu schließen, wo ich bin, ähnlich einem Entführungsopfer, das an einen unbekannten Ort verschleppt wird. Schließlich hält der Wagen. Jemand reißt die Tür auf. »Kommse raus!«, wird mir im barschen Ton befohlen.

Ein Gefängnishof. Vor mir sehe ich eine rote Fassade aus Ziegelsteinen mit vergitterten Fenstern. Ob sie mich im Kreis gefahren haben und ich wieder in Rostock bin?

»Hände auf den Rücken!«, schnauzt mich jemand an. »Los, vorwärts!« Rasselnd fällt ein Tor hinter mir ins Schloss. Eisen schlägt aneinander. Schlüssel klirren. Wieder geht es Gänge entlang. Laut hallen meine Schritte durch die Stille. Ich sehe eine Tür – offen wie ein Schlund. Da muss ich hinein, mache ein, zwei Schritte, stehe drinnen. Die Tür wird mit einem Knall geschlossen. Es klingt hohl und kalt, endgültig.

Ruckartig drehe ich mich um. Ein Auge starrt mich an. In der glatten, mit grünblauer Ölfarbe gestrichenen Metalltür ist ein rundes Loch, ein Spion. Durch diesen Spion beobachten sie mich, wie ein wildes Tier, das man in einen Käfig gesperrt hat. Wird es toben, kreischen, gegen die Zellentür trommeln?

Ich drehe dem Auge meinen Rücken zu, bleibe ruhig stehen und warte, bis ich ein leises Klicken höre, dann erst schaue ich wieder zur Tür. Mit einem Metallplättchen ist jetzt die Spionöffnung verschlossen.

Die Zelle ist eng, fast ohne Einrichtungsgegenstände. Rechts neben der Tür ist das Klo, daneben ein Waschbecken, dann ein Tisch und ein Hocker ohne Lehne, eine Pritsche und links neben der Tür ein Heizkörper – das ist alles. Weit oben ist ein Fenster, vergittert und mit undurchsichtigen Glasbausteinen vermauert.

Ich gehe in der Zelle hin und her, drei Schritte von einer Wand zur anderen, und versuche meine Situation zu begreifen. Gefangen. Eingesperrt. Das war ich auch in Rostock, aber von Müdigkeit betäubt und zugleich erfüllt von der Dramatik unserer Flucht. Außerdem geschah alles so, wie ich es erwartet hatte, und ich bildete mir ein, das Spiel mitgestalten zu können.

Jetzt weiß ich nicht einmal, wohin sie mich gebracht haben. Wie ein Stück Vieh haben sie mich verladen, keine Erklärung, wozu und warum. Entmündigt! Der Spaß ist vorbei. So schnell schon.

Tag um Tag vergeht in Eintönigkeit. Quälend langsam verrinnt die Zeit. Minuten, Stunden, Tage, und ich kann nichts tun als warten, dass die Zeit vergeht. Ich habe nicht gewusst, dass Warten so schmerzhaft sein kann, kaum zu ertragen. Ich sehne den Abend herbei. Endlich, nach 16 Stunden Qual, ertönt das erlösende Kingelzeichen. Es hallt durch die Gänge, von Zelle zu Zelle. Für die

Gefangenen das Signal, die Betten herunterzuklappen. Liegend, mit geschlossenen Augen ist die Gefangenschaft erträglicher, und im Schlaf kann ich vergessen. Die Nachtruhe wird allerdings durch häufige Lichtkontrollen gestört. Manchmal donnert der Wachposten gegen die Metalltür, wenn mein Kopf halb verdeckt ist. Schon um fünf Uhr schreckt mich das schrille Klingeln aus dem Schlaf, und das Licht wird angeschaltet. Bett zur Wand klappen, Zähne putzen, waschen. Ein leises Klicken der Spionklappe signalisiert mir, dass ich dabei fast immer beobachtet werde. Ich ignoriere die Spanner. Es ist mir der Mühe nicht wert, mich dagegen zu wehren, außerdem würde mein Wutausbruch ihnen erst recht Lustgewinn verschaffen. Anziehen – inzwischen hat man mir einen ausgebeulten Trainingsanzug gegeben –, Zelle säubern und warten, wieder 16 Stunden lang.

Dreimal am Tag öffnet sich rasselnd eine Klappe in der Tür, durch die das Essen geschoben wird. Ich beuge mich hinab, um durch die Öffnung ein Gesicht zu sehen. Eine Hand – und schon wird mir die Klappe vor der Nase zugeschlagen. Diese drei Mahlzeiten sind die einzige Abwechslung. Nahrhaft ist das Essen nicht, vielmehr so kümmerlich, als herrsche eine Hungersnot. Zwei Scheiben Brot zum Frühstück mit einem Klecks so genannter Vierfruchtmarmelade, die aus rot gefärbtem Zuckergelee besteht. Mehr nicht, keine Butter und auch keine Margarine. Als Allzweckbesteck dient ein Löffel. Mittags gibt es fast immer eine wässrige Krautsuppe und am Abend Brot und eine Ecke Schmelzkäse, selten ein Schälchen Quark. Der Sonntag unterscheidet sich von den Werktagen, da gibt es Margarine, abends sogar zwei Scheiben Wurst, mitunter Fleischsalat oder eine Salzgurke. Die ganze Woche über freue ich mich auf den Sonntag wegen einer Gurke.

Zwar bin ich geübt, mit wenig Nahrung auszukommen, trotzdem kann ich es kaum vermeiden, dass ich ständig ans Essen denke und bereits Stunden, bevor sich die Klappe öffnet, auf diesen Moment warte. Wenn es mir schon so schwer fällt, mit dieser Hungerration auszukommen, wie schlimm muss es erst für Jürgen sein! Ich weiß nicht, ob er auch in diesem Bau steckt, wo aber sollte er sonst sein?

Es ist unheimlich ruhig. Von anderen Gefangenen höre ich keinen Laut. So still ist es, als sei niemand da außer mir. Rechts und links klopfe ich mit dem Schuh gegen die Wände. Keine Antwort. Wenn das Essen ausgeteilt wird, höre ich das Rollen und Scheppern des Wagens und das Öffnen der Klappen. Ich drücke mein Ohr gegen die Metalltür und zähle mit, wie viele Klappen geöffnet werden: acht. Nur acht Menschen sitzen hier in Einzelhaft wie ich. Dann müssen die meisten Zellen leer sein. Bevor ich eingeschlossen wurde, habe ich gesehen, dass es ein großes Gebäude ist mit drei Stockwerken und mindestens 40 Zellen in jeder Etage.

Nachdem ich eine Woche lang Tag und Nacht in der Zelle eingeschlossen war, keinen Menschen gesehen und gesprochen habe, wird plötzlich die Tür aufgerissen, und ein Uniformierter brüllt mich an: »Meldung!«

»Was soll ich melden?«, frage ich und wundere mich über den Klang meiner Stimme, die ich so lange nicht benutzt habe.

»Stellense sich nicht blöd!«

»Ich hätte schon einiges zu sagen. Ich möchte wissen, wo ich hier bin, und Hunger hab ich auch.«

»Ist die neu?«, fragt er jemanden draußen auf dem Gang. Die Meldung müsse wie folgt lauten, erfahre ich: Untersuchungsgefangene Nummer soundso im Verwahrraum angetreten. Ich höre nicht richtig hin, denn ich will mir weder die Nummer noch die Formel merken. Stattdessen vergnüge ich mich zukünftig damit, jedes Mal eine leicht variierte Meldung herzusagen. Auch das Strammstehen beim Melden können sie mir nicht antrainieren. Mit etwas schauspielerischem Talent sieht es nicht nach Absicht aus, sondern so, als könnte ich es einfach nicht besser.

Nach der Meldung muss ich hinaustreten zur Freistunde, wie es heißt. Drei oder vier Wärter stehen im Gang und brüllen mich an: »Hände auf den Rücken! Vorwärts! Rechts! Links! Geradeaus!« Mit diesen Zurufen dirigieren sie mich aus dem Gebäude hinaus in einen Hof mit einer Reihe einzelner Betonkästen. In einen Kasten muss ich hineingehen. Krachend wird die Tür hinter mir zugeworfen. Wie betäubt starre ich auf die vier Meter hohen Mauern. Da hätten sie mich gleich in der Zelle lassen können! In einem Film, der im Gefängnis spielte, hatte ich gesehen, dass Gefangene im Kreis gehen, und mich schon darauf gefreut, auf Mitgefangene zu treffen und mit ihnen vielleicht flüsternd Nachrichten auszutauschen. Bitterkeit schnürt mir die Kehle zu.

Auf einmal hallt von oben eine Stimme! Ich erschrecke, habe ich mich doch allein und unbeobachtet gewähnt. Auf einem Laufsteg, der über eine ganze Reihe dieser oben offenen Betonkästen führt, steht ein Wachposten mit Waffe und ruft hinab: »Bewegense sich! Machense Gymnastik!«

Ich schaue hinauf zum Himmel und sehe einen Turmfalken durch das blaue Quadrat fliegen.

Im Verhör

Nach knapp zehn Minuten ist die so genannte Freistunde vorbei. Ich muss zurück in die Zelle, in die bedrückende Einsamkeit.

Nach zwei Wochen Einzelhaft werde ich zu Oberleutnant Wedde zum Verhör gebracht. Ein »Läufer« holt mich ab. »Kommse! Gehnse! Links! Rechts!«, dirigiert er mich vor sich her. Plötzlich brüllt er: »Gesicht zur Wand!« Vor Schreck bin ich wie gelähmt. Was soll dieses Kommando bedeuten? Wieder dröhnt er: »Drehnse sich zur Wand! Aber dalli!«

Erschrocken wende ich mich zur Wand. Aus den Augenwinkeln

erspähe ich, dass ein anderer Gefangener vorbeigeführt wird. Aha, Gegenverkehr – wir sollten uns nicht sehen. Dieses »Gesicht zur Wand!« erinnert mich unwillkürlich an Erschießungszenen, wie ich sie aus Filmen kenne.

Schnell verdränge ich diesen Gedanken, ich darf mich nicht einschüchtern lassen. Vor dem Vernehmungszimmer wieder »Gesicht zur Wand!«, dann darf ich eintreten.

»Wo bin ich hier?«, frage ich, noch bevor ich mich setze.

»In Untersuchungshaft!«

»Das weiß ich. In welcher Stadt?«

»Eigentlich stelle ich hier die Fragen, bei Ihnen will ich mal eine Ausnahme machen. Sie sind in Halle.«

»Warum hat man mich nicht in Rostock gelassen?«

»Weil hier Ihr letzter Wohnsitz war. Nun reicht es aber!«

»Etwas anderes! Wissen Sie, dass ich die erste Woche keine Freistunde hatte? War das Absicht?«

»Nein!«

»Warum durfte ich dann so lange nicht an die frische Luft?«

»Das weiß ich nicht. Nun aber Schluss!«

»Auch als Untersuchungshäftling habe ich Rechte. Die Freistunde einmal am Tag steht mir zu.«

Die läppische »Freistunde« ist mir überhaupt nicht wichtig. Aber ich will signalisieren, dass ich kein gedemütigtes Opfer bin, das wehrlos alles mit sich geschehen lässt. Dass sich der Vernehmer auf das von mir vorgegebene Thema einlässt, bestärkt mich in meiner Haltung.

Er antwortet: »Bei schlechtem Wetter oder bei Personalmangel fällt die Freistunde aus. Zum Beispiel auch, wenn Sie bei mir im Verhör sind. Nun wollen wir aber mal anfangen.«

Oberleutnant Wedde sieht ebenso nichts sagend aus wie sein Vorgänger in Rostock. Das Verhör findet in einem Raum statt, das dem Büro eines Beamten ähnelt: Schreibtisch und Aktenschränke.

Ich sitze diesmal nicht auf einem unbequemen Hocker, sondern auf einem gepolsterten Stuhl, nur eine Armlänge vom Schreibtisch entfernt. Ob der Vernehmer eine persönliche Atmosphäre schaffen, Vertrauen aufbauen will?

Die Fragen sind fast identisch mit denen, die ich schon in Rostock beantwortet habe. Oberleutnant Wedde will meinen Vorschlag, Zeit und Mühe zu sparen und sich mit dem Protokoll seines Vorgängers zu begnügen, nicht befolgen. Vielmehr besteht er darauf, dass ich alles noch einmal detailliert erzähle, damit er sich ein eigenes Bild machen kann. Die Antworten tippt er umständlich in die Schreibmaschine wie der erste Vernehmer auch. Das nimmt viel Zeit in Anspruch, deshalb dauert das Verhör von 8 bis 16 Uhr, mit einer kurzen Unterbrechung zum Mittagessen.

Nach 14 Tagen Schweigen strengt es mich an, zu reden und auf Fragen geschickt zu reagieren. Durch die Isolierung weich geklopft, wird der Gefangene unvorsichtig, und der Vernehmer kann ihm Dinge entlocken, die er sonst verschwiegen hätte. Bei mir ist diese Methode eigentlich unnütz, denn ich habe nichts zu verbergen. Bald merke ich aber, worauf der Oberleutnant mit seinen Fragen zielt. Ich soll zugeben, nicht aus eigenem Entschluss gehandelt zu haben, sondern von Jürgen zur Flucht verführt worden zu sein.

»Die Beurteilungen, die wir über Sie eingeholt haben, von der Goethe-Oberschule, von der Sektion Biowissenschaften der Karl-Marx-Universität Leipzig und von der Martin-Luther-Universität Halle, wo Sie zuletzt als wissenschaftlich-technische Assistentin tätig waren, kennzeichnen Sie nicht als Feind unseres Staates. Ganz im Gegenteil. Sie verhielten sich stets hilfbereit und kameradschaftlich, vertraten offen ihren sozialistischen Standpunkt und erfüllten gesellschaftliche Aufgaben mit überzeugender Aktivität und zur Zufriedenheit aller. Sie waren Mitglied Ihrer FDJ-Gruppe in Leipzig, und Ihre Arbeit trug mit dazu bei, dass Ihre Gruppe mit dem Titel »Sozialistisches Studentenkollektiv« ausgezeichnet wurde. Das ist nur ein kurzer Abriss aus Ihren Beurteilungen. Ihre Entwicklung verlief positiv und brach erst ab, als Sie den Mitbeschuldigten kennen lernten.«

Die Stimme des Oberleutnants klingt ölig. Deutlich spüre ich die Gefahr. Er will mir eine Brücke bauen, mich locken, in die Mauern der DDR zurückzukehren. Als irregeführtem Opfer verspricht er mir eine leichte Strafe. Vielleicht würde sie sogar zur Bewährung ausgesetzt, und ich wäre bald wieder frei.

Er schmeichelt mir und legt eine Schleimspur, auf der ich abwärts rutschen soll, in einen dunklen Schacht. Nun ist mir klar, warum ich endlose 14 Tage in Einzelhaft leiden musste. Dadurch ist mein Hunger nach Freiheit unermesslich gewachsen. Ich will raus aus der Zelle, nicht mehr der demütigenden Willkür unterworfen sein. Gleichzeitig weiß ich, was mich draußen erwartet – ein zweites Gefängnis mit noch weniger Bewegungsfreiheit als vorher. Sie werden mich zur Bewährung in die sozialistische Produktion stecken und mir den Ausweis entziehen. Selbst innerhalb der DDR kann ich dann nicht mehr frei reisen und muss mich regelmäßig auf dem Amt melden und meine Führung begutachten lassen. Bin ich erst mit dem Stigma einer Republikflüchtigen gezeichnet, wird das Leben in der DDR für mich noch unerträglicher sein als vor meiner Flucht. Daher kann es für mich nur ein Ziel geben: Westdeutschland.

Das Gesicht des Oberleutnants ähnelt jetzt dem eines Fuchses. Lauernd beobachtet er mich und hat aus meinem Mienenspiel wohl seine Schlüsse gezogen.

»Wissen Sie eigentlich, dass Ihr Freund geschieden ist?«

Der Schlag hat gesessen. Trotzdem – ich darf mir nichts anmerken lassen. »Über Persönliches habe ich mit Jürgen nicht gesprochen. Im Vordergrund stand die Flucht«, antworte ich betont sachlich. Aber die Mitteilung hat mich getroffen, warum hat Jürgen das verschwiegen?

»Stört es Sie nicht, dass ihr Freund sogar zweimal verheiratet war?«

»Sein Privatleben geht mich nichts an. Ich brauchte einen Gefährten für die Flucht und keinen Heiratskandidaten!« In Wahrheit muss ich mich sehr beherrschen. Es verletzt mich, dass Jürgen mir nicht vertraut hat, sonst hätte er mir doch von seiner Vergangenheit erzählt. Warum nur hat er mir das verborgen? Darüber kann ich später in der Zelle nachdenken, jetzt muss ich meine Kräfte sammeln für den Kampf mit dem Oberleutnant. Da kommt er schon mit seiner nächsten, für mich völlig irrelevanten Frage: »Hat Ihr Freund Ihnen die Heirat versprochen?«

»Hören Sie bloß auf mit der blöden Heiraterei. In diesen Dimensionen denke ich nicht. Niemals würde ich aus Liebe heiraten! Für mich gibt es nur einen Grund, nämlich wegen eines Visums. Da würde ich jeden nehmen. Natürlich nur zum Schein. Jeden – selbst Sie! Wenn Sie einen Auftrag im Ausland bekämen, würde ich als Ihre Frau mitreisen und dort bleiben. Ich versichere Ihnen, die positiven Beurteilungen haben Sie auf eine völlig falsche Fährte gelockt. Ich habe nur mitgespielt, weil ich immer gehofft habe, eines Tages könnte ich an Forschungsreisen und Expeditionen teilnehmen. Dafür bin ich geboren, und dafür lebe ich. In der DDR ist es unmöglich, meine Ziele zu verwirklichen, vorher schon und nun erst recht. Deshalb will ich nie wieder zurück. Sie müssen mich nach Westdeutschland lassen.«

»Darauf brauchen Sie nicht zu hoffen!«

»In diesem Land bleibe ich nicht!«

»Würden Sie einen neuen Fluchtversuch wagen?«

»Sofort!«

»Welchen Plan haben Sie?«

»Vom Gefängnis aus gehe ich zum Bahnhof und fahre mit dem Zug zur Grenze. Dort lasse ich mich freiwillig festnehmen. Wirklich flüchten kann ich ja nicht, denn Sie werden mich sicher unter Beobachtung stellen. Nach jeder Entlassung können Sie mich gleich wieder einsperren. Bis Sie es müde sind. Ich habe Zeit, wenn Sie wollen, mein ganzes Leben lang. Es macht für mich keinen Unterschied, ob ich hier im kleinen oder draußen im großen Gefängnis bin.«

Oberleutnant Wedde setzt sich in Positur und deklamiert pathetisch: »Ein Traumtänzer sind Sie. Schade, dass Sie sich weigern, unsere gut gemeinte Hilfe anzunehmen. Ich hoffe für Sie, dass Sie bald zur Besinnung kommen. Mit Ihrer Naivität und dem völligen Mangel an Realitätssinn würden Sie in der BRD ganz schnell zugrunde gehen.«

Er drückt einen Knopf. Wenig später klopft es, und ich werde zurück in die Zelle gebracht.

Diebstahl eines Bleistiftes

Die Minuten tropfen dahin. Tag um Tag verrinnt. In der Zelle mit ihren kahlen Wänden mangelt es an Reizen, und die Sinne veröden langsam. Ich bin mir selbst ausgeliefert, nur mir allein, meinen Gedanken, Gefühlen, Befürchtungen und Ängsten. Eine diabolische Folter.

Eines Morgens – ich habe mitgezählt, es ist der 20. Tag meiner Haft – geschieht etwas mit mir, in meinem Kopf. Mein Denken erhellt sich, als habe jemand einen Schalter angeknipst. Das Gehirn produziert sein eigenes Kino, kreiert fantastische Geschichten, als würde ich ein Buch lesen oder einen Film sehen. Auf der weißen Wand vor mir erscheinen Bilder, erfüllt von Farben, Düften und Geräuschen, auch von Stimmen. Mein Gehirn entwirft Szenen und unterhält mich mit spannenden Geschichten. Die Freistunde stellt jetzt eine unliebsame Störung meiner Gedankenwelt dar. Kaum bin ich wieder in der Zelle, spinne ich den Gedankenfaden weiter zu einem farbenprächtigen Gewebe. Ich bin überrascht von meinen Einfällen, fühle mich wie verzaubert und schaukle auf den Wellen der Fantasie. Niemand wird mir glauben, dass ich, Tag und Nacht eingesperrt in einer kahlen Zelle, glücklich bin. Aber es stimmt. Versunken in Träumen, verblasst die Welt draußen in Bedeutungslosigkeit.

Allmählich formen sich Handlungsstränge mit konkreten Figuren. Wie gern möchte ich diese Geschichten aufschreiben! Da fällt mir die Eingangsuntersuchung ein. Auf dem Tisch des Arztes standen in einem Glas zahlreiche Bleistifte.

Neben der Zellentür befindet sich ein Klingelknopf für den Notfall, den ich jetzt drücke. Dem Wachposten schildere ich mit leidender Stimme, ich hätte Durchfall und Bauchschmerzen. Mein Plan gelingt. Beim Arzt nutze ich den kurzen Moment, als er sich am Waschbecken die Hände wäscht, und stehle einen Bleistift. Nun habe ich das Werkzeug, um das Feuerwerk der Fantasie aufzuschreiben – auf Toilettenpapier. Das Papier ist raufasrig, aber ziemlich fest, und die Schrift ist erkennbar. Täglich erhalte ich eine Ration von drei bis fünf Blättern. Da ich dem Schreibrausch verfallen bin, reicht diese Menge nicht aus. Mit inzwischen geschärftem Gehör achte ich auf den Wechsel der Wachposten. Dann klingle ich und bestelle neues Klopapier, immer bei einem anderen, damit mein hoher Papierverbrauch nicht auffällt. Von früh bis spät schwelge ich im Rausch meiner Fantasie und würde weiterarbeiten, wenn das Licht nicht um 21 Uhr gelöscht würde. Dabei muss ich höllisch aufpassen, denn die Wärter haben die Angewohnheit, sich auf Filzsohlen anzuschleichen und heimlich durch den Spion zu spähen. Deshalb schreibe ich im Stehen, im toten Winkel am Heizkörper neben der Tür, und spitze die Ohren, damit ich das leise Klicken höre, wenn das Blättchen vom Spion geschoben wird. Dann tauche ich sofort im Blickwinkel auf, sonst würde der Wachposten die Tür aufreißen und meine unerlaubte Tätigkeit entdecken. Auf den Heizkörper habe ich ein Staubtuch gelegt. Bei Gefahr schiebe ich meine Schreibarbeit darunter und wandere in der Zelle hin und her, bis sich der Spion wieder schließt.

Wenn ich zur Freistunde hinausgehe, stopfe ich mein Werk in die Unterhose. In der Zelle darf es nicht bleiben, denn sie wird während meiner Abwesenheit durchsucht. Das haben mir kleine Zeichen verraten: verschobener Tisch und Stuhl, verstellte Waschutensilien und neu zusammengelegtes Bettzeug.

Jeden Freitag werde ich zum Duschen geführt und mit neuer Unterwäsche versorgt. Manchmal wird auch der schwarze Trainingsanzug, die übliche Bekleidung während der Untersuchungshaft, ausgewechselt. Der einzige Platz in der Zelle, wo ich dann mein Manuskript halbwegs sicher verstecken kann, ist unter der Matratze, obwohl sie gelegentlich auch dort nachschauen. Ich habe Glück, während des Duschens kontrollieren sie die Zellen weniger gründlich.

Nach fünf Wochen erhalte ich das erste Buch – ausgerechnet von Erwin Strittmatter, der als »schreibender Bauer« von Partei und Schriftstellerverband bejubelt, später aber wegen seiner kritischen Zwischentöne immer mehr auf Ablehnung stieß. Auf dem Einband lese ich den Titel: »Ole Bienkopp«. Ist es möglich? Gerade dieser Roman Strittmatters, den er 1963 schrieb, ist umstritten und wurde besonders hart kritisiert. Er handelt von einem LPG-Vorsitzenden, der wegen seiner eigenwilligen Handlungsweise in Konflikt mit der Partei gerät. Es wundert mich, dass mir hier im Stasi-Knast das unliebsame Werk in die Zelle gereicht wird. Ausgehungert nach geistiger Nahrung, vertiefe ich mich ins Lesen. In der Nacht träume ich wirr. Ole Bienkopp geistert durch meinen Schlaf. Das Gelesene inspiriert mich, nimmt mir aber auch den Schwung beim Schreiben, denn ich versuche unwillkürlich Strittmatters Stil zu imitieren. Statt meine eigene Geschichte weiterzuschreiben, lese ich das

Buch langsam ein zweites Mal und achte darauf, wie es konstruiert ist.

Eines Tages reichen sie mir ein liniertes Blatt und einen Füller durch die Klappe. Ich darf meinen Eltern einen Brief schreiben, aber kein Wort über die Haftbedingungen und warum ich eingesperrt bin, schärft man mir ein.

Nach zwei Monaten Einzelhaft wird meine Zellentür aufgerissen, ich muss Bett- und Waschzeug mitnehmen und heraustreten. Trotz der Aufmerksamkeit des Wachpersonals gelingt es mir, meine Manuskripte in der Hose zu verstecken. Schräg über den Gang werde ich in eine neue Zelle geführt, die mit drei Betten so voll ist, dass nur ein Streifen von einem Meter zur Wand und zur Tür frei bleibt. Blitzschnell schiebe ich mein Werk unter eine Matratze, gerade noch rechtzeitig, bevor zwei Frauen hereingeführt werden.

Stumm mustern wir uns, bis Tür und Spion geschlossen werden und die Schritte des Wächters verhallen. Dann hocken wir uns zusammen, und ein Sturm von Fragen und Antworten bricht los.

Margarete, 20 Jahre alt, Verkäuferin, ist wegen eines Briefes verhaftet worden. Eine Freundin hatte ihr geschrieben, sie würde am liebsten abhauen. Margarete hat diese angebliche Fluchtabsicht nicht gemeldet, den Brief aber irgendwo liegen gelassen, wo er gefunden wurde. Sie werfen ihr nun Mitwisserschaft vor.

Christine, 21 Jahre alt, arbeitete in einer Fabrik. Sie ist unverheiratet und hat ein Baby. In Ungewissheit über sein Schicksal ist das Eingesperrtsein für sie besonders qualvoll. Über den Grund ihrer Inhaftierung schweigt sie sich aus. Sie deutet nur an, dass sie jemandem bei der Flucht geholfen hat, bereut dies aber zutiefst und macht sich wegen ihres Kindes große Sorgen.

Die ersten Tage sind unterhaltsam, wir erzählen aus unserem Leben, aber dann versiegt der Gesprächsstoff. Die beiden rücken enger zusammen; ihre Lebenserfahrungen sind ähnlich, meine sind ihnen fremd.

Margarete läutet und bittet den Wärter um ein Spiel. Er bringt uns »Mensch ärgere dich nicht«, ausgerechnet das Spiel, das ich am wenigsten mag. Die beiden wollen pausenlos spielen. Kaum sind alle Figuren am Ziel, werden sie erneut in Position gestellt. Nach drei Tagen weiß ich, dass ich nie wieder »Mensch ärgere dich nicht« spielen werde, und widme mich den Büchern. Pro Woche gibt es für jede eines, und ich schmökere alle drei durch, während Margarete und Christina nicht ein einziges anrühren.

Die Bücher werden zu meinem Schutzschild, hinter ihnen kann ich mich verbergen. Ich lese, ohne aufzublicken. Blättere ich die letzte Seite um, greife ich nach einem neuen Buch, habe ich alle durchgelesen, beginne ich wieder mit dem ersten. Ebenso fanatisch, wie ich lese, spielen meine Zellengenossinnen »Mensch ärgere dich nicht«. Sie werfen mir böse Blicke zu, weil das Spiel zu zweit weniger reizvoll ist. Aus ihrer Sicht verhalte ich mich unkameradschaftlich, »asozial«, wie Christine es nennt. Abfällige Bemerkungen heizen die Stimmung auf. Die Zelle wird immer enger. Ich weiß keinen Ausweg mehr und stopfe mir Klopapier in die Ohren, um nichts zu hören. Die Gegenwart der beiden Frauen kann ich kaum noch ertragen – und sie wahrscheinlich auch nicht die meine. Im Leben draußen kann man Abstand halten zu Menschen, die einem nicht sympathisch sind, sich zurückziehen und neue Kraft tanken. Zu dritt in zwölf Quadratmetern eingesperrt zu sein ist unmenschlich. Die Nähe quält, die Toleranzschwelle sinkt, und Körperfunktionen werden zum Ärgernis. Tag und Nacht zusammen mit Menschen, die gurgelnd ihre Zähne putzen, nur einen Meter entfernt auf dem Klo Gestank verbreiten und deren Ausdünstungen man einatmen muss, das ist höllisch. Hass verpestet die Luft. Nur mühsam halten wir die Aggressionen im Zaum. Zum Schein wechseln wir dreimal am Tag Höflichkeitsfloskeln – »Guten Morgen, guten Appetit, gute Nacht« –, mehr sprechen wir nicht.

Anfang November werde ich überraschend herausgerufen.

Oberleutnant Wedde teilt mir mit, dass am 20. November die Gerichtsverhandlung stattfindet, ob ich einen Verteidiger benennen will?

»Nein! Wozu? Ich habe nichts getan, was zu verteidigen wäre, und die Fragen des Gerichtes kann ich selbst am besten beantworten.«

»Überlegen Sie es sich gut, ob Sie wirklich auf einen rechtlichen Beistand verzichten wollen!«

Die Aggressionen, die ich bis jetzt mühsam unterdrückt habe und die durch das Zusammensein mit den beiden Frauen gefährlich gewachsen sind, kann ich nur schwer beherrschen und platze heraus: »Sie meinen doch nicht im Ernst, dass es bei der Gerichtsverhandlung um Gerechtigkeit geht! Ihre Gesetze sind willkürlich; ich erkenne sie nicht an, deshalb habe ich mit Recht gegen sie verstoßen und werde es wieder tun. Jeder Anwalt hier in der DDR steht auf Ihrer Seite, niemals würde er mein Recht vertreten. Nein, auf so einen Scheinverteidiger verzichte ich.«

»Wie Sie wollen. Sie werden schon sehen, wohin Sie mit Ihrer starren und unbelehrbaren Haltung kommen«, sagt er kalt. Nicht gewillt, sich auf eine weitere Diskussion einzulassen, drückt er den Knopf, damit ich abgeholt werde.

»Noch eins, ich habe eine dringende Bitte. Verlegen Sie mich wieder in eine Einzelzelle. Die zwei Frauen sind in Ordnung, aber ich verstehe mich nicht mit ihnen.«

»Das unterliegt nicht meiner Befugnis.«

»Lächerlich! Wer hat denn das Sagen hier, wenn nicht Sie! Also: Sie haben meine Bitte gehört, und ich erwarte, dass ihr stattgegeben wird.«

»Diesen Ton lassen Sie mal ganz schnell sein. Sie vergessen, wo Sie sich befinden!«

»Gerade weil ich eingesperrt bin, spreche ich so. Sonst könnte ich mir ja aussuchen, mit wem ich zusammen bin. Sie wissen bestimmt, dass Frauen sehr emotional reagieren. Stellen Sie sich vor, was passiert, wenn drei Frauen die Beherrschung verlieren. Sie wollen doch sicherlich, dass alles ruhig und friedlich bleibt.«

Als ich wieder in der Zelle bin, treffen mich empörte Blicke. Christine und Margarete können doch unmöglich wissen, dass ich eben um die Verlegung gebeten habe, außerdem sollten sie froh sein, von mir befreit zu werden.

»Du hast dir ja was Schlimmes geleistet«, giftet mich Christine an.

»Nun wissen wir ganz genau, wie schlecht du bist!«, setzt Margarete nach.

»Was habe ich euch denn getan?«

»Reicht es dir nicht, im Gefängnis zu stecken? Musst du hier weiter strafbare Handlungen begehen und uns damit in Verruf bringen? Dabei weißt du ganz genau, dass ich ein kleines Kind habe und mich gut führen muss, damit ich bald wieder bei meinem Baby bin.« Christine bricht in Tränen aus.

»Siehst du, was du angerichtet hast!«, sagt Margarete böse.

»Ich weiß nicht, wovon ihr sprecht.«

»Tu nicht so scheinheilig! Wir wollten endlich dein Bett in Ordnung bringen, diesen Saustall kann ja niemand mit ansehen. Nie hast du dein Bett ordentlich glatt gezogen, und da haben wir unter der Matratze beschriebenes Toilettenpapier gefunden.«

»Na und, was regt ihr euch so auf? Was soll daran schlimm sein? Es sind Geschichten und Erzählungen, ganz harmlos.«

»Harmlos! Der Wärter hat getobt und gesagt, du wirst streng bestraft werden.«

»Was? Ihr habt es gemeldet?« Vor Zorn kann ich kaum an mich halten: »So viel Gemeinheit habe ich euch nicht zugetraut! Auch wenn wir uns nicht mögen, wir sind doch alle Häftlinge. Für euch hätte keine Gefahr bestanden, ihr hättet mein Manuskript einfach unter der Matratze lassen können. Ohne Not habt ihr mich verraten! Dass ihr euch nicht schämt!«

Sie schreien zurück. Wütend balle ich meine Fäuste.

Die Tür wird aufgerissen. Ein Wärter brüllt: »Was ist hier los? Sofort Ruhe!« Mich nimmt er gleich mit. Tief unter der Erde sperrt er mich in ein Loch ganz ohne Fenster. Das Gemäuer ist kalt und feucht, wie eine Katakombe, und der Boden besteht aus Stein. Ein Bettgestell gibt es nicht, nicht einmal eine Matratze, nur einen nackten Betonsockel und eine dünne Decke. Gegen die Novemberkälte schützt sie wenig. Tag und Nacht flimmert eine Leuchte über der Tür und wirft einen spärlichen Schein in das höhlenartige Verlies. Als Toilette dient ein Kübel. Nur jeden dritten Tag bekomme ich etwas zu essen – mittags eine wässrige Suppe.

Habe ich nicht stets geübt, Entbehrungen auszuhalten, mich in Winternächten der Kälte ausgesetzt, trainiert, Hunger und Durst zu widerstehen? Diese Aktionen rufe ich mir jetzt zur Stärkung wieder ins Gedächtnis. Damals handelte ich freiwillig, um für extreme Situationen gewappnet zu sein. Es hilft mir, dass ich die schikanöse Strafe als Test betrachte. Die Kälte ist weniger quälend, wenn ich mir vorstelle, wie viel kälter es in der Antarktis ist. Der Becher Malzkaffee reicht, um den schlimmsten Durst zu stillen, und den Hunger überwinde ich mit Willensstärke. Die Einsamkeit in dem Loch schreckt mich nicht. Meine Bedürfnisse nach Nähe sind für lange Zeit gedeckt. Meine Besorgnis gilt einzig meinem Manuskript, und ich gebe mich der Hoffnung hin, dass sie es aufbewahren.

Im Namen des Volkes!

Niemand hat mir gesagt, wie lange ich in dem Kerker ausharren muss. Ich bekomme eine Ahnung vom Leiden der Menschen, die jahrelang, manchmal bis zu ihrem Tod, eingesperrt waren, ob in den Hungertürmen des Mittelalters oder in den Gefangenenlagern unserer Zeit. Eine ununterbrochene Blutspur führt von der Vergangenheit bis in die Gegenwart. Das Tor zu grenzenloser Willkür öffnet sich immer dann, wenn die Rechte anderer missachtet werden.

In diesem Staat DDR geschieht nichts ohne Gesetz und Ordnung, das Unrecht wird durch festgeschriebene Gesetze legalisiert. Wollte ich mich über die unmenschlichen Haftbedingungen beschweren, könnte ich es nur bei denjenigen tun, die sie angeordnet haben. Wie im Mittelalter, als die Gerichtsbarkeit bei den Landesfürsten lag. Ein Bauer, dem der Fürst Unrecht zugefügt hatte, konnte nur den Verursacher selbst haftbar machen, ein aussichtsloses Unterfangen, das seine Lage nur verschlimmert hätte.

Kein Laut dringt zu mir vor. Es gibt nicht die geringste Ablenkung. Es ist, als sei ich lebendig begraben. Meiner Widerstandskraft verdanke ich, dass ich mir in dem eisigen Loch keine bleibenden Schäden hole.

Am 18. November werde ich wieder nach oben in eine normale Zelle geführt. Ich kann kaum glauben, dass ich nur eine Woche im Arrest war; mir schien es eine Ewigkeit. Noch zwei Tage bis zur Verhandlung. Ich nehme an, dass wir gemeinsam vor Gericht stehen werden, und freue mich darauf, Jürgen nach drei Monaten Haft endlich wiederzusehen.

Vorher sitze ich zum letzten Mal Oberleutnant Wedde gegenüber. Er ist blass vor Wut. »Wegen des Gerichtstermins mussten wir den Arrest leider aussetzen, beim geringsten Vergehen sind Sie wieder drin«, droht er.

Wedde ist fassungslos. Trotz ständiger Kontrollen ist es mir gelungen, einen Bleistift zu beschaffen und Texte zu verfassen auf 60 Stück Toilettenpapier von 10 mal 13 Zentimeter Größe, wie sie akribisch abgezählt und ausgemessen haben. Er gebärdet sich, als sei er persönlich in seiner Ehre gekränkt, glaubt er doch die Allmacht über die ihm ausgelieferten Gefangenen zu haben. Sein Ehrgeiz ist es, ihren Willen zu brechen. Meine Texte sind dem Inhalt nach unverfänglich, aber meine Tat hat bewiesen, wie viel Spielraum einem Gefangenen selbst bei strengster Überwachung bleibt. Ich habe die Kerkermeister an ihrer empfindlichsten Stelle getroffen, ihnen die Grenzen ihrer Macht vor Augen geführt. Nun will er mich zwingen, meine Schuld einzugestehen und Reue zu zeigen. Ich weiß, ich sollte ihn nicht reizen, mich geschmeidig anpassen und fügen, damit er mir nicht aus Rache noch schwerere Haftbedingungen aufbürdet. Doch für die Qualen im Arrest muss ich mich schadlos halten, das bin ich mir selbst schuldig. Zudem eröffnet er mir mit gehässigem Grinsen, dass sie mein Werk verbrannt haben. »Denken Sie etwa, wir bewahren auf, was Sie sich durch strafbare Handlungen erschlichen haben!«

»Sie sagen, es sei verboten, in der Untersuchungshaft zu schreiben. Was heißt das schon? Ich habe keine konspirativen Nachrichten, keinen Kassiber geschrieben, also nicht gegen die Interessen des Staates verstoßen, sondern nur einen Roman verfasst. Literatur, Fiktion, Fantasie, verstehen Sie? Und das haben Sie verbrannt! Dazu hatten Sie kein Recht!«

»Sie haben einen Bleistift entwendet und das Toilettenpapier missbraucht. Im Gefängnis sitzen und stehlen – dazu gehört schon allerhand kriminelle Kaltschnäuzigkeit!«

»Ohne Bleistift hätte ich meine Gedanken nicht zu Papier bringen können. Ich musste aber schreiben. Hören Sie mal, kürzlich bekam ich ein Buch in meine Zelle, eine Biografie Ernst Thälmanns. Sie wissen, der große Führer der Arbeiterklasse! Obwohl ihn die Nazis eingesperrt hatten, durfte er im Kerker seine Schriften verfassen.«

»Unerhört! Sie haben die Frechheit, sich mit Thälmann zu vergleichen!«

»Habe ich nicht! Ich will auch die Stasi nicht mit den Nazis vergleichen.« Er schnappt nach Luft wie ein Karpfen, und ich spreche schnell weiter: »Was ich sagen will, ist Folgendes: Ernst Thälmann hat als Führer der Kommunistischen Partei die Nazis bekämpft, und doch haben sie ihm erlaubt zu schreiben, als er ihr Gefangener war. Ich dagegen bin nicht einmal Ihr Feind, habe mich nicht politisch gegen Sie betätigt. Ich habe nichts getan, ich bin nur ein Mensch, der sich aussuchen möchte, wo er leben will.«

Er hat versucht, mich zu unterbrechen, vergeblich. Wutentbrannt springt er auf, drückt den Klingelknopf und herrscht mich an: »Raus hier!«

Triumphierend gehe ich in meine Zelle zurück. Er hat meinen Vergleich genau verstanden! Vielleicht muss ich für diesen Sieg teuer bezahlen, aber er ist es wert und entschädigt mich für die Demütigungen – leider nicht für das Verbrennen meines Manuskripts. Es ist für immer verloren. Ich werde diesen Roman nicht noch einmal schreiben können, denn er ist fast ohne mein Zutun aus den tiefen Schichten meines Bewusstseins geströmt.

Zwei Tage später darf ich mich zivilisiert kleiden: neue Schuhe, Strümpfe, modische Unterwäsche, auch sie neu, und ein Kleid – das blaue, das ich bei der Verteidigung meiner Diplomarbeit trug. Als ich es überziehe, merke ich, wie abgemagert ich bin. Der Stoff hängt wie ein Lappen an mir herunter. Endlich besitze ich die knabenhafte Figur mit der flachen Brust, die ich mir immer gewünscht habe. Schön sehe ich aber nicht aus.

Nur meine Eltern können für meine Kleidung gesorgt haben. Dann wissen sie also, dass ich heute verurteilt werde. Zwei Briefe durfte ich an sie schreiben. Antwort kam keine. Vielleicht sind sie mir böse, oder man hat ihre Post unterschlagen.

Um meine Haare zu richten, erhalte ich Kamm und Spiegel. Seit der Gefangennahme sehe ich zum ersten Mal mein Gesicht. Es wirkt fremd, blass und schmal. So große Augen hatte ich früher nicht. Sie blicken ernst und traurig, obwohl ich mir zulächle.

In der grünen Minna, mit den verschlossenen Metallboxen, werde ich nach Weißenfels zum Kreisgericht gefahren. Während der Fahrt versuche ich Kontakt mit Jürgen aufzunehmen, er müsste doch auch im Wagen sein. Ich klopfe, huste, flüstere seinen Namen. Nichts. Keine Reaktion. Obwohl er wie ich in Halle im Stasi-Knast einsitzt, werden wir getrennt nach Weißenfels gebracht. Was für ein alberner, unnützer Aufwand – als seien wir gefährliche Staatsverbrecher, Spione, die keine Informationen austauschen sollen.

Als ich ihn endlich sehe, im Gang vor dem Gerichtssaal, schlucke ich bitter an der Enttäuschung. Er begrüßt mich mit einer theatralischen Gebärde, reckt den rechten Arm hoch und spreizt die Finger zum V-Zeichen. Diese Geste ist nicht für mich gedacht; ich mag solche Angeberei nicht. Wen also will er damit beeindrucken – das Wachpersonal? Die lassen sich dadurch nicht provozieren. Er sollte sich besser unauffällig verhalten und mir zuflüstern, dass er mich liebt. In seinen Augen kann ich nicht erkennen, ob ich für ihn noch wichtig bin. Er blickt wie ein Torero, der den Stier erledigen will. Glaubt er etwa, die Gerichtsverhandlung biete irgendeine Chance? Das wäre ziemlich dumm, er weiß doch, dass alles vorher entschieden wird. Das Urteil steht schon längst fest, das weiß jeder in der DDR. So ist es immer bei politischen Prozessen, zu denen ja auch der unsere zählt, da Republikflucht nun einmal als politisches Verbrechen eingestuft wird.

Ich bringe es nicht über mich, Jürgen anzulächeln. Vielleicht wäre ich weniger streng, wenn ich nicht durch den Vernehmer erfahren hätte, dass mein Freund zweimal geschieden ist. Auch wenn für mich eine Heirat nicht in Frage kommt, so wollten wir nach gelungener Flucht zusammenleben und gemeinsam unsere Träume verwirklichen. Ich empfinde es als Vertrauensbruch, dass er mir seine Vergangenheit verschwiegen hat, und habe nun meine Zweifel, ob auf ihn Verlass ist. Was ist das für ein Mensch, der zweimal eine bindende Entscheidung trifft und sie dann wieder rückgängig macht? Einmal kann man sich irren, aber gleich zweimal? Und wie viele Male noch?

Getrennt voneinander müssen wir in einem Stehkabuff warten. Dann führt mich eine Beamtin in den Gerichtssaal. Mit Erstaunen registriere ich, dass Publikum zugelassen ist; etwa 15 bis 20 Personen sind anwesend. Ich hatte fest damit gerechnet, dass unter Ausschluss der Öffentlichkeit verhandelt wird, denn Republikflucht soll eigentlich nicht bekannt werden. Über solche Fälle habe ich noch nie in der Zeitung gelesen, auch im Radio und Fernsehen wird dieses Thema ausgespart. Na ja, vielleicht sind es geladene Gäste aus dem internen Kreis der Stasi?

Ein freudiger Schreck durchzuckt mich: Unter den vielen Unbekannten entdecke ich – meine Eltern! Da sind sie! Die Freude überwältigt mich. Mir wird ganz warm ums Herz. Meine Eltern! Sie sind gekommen. Vollkommen überraschend für mich. Mir steigen vor Glück Tränen in die Augen.

Was mit Jürgen nicht möglich ist, gelingt mir mit ihnen mühelos – sich mit Blicken zu verständigen. Von ihren Gesichtern lese ich ab: »Ganz gleich, was geschieht, du bist und bleibst unsere Tochter. Wir halten immer zu dir.« Sind sie mir denn nicht böse? Sie hätten Grund genug, enttäuscht zu sein, schließlich habe ich sie ohne Abschied verlassen. Wenn die Flucht gelungen wäre, hätten wir uns nie mehr gesehen. Ich habe meine Eltern, die Heimat und auch die Ideen verraten, an die zumindest mein Vater glaubt. Was mag in seinem Kopf jetzt vorgehen? Für ihn, den Kommunisten, muss es eine bittere Schmach sein, dass die eigene Tochter eine Verräterin ist, die sich heimlich davonmachen wollte und jetzt vor Gericht bloßgestellt wird. Vater hat mich stets gelehrt, die persönlichen Wünsche dem Gemeinwohl unterzuordnen; ich habe erwartet, dass er, gerade weil er mich liebt, von mir zutiefst enttäuscht ist, mich verachten, sich vielleicht sogar von mir lossagen wird. Das Gegenteil ist der Fall, sein Blick umschließt mich mit Wärme und Liebe. In den Mienen meiner Eltern sehe ich keinen Vorwurf, nicht eine Spur. Nur Sorge entdecke ich, obwohl sie diese zu verbergen suchen, aus Angst, es mir sonst noch schwerer zu machen. Aufmunternd lächeln sie mich an: »Kopf hoch, Kind, du bist nicht allein. Wir stehen dir bei.« Worte dürfen wir nicht wechseln. Aber die Sprache der Augen können sie uns nicht verbieten.

Nie zuvor habe ich bemerkt, wie stark meine Eltern sind, wie fest sie zusammenhalten und sich gegenseitig stützen. Trotz aller Widersprüche ihrer Charaktere und Lebensvorstellungen sind sie ein Paar, das unlösbar zu einer Einheit verschmolzen ist, wie sie da vor mir stehen, sich an den Händen gefasst halten und ihre Augen die gleiche Botschaft, die gleichen Gefühle und Empfindungen aussenden.

Das Schicksal hat sie plötzlich getroffen. Ihre älteste Tochter ist angeklagt, aber sie brechen nicht vor Entsetzen und Trauer zusammen. Sie haben sich entschlossen, die Last gemeinsam zu tragen und mit vereinten Kräften zu widerstehen.

Das Gericht betritt den Raum: Richter Warden und Staatsanwalt Toman. Schöffin Paul, eine Arbeiterin, und Schöffe Escher, ein Genossenschaftsbauer, repräsentieren den Arbeiter-und-Bauern-Staat. Es folgen Protokollführer Köhler und Jürgens Anwalt Pratsch. Alle nehmen Platz. Im Saal, der einem Konferenzzimmer ähnelt, werden Stühle gerückt, Füße scharren, dann tritt Ruhe ein. Wir Angeklagten sitzen eine Stuhlreihe vor dem Publikum mit je einem Uniformierten zur Seite und einem anderen zwischen uns.

Der Richter eröffnet das Verfahren. Nach dem Verlesen unserer Lebensläufe trägt der Staatsanwalt die Anklageschrift vor. Die polnische Jacht findet bei der Schilderung unserer Flucht keine Erwähnung, als hätte es sie nie gegeben. Es heißt, dass wir von einem Schiff der NVA, der Nationalen Volksarmee, aufgegriffen wurden. Niemand scheint sich zu fragen, wie die Menschenjäger uns in der Weite des Meeres finden konnten. Vielleicht verleugnen sie die Polen, um ihren Fahndungserfolg nicht zu schmälern?

Ich beuge mich vor, um Blickkontakt mit Jürgen aufzunehmen. Es wird für lange Zeit das letzte Mal sein, dass wir uns sehen. Inzwischen bin ich bereit, ihn anzulächeln. Die verpatzte Begrüßung habe ich ihm verziehen, und an seine geschiedenen Ehen will ich jetzt nicht denken. Er wendet mir das Profil zu. Stocksteif sitzt er da, den Blick krampfhaft nach vorn gerichtet, seine Kiefer mahlen, als würde er kauen. Das habe ich bei ihm schon einmal gesehen, als wir in der Nacht an die Küste fuhren. Jürgen nimmt diese Marionetten da vorn tatsächlich ernst. Ich begreife das nicht. Die Gerichtsverhandlung ist reines Theater, sie führen aus, was angeordnet wurde.

Ich schnalze mit der Zunge. Selbst darauf reagiert Jürgen nicht, eher wird der Wachposten aufmerksam, da gebe ich auf und höre, wie der Staatsanwalt sagt: »Die Beschuldigte war der Auffassung, dass sie bei ihrem Erscheinen in der BRD sofort an Expeditionen in tropische Länder teilnehmen könnte.«

Ich springe auf und rufe: »Herr Richter – Einspruch!«

»Setzen Sie sich, Angeklagte! Ihnen wird später das Wort erteilt.«

»Aber ich bin Verteidiger in eigener Person und muss die Behauptung des Staatsanwaltes richtigstellen, denn er charakterisiert mich hier als einen Volltrottel. Nur ein solcher könnte glauben, es sei leicht, in Westdeutschland mein berufliches Ziel zu verwirklichen. Aber dort habe ich wenigstens eine reale Chance, im Gegensatz zur DDR …«

»Ruhe! Setzen Sie sich! Die Anklage des Staatsanwaltes dürfen Sie nicht stören. Zu Ihrer Verteidigung wird Ihnen später Gelegenheit gegeben.«

Der Staatsanwalt verfolgt die Taktik, Jürgen als Hauptschuldigen darzustellen: »Auf Initiative des Beschuldigten schlossen sie sich zu einer Gruppe zusammen, um gemeinsam, unter Ausnützung ihrer bei der Gesellschaft für Sport und Technik erworbenen Kenntnisse und Fähigkeiten im Tauchsport die DDR ohne Genehmigung über die Ostsee zu verlassen.«

Immer ist es Jürgen, der etwas getan hat: Er besorgte den Kompass, den Behälter für die Papiere, die Verbindungsschnur, das Schlauchboot. Er strich es mit Tarnfarbe an und fuhr den Trabant, einen Wagen des volkseigenen Werkes, bei dem er angestellt war. Die Vortäuschung einer Dienstfahrt wird ihm als kriminelle Tat angelastet, die unter Anwendung eines zusätzlichen Paragraphen sein Strafmaß vergrößert.

Alle Anschuldigungen, selbst die unbefugte Benutzung des Wagens, sind meiner Meinung nach Kleinigkeiten. Erst mit dem Tatbestand der Flucht können sie vom Staatsanwalt mit Bedeutung aufgeladen werden. Dabei übergeht er völlig die Gründe, warum Jürgen mehr als ich an der Vorbereitung der Flucht beteiligt war. Ich merke mir die einzelnen Punkte. Na, dem Staatsanwalt werde ich in meiner Verteidigungsrede etwas erzählen, auch wenn es nichts nützt! Aber die falschen Auslegungen will ich ihm nicht unwidersprochen durchgehen lassen.

Langsam macht mir die Gerichtsverhandlung Spaß. Ich amüsiere mich im Stillen über die steifen Formulierungen. Mich stellt er als berechnende, auf ihren Vorteil bedachte Person dar: »Die Beschuldigte hat alle Vorteile des sozialistischen Bildungssystems ausgenutzt, sogar ein Hochschulstudium genossen, war dann aber nicht bereit, an der tagtäglichen praktischen Arbeit im Sozialismus mitzuwirken. Sie zog es vor, sich ihren Hirngespinsten zu widmen.«

Ein Aufpasser schleicht sich hinter den Richter und flüstert ihm etwas ins Ohr. Der Richter hebt den Hammer, schlägt kräftig auf den Tisch und ruft: »Kommen Sie her! Ja, Sie da! Kommen Sie nach vorn!«

Der Richter meint meinen Vater. Er muss vor den Richtertisch treten und seine Notizen abgeben. Schon wieder hat jemand aus unserer Familie unbefugt geschrieben! Innerlich muss ich lachen. Wenn Vater wüsste, dass ich mit Arrest bestraft worden bin, weil ich auf Toilettenpapier einen Roman verfasst habe!

Achselzuckend händigt Vater seine Mitschrift dem Richter aus, dreht sich um und blinzelt mir zu. Sein Blick sagt mir, die kriegen uns nicht klein mit ihrem Affentheater.

Zeugen werden nicht befragt. So geht das Verfahren schnell seinem Ende zu. Jürgens Verteidiger erhält das Wort, ein kleiner, korpulenter Mann mit schütteren Haaren und grauem Bart. Der Anzug wirkt abgewetzt und glänzt speckig an den Ellenbogen. Nach einer Weile fällt mir ein, an wen mich dieser Mann erinnert, an Professor Unrat aus dem Film »Der blaue Engel«. Anwalt Pratsch bemüht sich, Verständnis für Jürgens schwierigen Lebensweg zu wecken. Ich höre interessiert zu, weil ich vieles über Jürgen erfahre. Er ist vaterlos aufgewachsen. Sein Vater wurde von den Sowjets gleich nach Ende des Krieges abgeholt und verstarb in Haft. Jürgen war der Besuch der Oberschule nicht erlaubt worden, obwohl seine Leistungen ihn durchaus dazu berechtigt hätten. Die Ablehnung habe er auf seine bürgerliche Herkunft und die Verhaftung seines Vaters zurückgeführt. Dass er das angestrebte Studium nicht absolvieren konnte, verbitterte ihn. Nach Abschluss einer Lehre heuerte er bei der Handelsmarine an. Dort wurde er des Alkoholschmuggels beschuldigt und unehrenhaft aus der Marine entlassen. In Wahrheit habe es sich aber um eine einzige Flasche Rum gehandelt – eine aus jugendlichem Leichtsinn begangene Tat, die nicht im Verhältnis zur Strafe stand und ihn in seiner persönlichen Entwicklung schwer belastete. Trotz dieses Rückschlages hatte Jürgen sich wieder hochgearbeitet und wurde in den Polizeidienst aufgenommen. Eine Verkettung ungünstiger Umstände, gepaart mit jugendlichem Überschwang und gut gemeintem Eifer, führte zu einer nicht genehmigten Verbrecherjagd. Jürgen musste den Polizeidienst quittieren. Auch diese Krise überwand er mit zähem Willen, kämpfte sich vom Lagerarbeiter zu einer angesehenen Stellung als Verwaltungsangestellter beim VEB Weißenfels hoch, einem volkseigenen Betrieb, der Schuhe herstellt.

Anschließend ergreift der Staatsanwalt das Wort und bemüht sich, die positiven Darstellungen der Verteidigung zu entkräften. Nicht seine bürgerliche Herkunft oder die Straftat seines Vaters seien die Ursache, dass Jürgen nicht die Oberschule besuchen durfte. Dafür sei vielmehr sein schon damals ausgeprägter Hang zu negativer Kritik an unserem Staat verantwortlich. Sein älterer Bruder Volker ging zur Oberschule und konnte studieren. Die unterschiedliche Behandlung der Brüder beweise, dass das Verbrechen des Vaters nicht an seinen Söhnen gesühnt wurde. Nachdem der Staatsanwalt eine andere Variante vom Alkoholschmuggel bei Nacht und Nebel mit einem Beiboot und von der polizeilichen Verfolgungsjagd über die Dächer von Weißenfels mit Schusswechsel und Gefährdung Unbeteiligter zum Besten gegeben hat, beantragt er drei Jahre und sechs Monate Haft für Jürgen und zwei Jahre und acht Monate für mich.

Während des ganzen Prozesses wurde mir barsch das Recht verwehrt, mich zu verteidigen. Erst jetzt, am Ende der Verhandlung, werde ich aufgefordert, in einem Schlusswort Stellung zu nehmen. Ich erhebe mich und begegne dem mitleidigen Blick der Schöffin. Vielleicht hat sie eine Tochter in meinem Alter und stellt sich vor, ihr wäre dasselbe passiert wie meinen Eltern. Kaum merkbar nickt sie ihnen zu.

Wegen der gehässigen Worte des Staatsanwaltes und bedrückt

von der hohen Freiheitsstrafe ist mir die Lust auf eine pointierte Streitrede vergangen. So sage ich nur: »Ich nehme die Strafe an, auch wenn ich mich nicht schuldig fühle. Darüber will ich jetzt aber nicht sprechen, sondern ich frage Sie: Was wird nach diesen zwei Jahren und acht Monaten geschehen? Aus der Anklage des Staatsanwaltes wissen Sie, dass ich mich aus guten Gründen dafür entschieden habe, mein Land zu verlassen. Diese Gründe werden durch die Haft nicht aus der Welt geschafft, im Gegenteil! Weniger als zuvor werde ich in der DDR leben und meine Ziele verwirklichen können. Es sind aber Ziele, wie Sie gehört haben, denen ich meine gesamte Lebensplanung untergeordnet habe und die ich verfolgen muss, solange ich atme. Deshalb beantrage ich, nach Westdeutschland ausreisen zu dürfen, denn in der DDR gibt es für mich keine Zukunft.«

Auch Jürgen gibt noch eine abschließende Erklärung ab, voller Angriffe gegen das menschenfeindliche Regime und gespickt mit Schuldzuweisungen an Staat, Regierung und Gesellschaft. Das Gericht zieht sich zur Beratung zurück. Wenig später verkündet der Richter: »Im Namen des Volkes! Wegen Verbrechens des ungesetzlichen Grenzübertritts im schweren Fall, in Gruppe handelnd, in Tateinheit mit unrechtmäßiger Ausfuhr der Personaldokumente und wegen eines in Tateinheit begangenen Vergehens der unbefugten Benutzung von Fahrzeugen werden der Beschuldigte zu einer Freiheitsstrafe von drei Jahren und zwei Monaten und die Beschuldigte zu zwei Jahren und zwei Monaten verurteilt. Die Anträge der Anklagevertretung waren als überhöht anzusehen, weil nicht im genügenden Maße die an sich positiven Verhaltensweisen beider Angeklagten vor der Strafbegehung berücksichtigt wurden.«

Die trauen sich was, ist mein erster Gedanke. Vier Monate hin oder her, das ist für mich nicht entscheidend. Unglaublich finde ich, dass das Gericht nicht der Vorgabe des Staatsanwaltes folgt, hinter dem sich die Stasi verbirgt. Dann aber erkläre ich es mir so: Wahrscheinlich ist der Spielraum abgesprochen, um dem Publikum ein unabhängiges Gericht vorzugaukeln.

Bevor ich abgeführt werde, gelingt es meinen Eltern, sich mir zu nähern. Das allgemeine Gedränge hat die Wachposten abgelenkt, und meine Mutter flüstert mir zu: »Wir besuchen dich! Schon zweimal haben wir es vergeblich versucht. Stell dir vor, einmal waren wir nur zehn Minuten zu spät dran. Wir durften dann nicht mehr rein, dabei mussten wir doch 150 Kilometer weit fahren. Das andere Mal warst du im Arrest, haben sie gesagt. Pass auf dich auf, Kind. Iss schön, du bist so dünn.«

Protest des Staatsanwaltes

Tagtäglich rechne ich damit, in den allgemeinen Strafvollzug verlegt zu werden und endlich wieder Menschen zu sehen. Aber nichts geschieht. Wie vor meiner Verurteilung sitze ich in einer Zelle, 16 Stunden lang, jeden Tag.

Freitags wird geduscht. Die wenigen Minuten »Freistunde« im Betonkäfig finden je nach Laune des Personals statt oder fallen aus. Das Essen erhalte ich durch die Klappe und jede Woche ein Buch. Mir gelingt es nie, sparsam zu lesen, die Seiten einzuteilen. Immer bin ich nach ein, zwei Tagen schon durch. Einen Bildband, den ich sofort umtauschen möchte, werde ich erst eine Woche später wieder los. Glücklicherweise geben sie mir meist anspruchsvolle Literatur: Klassiker, russische, aber auch westliche Autoren, mit Namen, die ich erstmals hier im Knast kennen lerne: Elias Canetti, Anatole France, Saul Bellow und Louis Malle, von dem ich nur wusste, dass er als Regisseur den Film »Fahrstuhl zum Schafott« gedreht hatte. Wer mögen die Menschen gewesen sein, bei denen die Stasi ganze Bibliotheken beschlagnahmt hat? Ihnen fühle ich mich geistig verbunden und sende ihnen meinen Dank, dass ihre Bücherschätze in meine Hände gelangen.

Längst hat sich das Reich der Fantasie vor mir verschlossen. Ich werde immer unruhiger, warte auf den Transport, will heraus aus der Isolierung, der Einzelhaft, versuche mir den Aufenthalt im Strafvollzug vorzustellen. Es zermürbt mich, in das Nichts hinein zu warten. Der Mangel an Information missachtet meine Würde.

In dieser Zeit beginnt die innere Ablösung von dem Land, in dem ich geboren bin. Bisher habe ich nur aus Gründen der Vernunft darauf bestanden, nach Westdeutschland ausgewiesen zu werden, und auch meine Entscheidung für die Flucht war vom Verstand gesteuert. Gefühlsmäßig blieb ich meinem Land verbunden – wie könnte es auch anders sein? Es ist das Land der Kindheit, die Heimat. In der endlos langen Zeit des Wartens, abgeschnitten von jeglicher Nachricht, ohne jede Möglichkeit, Fragen zu stellen und Antworten zu erhalten, werden meine Wurzeln ausgerissen. Die Empfindung, einmal in der DDR zu Hause gewesen zu sein, kommt mir abhanden, und ich verliere meine Heimat für immer.

Ich denke viel nach über meinen Vater und versuche zu begreifen, warum er zu mir steht. Wie ist das möglich? Seit meiner frühesten Kindheit kenne ich ihn als überzeugten Kommunisten. Hat mein Fluchtversuch ihm den Vorhang vor den Augen weggezogen und ihn zu neuen Erkenntnissen geführt? Oder hat sich die innere Umkehr schon seit langem angebahnt, ohne dass er mich in sein Vertrauen zog? Ich weiß nur wenig über ihn, obwohl er mir von allen am nächsten steht. Wie konnte ich ihn so falsch einschätzen? Ausgerechnet dem Menschen, der liebevoll um Verständnis rang, mich Toleranz lehrte und niemals gegenüber seinen Kindern Verbote aussprach, habe ich zugetraut, dass er sich von mir abwendet. Wie bin ich nur darauf gekommen? Für mich war es die logische Konsequenz seiner politischen Einstellung. Ich war überzeugt, ein Kommunist müsse so handeln. Für ihn aber sind menschliche Bindungen offenbar mehr wert als kalte Ideologie.

Tage, Wochen gehen dahin. Einen Tag vor Weihnachten wird die Tür aufgerissen: »Bettzeug! Waschzeug! Raus, mitkommen!«

Ich erschrecke, obwohl ich diesen Augenblick ersehnt habe. Aus Angst vor dem Unbekannten beginne ich zu zittern und fühle mich gleichzeitig wie erlöst. Endlich geht es los. Die Zeit des Wartens ist vorbei.

Der Wächter schickt mich den Gang entlang. Eine Tür wird aufgeschlossen, und ich stehe wieder in einer Zelle. Zwei Inhaftierte sind schon da. Ich lege mein Bündel ab, begrüße sie und erkundige mich, ob sie wissen, wohin wir transportiert werden. Sie staunen: »Transport? Hat man uns nichts von gesagt. Wohin denn?«

»Na, in den Strafvollzug.«

»Nee, kann nicht sein, wir sind ja noch gar nicht verurteilt.«

»Ich schon …« Entschlossen drücke ich den Notknopf. Die Klappe wird geöffnet. »Was is'n los?«

»Wann werde ich in den Strafvollzug gebracht?«

»Keine Ahnung. Sie bleiben da!« Klappe zu.

Ich lasse mich auf das Bett fallen, schluchze verzweifelt, heule, schreie und kann mich lange nicht beruhigen. Zum ersten Mal, seit ich eingesperrt bin, verliere ich die Beherrschung und weine. Die Frauen beugen sich über mich und versuchen mich zu beruhigen. »Warum willst du denn unbedingt in den Strafvollzug?«, fragt mich die eine. »Das ist ja paradox! Du bist im Knast und heulst, um in einen anderen zu kommen?«

»Ach, ich bin schon so lange allein. Im August kam ich rein, im November bin ich verurteilt worden, jetzt ist Weihnachten, und ich sitze immer noch in U-Haft. Ich weiß einfach nicht, was los ist.«

»Mach dir keine Gedanken, wird halt nichts frei sein. Die Gefängnisse sind doch alle überfüllt. Und das ist sicher kein Zuckerschlecken dort. Sei froh, dass du hier bist. Na, nur Mut, bei uns bist du gut aufgehoben.« Tröstend nimmt mich Elfriede in ihre weichen Arme.

Uschi, eine schlanke Frau mit kurzen, blonden Haaren, die am Ansatz schon dunkel nachwachsen, sagt forsch: »Jetzt bestelle ich für dich erst mal einen Malzkaffee, etwas anderes bekommt man hier ja leider nicht. Der wird dir gut tun.«

Ich blicke erstaunt auf: »Bestellen?« Sie lacht und drückt auf den Knopf. Die Klappe öffnet sich. »Einen Becher Malzkaffee, aber heiß! Wir haben einen Schwächeanfall«, befiehlt sie energisch.

Zwei Monate lang werde ich die Zelle mit Uschi und Elfriede teilen. Mit ihnen ist es anders als mit Margarete und Christine, an die ich mit Schrecken zurückdenke. Trotzdem fällt mir das Zusammenleben schwer – auf so engem Raum ohne Intimsphäre. Wir lernen, durch Weggucken den Abstand zu wahren und trotz nächster Nähe nicht zu sehen, wenn sich die andere wäscht oder auf dem Klo sitzt.

Ich freue mich, dass ich nun wieder drei Bücher pro Woche lesen kann. Meinen Zellengefährtinnen zuliebe breche ich meinen Schwur und spiele »Mensch ärgere dich nicht«. Nur dreimal hintereinander, bitte ich. Da der Tag aber lang ist, wenn man 16 Stunden nichts zu tun hat, lasse ich mich auch zu mehr überreden. Zunächst haben wir uns viel zu erzählen. Elfriede ist 50 Jahre alt und hat vier Kinder. Ihrem ältesten Sohn ist die Flucht in den Westen gelungen. »Aus Rache haben sie mich eingesperrt«, sagt sie.

»Das geht doch nicht, bei aller Willkür nicht«, widerspreche ich.

»Na ja, bei der Vernehmung habe ich mich verraten«, erklärt Elfriede. »Sie haben aus mir rausgequetscht, dass ich gewusst habe, was mein Ältester vorhatte. Weil ich ihn nicht angezeigt habe, krieg ich mindestens ein Jahr, hat der Vernehmer gesagt. Was mag in diesen kranken Köpfen vorgehen, von mir zu verlangen, mein eigenes Kind anzuzeigen? An meine anderen Kinder darf ich gar nicht denken, sonst krieg ich das große Heulen. Die Kleinste ist erst elf, mein Mann muss sich nun um alles allein kümmern.«

Elfriede tröstet es, dass wir an ihrem Schicksal Anteil nehmen, ihren Schmerz über die Trennung von der Familie mittragen und den Hass teilen gegen diejenigen, die ihr das antun. »Wenn ich wenigstens wüsste, wie es meinem Mann und den Kindern draußen geht, wär mir schon viel geholfen, aber nee, kein Brief, keine Zeile, nichts erfährt man hier drinnen.«

Uschi überrascht mich mit der Behauptung, sie sei Münchnerin.

»Was, aus München! Wie kommst du denn in den Ostknast?«

»Weil ich versucht habe, eine Frau im Kofferraum über die Grenze zu schmuggeln.«

»Eine Freundin von dir?«

»Nein, die kannte ich gar nicht. Ich sollte das für eine Organisation tun und dachte, da kannst du etwas Geld verdienen und tust noch ein gutes Werk.«

»Was für eine Organisation?«

»Eine Fluchthilfeorganisation. Davon gibt's jede Menge bei uns. Die verdienen nicht schlecht, dafür musst du einige Tausender hinblättern. Das meiste Geld stecken natürlich die Bosse ein. Die Schleuser aber, so arme Teufel wie ich, die ihren Kopf hinhalten und im Knast landen, wenn es schief geht, die bekommen am wenigsten.«

Uschi wirkt auf mich irgendwie dynamischer, als ich es von meinen Landsleuten gewohnt bin. Im Moment ist sie nicht verheiratet. »Aber mit einem Kerl lebe ich schon zusammen. Wenn der nicht wartet, kann er sein blaues Wunder erleben, dann kracht's gewaltig!« Mit ihren 38 Jahren sieht sie jung und hübsch aus, wenn sie lacht, aber meist liegt ein Netz von Falten über ihrem Gesicht, und man erkennt, dass sie für ihr Alter ziemlich verbraucht und abgearbeitet ist. »Manchmal habe ich fünf Jobs gleichzeitig«, erzählt sie mit Stolz in der Stimme.

»Jobs?«

»Na, Arbeit, meist putze ich, am liebsten Büros, da kannst du in Ruhe werkeln, in Privathaushalten ist das eine andere Sache.«

»Warum denn so viele Arbeitsstellen nebeneinander?«

»Du bist gut, um durchzukommen und sich mal was Besonderes zu leisten. Gutes Parfüm zum Beispiel, eine Perlenkette oder einen Pelzmantel, den wünsche ich mir schon lange. Ich wollte ihn vom Schleusergeld kaufen, na, was nicht ist, kann ja noch werden.«

»Und dafür arbeitest du wie verrückt und gönnst dir nichts?«

»Ich sagte ja gerade, um mir was zu leisten, deswegen jobbe ich so viel.«

»Wenn du auf fünf Arbeitsstellen täglich putzt, bleibt dir gar keine Zeit, um das Leben zu genießen.«

»Schätzchen, so ist das Leben. Komm erst mal rüber, da werden dir die Augen übergehen. Du wirst so vieles sehen, was du dir kaufen möchtest, dass du auch mehrere Jobs annimmst. Ihr tut mir Leid, hier im Osten, alles Grau in Grau, ihr lebt ja hinterm Mond, ihr Armen, und wisst gar nicht, was es alles Schönes gibt auf der Welt.«

Weihnachten wird vom Gefängnisalltag verschluckt. Wir erwarten nichts Großartiges, nur etwas Gutes zu essen. Die mollige Elfriede wünscht sich Pfefferkuchen, ein Stück Stollen oder – daran wagt sie kaum zu denken – Schokolade!

Nichts von alledem. Einfach nur nichts. Graues Brot wie immer, einen Klecks Vierfruchtmarmelade und am Abend eine Ecke Schmelzkäse. Nicht einmal eine Salzgurke.

Uschi hat wenigstens auf eine Kerze mit Fichtenzweigen gehofft. Vergeblich. Weihnachten im Gefängnis, das ist ein Tag wie jeder andere.

»Diese Unmenschen!«, flucht Uschi.

Elfriede ist sicher: »Das machen sie, um uns zu quälen.«

Das glaube ich nicht: »Wir sind denen völlig egal. Für die existieren wir nicht als Menschen. Mit uns hat das nichts zu tun. Für die ist Weihnachten ein bürgerliches Fest, das sowieso nicht in ihren ideologischen Kram passt.«

»Ich wette«, sagt Elfriede, »die widerlichen Vernehmer und Aufseher, dieses Pack sitzt jetzt zu Hause unterm Tannenbaum und singt Weihnachtslieder.«

»Da kannst du Recht haben«, stimme ich ihr bei und muss lachen über den ganzen Irrsinn. »Die sind vermutlich genauso schizophren wie fast alle in der DDR. Nach außen mimen sie den linientreuen Genossen, und zu Hause mit Frau und Kind zelebrieren sie die heile bürgerliche Welt.«

Am 7. Januar wird mir Privatkleidung in die Zelle gebracht. Ich ziehe den ausgebeulten Trainingsanzug aus, streife mein blaues Kleid über und werde zum Bezirksgericht Halle gefahren. Staatsanwalt Toman hat Revision gegen das Urteil des Kreisgerichts eingelegt. Sein Antrag wird nun vor dem Bezirksgericht verhandelt, wobei das Wort »verhandeln« reiner Hohn ist. In Wirklichkeit werden Paragraphen abgespult und vorgefertigte Statements verlesen. Oberrichter Galuschka fungiert als Vorsitzender. Zwei Richterinnen sind als Beisitzer bestellt: Frau Skorubski und Frau Richter, des weiteren als Staatsanwältin Frau Manneck und die Justizprotokollantin Frau Switalla. Neben dem Vorsitzenden alles Frauen. Sie strahlen eine Kälte aus, die mich frieren lässt. Zwischen dem Fall, den sie an ihren Paragraphen aufhängen, und mir, dem Menschen, der vor ihnen sitzt und um den es eigentlich gehen sollte, versuchen sie gar nicht erst eine Beziehung herzustellen. Die erstarrten Figuren da oben am Richtertisch sind wie aus der Retorte; wie aus einem Mund fällen sie ihr Urteil: »Die vom Kreisgericht ausgesprochenen strafrechtlichen Maßnahmen werden dem hohen Grad der Gesellschaftsgefährlichkeit nicht gerecht. Da beide Angeklagten ihr Vorhaben mit immenser Tatintensität verwirklichten und ihre verbrecherische Handlung intensiv durchsetzten, kommt Absatz 2 des § 213 StGB zur Geltung, was das Kreisgericht nicht beachtete. Deshalb wird dieses Urteil aufgehoben und die Sache insoweit zur erneuten Verhandlung und Entscheidung an das Kreisgericht zurückverwiesen.«

Ein Irrsinn – wegen der verfluchten vier Monate muss ich jetzt zurück in die Untersuchungshaft und auf den nächsten Termin warten. Mir wäre es lieber gewesen, das Bezirksgericht hätte mir die »Zugabe« sofort gegeben.

Also hatte ich doch Recht mit meiner Einschätzung. Einen Spielraum gibt es nicht, die Gerichte sind Marionetten der Stasi, immer und in jedem Fall. Warum nur hat sich das Gericht von Weißenfels zunächst darüber hinweggesetzt? Haben sie die Instruktionen der Stasi falsch gedeutet? Oder mit Absicht so entschieden? Ich werde es nie erfahren.

Als ich am 13. Februar erneut in den Saal des Kreisgerichts geführt werde, ist die Atmosphäre vollkommen verändert. Kein Publikum mehr. Richter und Schöffen sind die gleichen Personen wie bei der ersten Verhandlung, doch sie sind erstarrt zu Statuen mit versteinerten Gesichtern. Auf mich wirken sie wie begossene Pudel mit eingezogenen Schwänzen. Es gelingt mir nicht einmal, den Blick der Schöffin Paul aufzufangen, die damals so mitfühlend schien. Sie weicht mir aus und verbirgt ihre Gefühle hinter einer Maske.

Richter Warden übt Selbstkritik: »Obwohl die Bewertung der Tatschwere als ein Verbrechen angesehen wurde, hat sich das Kreisgericht bei der Strafbemessung und somit bei der Abweichung vom Antrag der Anklagevertretung von subjektiven Erwägungen, die das Persönlichkeitsbild der Angeklagten betreffen, leiten lassen. Richtig ist, wie das Bezirksgericht in seiner Entscheidung betont, dass es in erster Linie auf die hohe Tatintensität ankommt. Aufgrund verbindlicher Weisung durch das Bezirksgericht hat das Kreisgericht jetzt die positiven Eigenschaften der Angeklagten bei der Bewertung in den Hintergrund treten lassen und auf das vom Staatsanwalt geforderte Strafmaß erkannt. Das Gericht ist der Auffassung, dass mit dieser Entscheidung der Weisung des Bezirksgerichts Halle Rechnung getragen wurde. Diese Entscheidung war erforderlich, um beide Angeklagten künftig zur Einhaltung der sozialistischen Gesetzlichkeit zu erziehen. Im Namen des Volkes! Ich verurteile demnach die Angeklagte zu zwei Jahren und acht Monaten Haft.«

Putze bei der Stasi

Ein halbes Jahr nach meiner Festnahme habe ich die drei Gerichtsverhandlungen endlich überstanden. Nie hätte ich gedacht, dass der Prozess, bei einem unkomplizierten Fall wie dem meinen, so lange dauern könnte.

»Sie können sich jetzt bewähren. Bei guter Führung haben Sie Aussicht, eher entlassen zu werden«, wird mir eröffnet. In der Kleiderkammer erhalte ich einen vom vielen Waschen ausgebleichten bläulichen Rock, eine grau-weiße Bluse und eine Schürze sowie Leder- und Hausschuhe.

Zurück in meine Zelle, um mich von Elfriede und Uschi zu verabschieden, darf ich nicht. »Wir waren doch zwei Monate zusammen, ich möchte wenigstens Auf Wiedersehen sagen!«

»Nee, dazu haben wir keene Zeit.«

»Meine Zahnbürste ist noch in der Zelle.«

»Da kriegense ne neue.«

Mich von meinen Zellengenossinnen nicht verabschieden zu dürfen, kann ich kaum ertragen. Heute Morgen haben sie mir noch

Mut gemacht, und wir waren davon ausgegangen, dass wir uns am Abend wiedersehen. Wir sind keine echten Freundinnen. Draußen wären wir uns nicht nahe gekommen, aber hier drinnen hat uns das gemeinsame Schicksal zusammengeschweißt. Wir haben alles geteilt: Verzweiflung und Angst, Wut und Hass, Hoffnung und die schreiende Sehnsucht freizukommen. Brach eine zusammen, haben die anderen sie aufgefangen. Sie wusste dann, sie durfte jetzt schwach sein, sich fallen lassen hinein in ein Tränental. Die Gefährtinnen würden statt ihrer stark sein, sie geduldig tragen, ihr mitfühlend die Tränen trocknen und sie langsam wieder an die Oberfläche geleiten. Wir konnten uns aufeinander verlassen, wie bei einer Wippe: Wenn eine unten war, wuchs in den zwei anderen die Kraft, der momentan Schwachen ihre Stärke zu spenden.

Ich sehe Elfriede und Uschi in der Zelle sitzen und auf mich warten. Wenn ich bis zum Abend nicht zurück bin, werden sie erkennen, dass ich nie mehr wiederkomme. Dennoch werden sie sich weiter an die Hoffnung klammern, sich einreden: Wer weiß, was passiert ist, vielleicht dauert die Verhandlung länger, morgen oder übermorgen kehrt sie sicher zurück.

Nach und nach begreife ich erst, was meine neue Aufgabe ist: Putzfrau bei der Stasi. Der Wärter führt mich im U-Haft-Gebäude viele Stockwerke hinauf und öffnet eine Tür. Lange kann ich nicht einordnen, was ich sehe und wo ich bin. Ein weiträumiger, wohnlich eingerichteter Saal mit Fenstern, zwar vergittert, aber mit Glasscheiben, durch die helles Licht fällt. Längs steht ein langer Tisch mit Stühlen: offenbar der Esstisch. Da sind aber auch Sitzecken mit Stehlampen, Sesseln und Tischchen, Regale mit Büchern und Spielen – nicht nur »Mensch ärgere dich nicht«.

In einem zweiten Raum, dem Schlafsaal, blicke ich auf ordentliche Matratzen, sauberes Bettzeug und Schränke für persönliche Sachen. Im Waschraum hängt über jedem Waschbecken ein Spiegel, etwas Besonderes für Gefangene wie mich, die ein halbes Jahr in keinen blicken konnten; und zum Duschen muss ich nicht mehr auf den Freitag warten.

15 Frauen bewohnen dieses obere Stockwerk. Sie sind gekleidet wie ich: bläulicher Rock, Bluse, Schürze und bequeme Hausschuhe. In ihrer Freizeit können sie sich beschäftigen, womit sie wollen: schlafen, lesen, schreiben, spielen, stricken, häkeln. Diese Räume sind ihr Reich, in dem sie sich frei und unkontrolliert bewegen können, fast so, als sei man nicht im Gefängnis.

Die Frauen sind nicht jung, schätzungsweise um die 40. Über ihre Delikte bewahren sie Stillschweigen. Sie tun so, als seien sie nur zufällig eingesperrt, aus Versehen, eines dummen Fehlers wegen, den sie schnellstens ausbügeln wollen. Deshalb ihr vorbildliches Verhalten, die gute Führung, das Befolgen aller Anweisungen, fleißiges Arbeiten, Ruhe und Ordnung. Vor allem Ordnung ist ein wichtiger Maßstab, um wieder als vollwertiger Mensch anerkannt zu werden. Keine dieser Frauen will als Verbrecherin, als Kriminelle gelten. Ordnung, so glauben sie, öffnet die Tür nach draußen. Deshalb klammern sie sich verbissen daran und giften einander an, sobald eine von ihnen nachlässig wird. Bücher dürfen nicht einfach so ins Regal zurückgestellt werden, sondern der Größe nach sortiert, Spiele sind auf Kante zu stapeln, und Sofakissen ohne Delle in der Mitte sind unvorstellbar. Ordnung ist auch beim Bettenbau das oberste Prinzip. Das Keilkissen muss umgedreht und die Decken müssen nach einem komplizierten Muster gefaltet werden. Mir gelingt es nicht gleich. Ich müsste mir Mühe geben, was ich aber nicht will, denn ich verfolge eine andere Absicht: Ich will beweisen, dass ich nicht umerziehbar bin und mich nicht mehr in die Gesellschaft einordnen lasse. Was nützten mir die Monate, die ich bei »guter Führung« früher entlassen würde, nur um weiter in der DDR eingesperrt zu sein? Mit meinem Kampf kann ich nicht erst außerhalb der Gefängnismauern beginnen. In den Beurteilungen darf nichts Positives über mich stehen. Die Stasi soll zu der Überzeugung kommen, dass ich ein ganz und gar unnützes Mitglied der Gesellschaft bin, nur dazu gut, dem Klassenfeind im Westen aufgebürdet zu werden. Dabei muss ich geschickt vorgehen und mein Verhalten gut ausbalancieren. Wenn ich übertreibe, verweigern sie mir erst recht die Ausreise, um sich zu rächen. Ich richte mich auf einen zähen Kampf ein, den ich wahrscheinlich nach meiner Entlassung weiterführen muss. Aber im Gefängnis werde ich das Fundament errichten. Ich muss erst lernen, mich renitent zu verhalten, denn vor meiner Verhaftung war ich ein friedfertiger und angepasster Mensch. Meine Taktik werde ich zunächst gegenüber den Frauen ausprobieren.

Die Vorsteherin stellt mich wegen meines unordentlichen Bettes zur Rede. In forschem Ton sage ich ihr ins Gesicht: »Ich bin eine Republikflüchtige, und solange ich in diesem Staat leben muss, werde ich nie mehr ein Bett ordentlich machen.«

Meine Entschlossenheit schüchtert sie ein, und sie erkennt, dass sie gegen mich kein Druckmittel besitzt. Wortlos dreht sie das Keilkissen in die gewünschte Lage, klopft scharfe Kanten und zieht die Bettwäsche stramm.

Obwohl ich mich noch immer im Untersuchungsgefängnis befinde, gibt es plötzlich üppig zu essen, und es schmeckt mir sogar. Zum Frühstück leckere Marmelade, Honig, Käse und Wurst. Mittags keine wässrigen Krautsuppen mehr, sondern köstliche Gerichte mit Nachspeise und nachmittags Kuchen und echten Bohnenkaffee. Uschi würde sich freuen, wenn ich ihr welchen bringen könnte. Oft hat sie gesagt: »Was gäbe ich für eine Tasse richtigen Kaffee!« Und Elfriede, sie verzehrte sich nach Süßigkeiten. Ein Stück Kuchen könnte sie für einen Moment in einen glücklichen Menschen verwandeln.

Vier von 15 Frauen arbeiten in der Küche. Sie also kochen das miese Essen für die Gefangenen und daneben ein schmackhaftes für die Mitarbeiter der Staatssicherheit und sich selbst. Am Abend bringen sie mit, was in der Küche übrig geblieben ist: Schüsseln voller Quarkspeise, Obstsalat, Käse und Wurst. Ausgehungert und abgemagert, schlemme ich wie die Made im Speck. Ich spreche mit derjenigen von den vieren, die am wenigsten verbiestert aussieht, bitte sie, den Gefangenen auch von dem Überfluss abzugeben, und schildere ihr, wie sehr ich gehungert habe, wie gern ich wenigstens eine Scheibe Brot mehr gegessen hätte. Doch sie antwortet, das sei verboten und das Essen werde vom Wachpersonal kontrolliert und ausgeteilt.

Die Vorsteherin schickt mich zur Arbeit in die Nähstube. Beim Ein- und Ausschließen sehe ich mir das Wachpersonal genau an, wozu ich während der U-Haft kaum Gelegenheit hatte. Immer musste ich, die Hände auf dem Rücken, vor ihnen hermarschieren. Auffallend ist der veränderte Ton. Während wir Politischen von den Wächtern mit Befehlen traktiert und wie Verbrecher behandelt werden, gehen sie mit den wirklich Kriminellen höflich um. Da heißt es: »Bitte! Danke! Geruhsame Nacht! Schönes Wochenende, bis Montag!«

Belustigt erkenne ich, wie sehr sich die eingesperrten Frauen und die Wachtmeisterinnen vom Typ her ähneln. Diese Ähnlichkeit, verbunden mit dem freundlichen Umgangston, erinnert an eine Gefängnisaufführung mit Laienschauspielern.

Nachdem ich ein halbes Jahr in Untätigkeit verharren musste, macht es mir eigentlich Spaß, wieder tätig zu sein, richtig zu arbeiten. Aber ich halte es für unter meiner Würde, alte Stasi-Klamotten aufzutrennen, den getrockneten Schweiß einzuatmen, den Staub zu schlucken. So schlendere ich durch den Saal, beobachte die Frauen bei der Arbeit, studiere ihre Gesichter, überlege, was sie verbrochen haben könnten, und betrachte mich provozierend im großen Spiegel an der Wand. Die Frauen schauen meinem Treiben schweigend zu. Inzwischen weiß jede, warum ich hier bin, und keine will sich mit mir anlegen.

Am nächsten Tag werde ich zum Putzdienst eingeteilt. Wahrscheinlich konnten die Frauen in der Nähstube mein herausforderndes Verhalten nicht ertragen und wollten mich los sein. Genau das ist mein Plan. Ich muss für alle zu einem unnützen Element werden.

In der Putzbrigade fühle ich mich am richtigen Platz. Eine unterhaltsame »Arbeit«: Ich gehe von Raum zu Raum und versuche herauszufinden, wo ich von Oberleutnant Wedde verhört wurde. Seitdem ich ihm die Geschichte von Ernst Thälmann auftischte, habe ich ihn nicht mehr gesehen.

Mein Augenmerk gilt den Papierkörben, leider sind sie immer leer. Doch ich gebe die Hoffnung nicht auf. Vielleicht vergisst ein Vernehmer irgendwann ein zerknülltes Papier. Es ist verlockend, bei den Schnüfflern zu schnüffeln. Ich untersuche die Schreibtische, probiere, ob sich Fächer öffnen lassen, kontrolliere Regale und steige auf Stühle, um oben auf den Schränken nachzusehen. Immer vergeblich, für mich trotzdem ein reizvolles Spiel.

Die Putzbrigade muss sich abgesprochen haben. Stets werde ich als Erste mit Staubtuch, Eimer, Besen, Schrubber in einen Raum geschickt und verbringe meine Zeit mit Herumlungern. Mir folgt dann eine Frau, die ordentlich putzt. Wenn ich alle Räume inspiziert habe, sage ich der Putzbrigadeleiterin, ich würde jetzt die Treppe wischen. Die Treppe führt nach draußen, deswegen fange ich, der Putzlogik zum Hohn, mit der untersten Stufe an und kann im Freien die Februarsonne genießen.

Als privilegierte Gefangene dürfen wir uns in der freien Zeit und am Wochenende stundenlang in einem Innenhof an der frischen Luft aufhalten und Federball spielen. Die Frontseite des Gefängnisses mit den vergitterten Fenstern kann ich vom Innenhof aus nicht einsehen. Während ich auf die Brandmauern blicke, wandern meine Gedanken zu Elfriede und Uschi, die hinter diesen Mauern in ihrer Zelle hocken. Wenn sie wüssten, dass ich noch immer in ihrer

Nähe bin! Es schmerzt mich, dass ich sie nicht sehen kann und ihnen nichts vom Überfluss an Essen abgeben darf.

An Jürgen denke ich nur selten; vermutlich ist er bereits im Strafvollzug. Bei den Gerichtsterminen hatte er mich kaum wahrgenommen. Wenn er mich anblickte, konnte ich seinen Augen keine Botschaft entnehmen. Er neidete mir meine kürzere Haftzeit und drängte vor Gericht auf Gleichbehandlung. Damit befinde er sich im Irrtum, klärte ihn der Richter auf, denn bei ihm komme, im Unterschied zu mir, die unbefugte Benutzung des Fahrzeugs hinzu, die bei losgelöster Betrachtung mit einer Freiheitsstrafe von einem Jahr hätte bestraft werden können. Er sei also mit den zehn Monaten Aufschlag gut bedient.

Ein Neuzugang wird uns vorgestellt: Rita. Endlich eine junge Frau, freue ich mich, denn Rita ist gerade 18 Jahre alt. Sie ist klein wie ich, aber viel zarter, elfengleich. Mit einem Gesicht, weiß wie Porzellan, umrahmt von schwarzen Haaren, ähnelt sie der Sängerin Mireille Mathieu. Ich fühle mich gleich zu ihr hingezogen. Während ich noch überlege, wie ich sie ansprechen könnte, fragt sie mich: »Bist du auch RF?«

»Was ist das, RF?«

»Mensch, weißt du das denn nicht? Republikflüchtling natürlich. Die anderen behaupten, du bist RF.«

»Ja, das bin ich. Du auch?«

»Dann sind wir schon zwei«, stellt Rita erleichtert fest. »Warum willste denn unbedingt zurück in unser gelobtes Land?«

»Das will ich doch gar nicht!«

»Dann bist du hier absolut falsch. Das ist nämlich der Bewährungsknast. Von dieser Insel der Seligen kommst du nie nach drüben. Du musst dich in den wirklichen Knast einweisen lassen.«

»Woher weißt du das?«

»Na, weil ich zuerst rübermachen wollte. Da wäre ich nach Hoheneck gekommen und von dort nach der Hälfte der Zeit in den

Westen abgeschoben worden. Ich habe aber meinen Antrag zurückgezogen, weil auf meinen Freund kein Verlass ist und ich mich nicht allein in den Westen traue. Außerdem liegt meine Mutter im Krankenhaus und hat Krebs. Ich kann sie jetzt nicht im Stich lassen, das würde ich mir nie verzeihen.«

»Warum haben sie mich bloß hier reingesteckt?«, sinniere ich laut. »Von der ersten Vernehmung an habe ich gebetsmühlenartig wiederholt, dass ich mich von meinen Zielen nicht abbringen lasse.«

»Was hat dir denn der Vogel geraten?«

»Was denn für ein Vogel?«

»Du kennst Rechtsanwalt Vogel nicht? Nun ist mir alles klar! Ohne den Vogel hast du keine Chance. Der organisiert doch den Häftlingsaustausch!«

»Wie bist du denn mit diesem Rechtsanwalt in Kontakt gekommen?«

»Ich habe ihn halt beauftragt. Er vertritt doch alle Politischen, ist sogar vom Oberbonzen Honecker offiziell beauftragt, RFler nach drüben zu verschachern.«

Was ich von der kleinen Rita erfahre, ist so ungeheuerlich, dass ich es nicht glaube. »Das kann nicht sein, Rita! Überleg mal, die im Westen haben genug Menschen, und viele sind arbeitslos, warum sollten sie sich für ihr gutes Geld noch mehr Menschen einhandeln? Leute aus dem Knast! Nee, das ist mir zu fantastisch.«

»Glaub mir, oder lass es bleiben.«

»Angenommen, es stimmt, warum weiß ich nichts davon?«

»Tja, du hättest dich eben informieren müssen. An die große Glocke hängt der Honecker seinen Menschenhandel natürlich nicht, aber in den Westmedien wird ständig darüber berichtet.«

Einen Fernseher hatte ich noch nie besessen, und zu Hause bei meinen Eltern konnte man kein Westfernsehen empfangen. An Zeitungen aus dem Westen kam ich erst recht nicht heran, und ich hatte auch nie Kontakt zu oppositionellen Gruppen, wusste nicht einmal, dass es solche gibt. So kam es, dass ich von westlicher Information bisher völlig abgeschnitten war. Der Vernehmer hat meine Unerfahrenheit ausgenutzt und mir weisgemacht, ich könne erst nach Verbüßung der Strafe meine Ausreise beantragen.

Nach dem Gespräch mit Rita schreibe ich an die Stasi und verlange einen sofortigen Gesprächstermin mit Rechtsanwalt Vogel und ein Ausreiseformular. Nichts geschieht. Eine Woche vergeht. Ich denke gerade über ein zweites Schreiben in verschärftem Ton nach, da werde ich am 5. März mitten in der »Arbeit« abgeholt. Von Rita, die in der Küchenbrigade eingesetzt ist, kann ich mich nicht mehr verabschieden.

Mit Handschellen zum Bahnhof

Wieder weiß ich nicht, wohin sie mich bringen. Eine wahnwitzige Hoffnung flammt auf: Vielleicht werde ich abgeschoben? Nein, unmöglich! Schnell lösche ich den irrlichternden Funken. Ich darf mich nicht an falsche Erwartungen klammern, sonst stürze ich umso tiefer.

Der Absturz ist trotzdem unvermeidlich. Zu gut ging es mir während der letzten Wochen bei der Putzbrigade. Fast hätte ich vergessen, eingesperrt zu sein. Obwohl ich alles versucht habe, von dort wegzukommen, jetzt, wo es so weit ist, breitet sich in mir die angstvolle Gewissheit aus, dass mir das Schlimmste noch bevorstehen könnte.

»Wo bin ich hier?«, frage ich, als man mich in einen Raum führt und mir befiehlt, mich auszuziehen.

»U-Haft Halle.«

»Aber da war ich ja die ganze Zeit!«

»Nee, das war die Staatssicherheit – hier biste in der allgemeinen U-Haft. Mach schon! Ausziehen!«

Nachdem ich die Kleidung abgelegt habe, muss ich mit gegrätschten Beinen Kniebeugen machen, damit überprüft werden kann, dass ich nichts in meinen Körperöffnungen verborgen habe. »Was sucht ihr, eine Feile vielleicht, die Gitter aufzusägen, oder was?«, frage ich erbost.

»Nu mal mit der Ruhe, wir tun nur unsere Pflicht!«

Der Ton ist hier ein anderer als in der Stasi-Untersuchungshaft. Dort war er menschenverachtend, feindlich, als sei ich ein gefährliches Ungeziefer, das man besser totschlagen sollte. Hier ist er ruppig, aber zugleich besänftigend, als könnte sich der Gefangene jeden Augenblick in einen gewalttätigen Irren verwandeln. Ja, das ist es – ich erinnere mich an einen Film, der in einer Irrenanstalt spielte. Die Schwestern und Ärzte sprachen mit den Verrückten genau in diesem Tonfall.

»Wir müssen dich jetzt rasieren«, sagt eine Wärterin, »wegen der Filzläuse.«

»Nein! Ich habe doch gar keine Läuse!«

»Eben, wir müssen verhindern, dass du welche kriegst, denn hier wimmelt es von Filzläusen. Also mach uns keine Geschichten, es tut nicht weh!«

Seit meiner Verhaftung habe ich mich darauf eingestellt, dass sie meine langen Haare abschneiden. Aber sie scheren mir nicht den Kopf, sie entblößen mich zwischen den Beinen. Es sieht drollig aus, das bleiche Semmelchen, wie vor der Pubertät.

Dann stecken sie mich in eine Zelle mit zwei Frauen, einer 60-Jährigen, die mit ihren weißen Haaren älter erscheint, und einer kaum 15-Jährigen, die aussieht wie ein Kind. Die junge Gefangene ist offensichtlich verhaltensgestört. Sie hat die Knie dicht an den Körper gezogen, hält sie mit den Armen umfangen, schaukelt hin und her, verdreht die Augen bis zum weißen Augapfel und schreit immer wieder unartikuliert. Von Zeit zu Zeit springt sie auf und trommelt mit den Fäusten gegen die Zellentür. Die ältere Frau spricht dann beruhigend auf sie ein, streichelt sie besänftigend und führt sie zu ihrem Platz zurück. Um die Kleine abzulenken, singt sie ihr Lieder vor oder erzählt Geschichten.

»Warum seid ihr hier?«, will ich wissen.

»Ach, furchtbar!«, schluchzt die Ältere. »Ich bin völlig zu Unrecht im Gefängnis. In einer Fabrik hab ich als Näherin gearbeitet, da hab ich ab und zu Stoffreste mit nach Hause genommen, nur kleine Stücke, die nicht mehr verwertbar waren und sowieso in den Abfall gewandert wären.«

Während in der Stasi-U-Haft gespenstische Stille herrschte, geht es in dieser allgemeinen U-Haft zu wie in einem Tollhaus. Gefangene schlagen gegen die Türen, Wärter brüllen, Geschrei hallt von Zelle zu Zelle, Radau brandet durch die Gänge und verebbt nur selten. In unserer Zelle herrscht Unordnung. Bücher liegen herum, aufgeschlagen, mit Eselsohren und herausgerissenen Seiten. Spiele sind auf den Boden gefallen. Auch achtet niemand darauf, ob die Betten ordentlich gemacht sind, und um 17 Uhr darf man sich schon hinlegen.

Die alte Frau wird zum Verhör geholt. Allein mit der Verhaltensgestörten fühle ich mich unwohl. Die Weißhaarige wusste, wie sie mit ihr umgehen musste, und hatte eine mütterliche Beziehung zu der kindlichen Gefangenen. Ich hoffe, sie wird nicht durchdrehen, und verschanze mich hinter einem Buch, kann mich aber aufs Lesen nur schwer konzentrieren.

Plötzlich sagt die Kleine, die ich bis dahin nur schreien und wimmern gehört habe, mit normaler Stimme: »Sie hat ihren Mann mit dem Ofenhaken erschlagen!«

»Wer?«

»Die Alte!« Den Kopf zwischen ihren Armen halb verborgen, lugt sie hervor und prüft, wie die Mitteilung auf mich wirkt. In ihren Augen meine ich ein tückisches Glitzern zu erkennen. Warum verleumdet sie die Frau, die sich voller Mitleid um sie kümmert? Ist sie eifersüchtig und erzählt mir nun ein Schauermärchen, weil sie Angst hat, ihre Wohltäterin an mich zu verlieren?

»Sie hat dich belogen«, unterbricht das Mädchen meine Überlegungen. »Stoffe hat sie nicht geklaut, das ist eine Lüge. Du bist dumm, wenn du ihr glaubst. In Wirklichkeit ist sie eine Mörderin!«

Ich staune, wie geschickt die Verhaltensgestörte argumentiert und wie klar sie spricht.

»Ich höre mir gern deine Geschichten an. Erzähl mir doch ein bisschen von dir, oder willst du lieber mich ausfragen?«

Das Mädchen reagiert nicht auf mein Angebot. Sie verbirgt ihren Kopf zwischen den Armen, schließt sich ein, wie eine Auster in ihren Schalen, und schaukelt, vor und zurück, immer vor und zurück.

Acht Tage teile ich die Zelle mit den beiden Frauen, dann werde ich mitten in der Nacht aus dem Schlaf gerissen.

»Rauskommen! Transport!«

»Wohin denn?«

»Wirste schon sehen!«

Es ist der 13. März. Erstmals werden mir Handschellen angelegt. Dann werde ich gefesselt in die grüne Minna gestoßen. Drinnen sitzen ebenfalls gefesselte Frauen, und ich beruhige mich etwas, wenigstens bin ich nicht allein. Die Fahrt ist kurz. Am Bahnhof Halle steigen wir aus. Zu Fuß geht es weiter. Von Schäferhunden umstellt und von bewaffneten Uniformierten bewacht, werden wir durch unterirdische Gänge getrieben. Obwohl ich den Bahnhof von Halle gut zu kennen meinte, hatte ich von diesem Labyrinth unter der Erde keine Ahnung. Schließlich tauchen wir wieder an der Oberfläche auf und befinden uns weit außerhalb des überdachten Bahnhofs am äußersten Rand eines Bahnsteigs. Dort müssen wir uns zusammenstellen und warten, umringt von Soldaten mit Maschinenpistolen. Jede Bewegung von uns Frauen wird von den Schäferhunden scharf beäugt.

Ein fahler Schimmer erhellt den Himmel, färbt ihn rötlich, und die Sonne erhebt sich als glühender Ball über dem Horizont. Lange ist es her, dass ich sie das letzte Mal sah. Es war im August, als sie über den Wellen der Ostsee tanzte. Sieben Monate meines Lebens habe ich jetzt schon im Gefängnis eingebüßt, und noch zwei Jahre und ein Monat stehen mir bevor.

Den Reisenden fällt unsere seltsame Gruppe auf. Neugierig kommen sie näher und werden von den Wächtern mit Gebrüll vertrieben. Verängstigt ziehen sie sich zurück.

Dann fährt der Zug langsam ein. Der letzte Waggon könnte der Gepäckwagen sein, ist in Wirklichkeit aber für uns Häftlinge bestimmt. Erst als wir alle drin und die Türen verschlossen sind, werden unsere Handschellen abgenommen.

Dann beginnt das gegenseitige Fragen. Zuallererst: »Warum bist du eingesperrt?«

Die Antwort lautet bei allen: RF.

»Mensch, fantastisch, dann sind wir ja unter uns, alles Politische!«, jubelt eine. Lachen. Wir umarmen einander. Das erste Mal seit vielen Monaten lässt die Anspannung nach. Wir freuen uns, das Schicksal mit anderen zu teilen. Die Monate der Einzelhaft haben alle gezeichnet, und jede hatte heillose Angst vor dem Strafvollzug und dem Zusammengesperrtsein mit Kriminellen. Nun atmen wir erleichtert auf. Wenn wir mehrere sind, müsste die Haftzeit eigentlich zu ertragen sein.

Gespenster auf Burg Hoheneck

Das Städtchen Stollberg schmiegt sich malerisch in den Talgrund. Hoch über dem Ort, auf einem Berg, thront die Burg Hoheneck. Ein adliges Fräulein verliebte sich hier einstmals in einen Mönch. Zur Strafe musste es als Gespenst im weißen, langen Gewand spuken. Manchmal erschien auch der Mönch, mit weit übers Gesicht fallender Kapuze und rasselndem Schlüsselbund.

Die alten Sagen erscheinen amüsant, wenn man sie mit den wahren Geschichten aus neuerer Zeit vergleicht. Seit 1863 wird das modrige Gemäuer als Gefängnis genutzt, zuerst als königlich-sächsisches Weiberzuchthaus, später durch Erweiterungsbauten als Strafanstalt für Männer. Während der Weimarer Republik waren es die »Roten Bergleute« aus dem Oelsnitzer Steinkohlenrevier, in der Zeit des Nationalsozialismus die Widerstandskämpfer und nach 1945 Verurteilte der Sowjetischen Besatzungszone, die hier eingekerkert wurden. Jetzt sind in Hoheneck weibliche Häftlinge mit Strafen über zwei Jahre inhaftiert: asoziale Frauen – so genannte arbeitsscheue Elemente und Frauen, die gestohlen, geraubt, randaliert oder unterschlagen haben. Wirtschaftsverbrecherinnen, Mörderinnen, KZ-Aufseherinnen, die zu lebenslänglich verurteilt wurden. Und eben wir, die Republikflüchtigen.

Ursprünglich war Hoheneck einmal für 230 Gefangene konzipiert, während meiner Zeit ist die Haftanstalt mit mehr als 1500 Frauen voll gepfercht. Es herrschen katastrophale Zustände. Dass ein Gefängnis wie dieses in der DDR existiert, habe ich nicht für möglich gehalten.

Sie soll malerisch aussehen, diese Burg im Erzgebirge. Von außen habe ich sie allerdings nie gesehen. Mir reichte der Aufenthalt im Inneren ihrer grauenhaften Mauern.

Zwei Tage und eine Nacht dauerte die Zugfahrt, die sich zu einem Ringtransport ausdehnte. Von den Haftanstalten überall im Land sind die Häftlinge eingesammelt worden. Mit sieben Frauen war ich zusammengepfercht in einer Mini-Zelle. Wir hockten auf Wandklappstühlen, konnten uns kaum bewegen und nicht sehen, wohin wir fuhren. Die Fenster waren mit weißer Ölfarbe von außen überstrichen und die Türen verschlossen. Bei einem Zugunglück hätten wir uns nicht retten können. Die Luft war stickig und heiß, lüften war nicht möglich. Wir litten Durst und Hunger; ohne Verpflegung hatte man uns auf Transport geschickt. Wer aufs Klo musste, tat gut daran, zeitig mit Klopfen zu beginnen. Selten kam Wachpersonal vorbei, um uns zur Toilette rauszulassen.

Oft stand der Waggon lange irgendwo auf Abstellgleisen. Wir hörten, wie er abgekoppelt und später wieder angehängt wurde, verloren das Zeitgefühl, wussten nicht, ob es Tag oder Nacht war. Nur einmal während der zweitägigen Fahrt, die kein Ende zu nehmen schien, durften wir den Zug verlassen. Es war Nacht. Wir wurden in eine Halle geführt, erhielten zu trinken und dünn mit Margarine bestrichene Stullen. Die erste Mahlzeit seit unserer Abfahrt.

Zurück in den Zug. Weiter ging die für uns unsichtbare Fahrt durch ein namenloses Land, eine Reise, die uns immer weiter fortführte von der realen Welt, zu dem Ort, wo unser Schicksal geschmiedet wird, zu einer Prüfung, die über unsere Zukunft und unser Leben entscheiden wird.

Am Bahnhof Stollberg werden wir ausgeladen, steigen in einen fensterlosen Transporter. Wieder dürfen wir nicht sehen, wohin sie uns bringen, immer das klaustrophobe Erlebnis, wie ein Entführungsopfer willkürlich irgendwohin verfrachtet zu werden.

Beim Aussteigen erblicke ich einen viereckigen, weiträumigen Hof, der auf allen Seiten von Fassaden mit vergitterten Fenstern eingeschlossen ist. Zum Betrachten bleibt keine Zeit. Mit barschen Kommandos jagt man uns im Eilschritt zur Einkleidungskammer. Röcke, Jacken, Strumpfhaltergürtel und dicke, braune Oma-Strümpfe, unförmige Stillbrusthalter, Unterhosen, die bis in die Kniekehlen hängen und mehrfach gestopft sind, werden uns hingeworfen, ohne Rücksicht auf die Größe und Statur der einzelnen Frauen. »Tauscht untereinander, bis alles passt«, erhalten wir als Antwort auf unseren Protest. Ich erkenne in dem filzigen, dunkelblauen Stoff die Uniformen wieder, die ich bei der Stasi auftrennen sollte. Der Rock schlabbert mir um die Hüften und reicht bis zu den Knöcheln. Ähnlich verhält es sich mit der alten Uniformjacke. Ich sehe aus wie eine Vogelscheuche. Egal, ich will mich nicht um besseres Aussehen bemühen.

Bevor wir die Gefängniskleidung anziehen, müssen wir zum Waschen. Der Weg zum Duschraum führt durch einen höhlenartigen Gang mit Deckenwölbung und Rohren, aus denen es zischt und pfeift; überall leckt das verrostete Metall. Dampf strömt aus, und Wasser tropft. Schließlich erreichen wir einen spärlich beleuchteten Keller, wo wir uns entkleiden. Dahinter liegt der Raum mit den Duschen. Die Hähne sind abgeschraubt. Wir blicken nach oben zu den Düsen. Eine Ängstliche flüstert: »Hoffentlich kommt da auch wirklich nur Wasser heraus …« Heftig gebieten ihr die anderen zu schweigen: »Sei still! Mach niemandem Angst, es ist so schon schlimm genug!«

Nackt und frierend stehen wir da, schlingen die Arme um den Oberkörper. Nur vom Vorraum fällt ein Lichtschimmer in den Raum, der einem Verlies gleicht. Ohne Vorwarnung prasselt Wasser herab. Es ist heiß. Erschrocken springen wir zurück. Dampf hüllt uns ein. Mit den Fingerspitzen tasten wir uns an den Schwall heran und prüfen die Temperatur, bis wir wagen, uns darunter zu stellen. Zum Waschen haben wir Kernseife erhalten. Meine Haare kleben und jucken; zu lange konnte ich sie nicht waschen. Noch rubble ich mit der Seife auf dem Kopf herum, als das Wasser schon wieder abgestellt wird. Auch andere stehen mit eingeseiften Köpfen da. So laut wir auch schreien, niemand hört uns, jedenfalls wird das Wasser nicht mehr angestellt. Die Seife müssen wir mit kaltem Wasser im Verwahrraum auswaschen, in den wir schließlich geführt werden.

Verwahrraum – eine treffende Bezeichnung für eine Zelle mit acht Dreietagenbetten für 24 Frauen, ohne Möglichkeit, sich einen persönlichen Bereich zu schaffen. Zwischen den Stockbetten ist ein halber Meter Platz, um in die Liegen zu gelangen. Des Lichts wegen klettere ich gleich in die oberste Etage. Die Decke ist so nah, dass ich sie im Sitzen mit dem Kopf berühre. Über mir hängt eine Glühbirne, die auch tagsüber Licht spenden muss, denn die Fenster sind mit Glasbausteinen doppelt vermauert. Nur hier oben reicht das spärliche Licht der 40-Watt-Birne zum Lesen, in den Betten darunter ist es viel zu dunkel.

Der Raum ist in der Länge gänzlich mit Betten ausgefüllt. Neben der Tür stehen offene Regale für unsere Wäsche. Wir haben keinen Tisch und keine Stühle; für solche Möbel wäre auch gar kein Platz. Trotzdem dürfen wir uns nur zur genehmigten Schlafenszeit in den Betten aufhalten. Wollten wir diese Anordnung befolgen, müssten alle Frauen dicht gedrängt zusammenstehen. Die Bewacher wissen, dass wir keine andere Wahl haben, als in den Betten zu liegen. Sie verlangen aber, dass wir aufgereiht stehen, sobald sie die Tür öffnen. Hören wir die Schlüssel rasseln, können wir keinen Gedanken an den »spukenden Mönch« verschwenden. Wie die Kaninchen springen wir aus den Betten, was bei drei Stockwerken einem artistischen Kunststück gleichkommt. Von rechts und links hüpfen, hopsen, purzeln je sechs Frauen in den halben Meter breiten Spalt zwischen den Betten, hasten zum Gang an der Tür, drängeln, schubsen, stoßen, um sich einzureihen. Die eine streift dabei noch ihren Rock über, die andere knöpft die Jacke zu, denn die Kleidung soll auch noch tadellos sitzen. In der Zeitspanne, die die Wachmeisterin zum Aufschließen benötigt, müssen es 24 Frauen schaffen strammzustehen. Es gibt Bewacher, die lassen vom ersten Knirschen des Schlüssels bis zum Zurückschieben der Riegel genügend Zeit verstreichen. Andere beeilen sich absichtlich, zeigen uns dann Briefe von Angehörigen und höhnen: »Die hätte ich euch gern ausgehändigt, das kann ich nun leider nicht, denn ihr habt euch wieder in den Betten gesielt.«

Die Gefängniswärterinnen bezeichnen sich selbst als »Erzieherinnen«. Wir nennen sie »Wachteln«. Den Namen haben wir Neuankömmlinge von den Alteingesessenen übernommen. Anreden müssen wir sie aber mit dem Dienstgrad, dabei strammstehen und uns selbst als Strafgefangene betiteln. Schon in der U-Haft brachte ich keine exakte Meldung zustande, auch im Strafvollzug überlasse ich das Melden den anderen. Wenn ich ein Anliegen habe, bitte ich die Verwahrraumälteste, es für mich bei den Wachteln vorzutragen.

Wir müssen in drei Schichten arbeiten – Früh-, Tages- und Nachtschicht –, mit wöchentlichem Wechsel von einer Schicht zur anderen. In drei verschiedenen Arbeitsbereichen sind wir eingesetzt. Ich werde zu »Esda« abkommandiert, wo Strumpfhosen gefertigt werden. In »Planet« nähen die Strafgefangenen Bettwäsche, und bei »Elmo« wird Kupferdraht auf Elektrospulen gewickelt. Zu den Fabrikhallen werden wir durch unterirdische Gänge geführt.

Starr vor Schreck stehe ich in der Strumpfhosenfertigungshalle von Esda. Ohrenbetäubender Lärm brandet mir entgegen – die dröhnenden Geräusche von 50 Nähmaschinen. Mit gebeugtem Rücken sitzt an jeder Maschine eine Strafgefangene und näht zwei Beinlinge mit einem Zwickel zur Strumpfhose zusammen. Die Maschinen ähneln nur entfernt einer Nähmaschine. Scharfe rotierende Messer hacken das überstehende Gewebe ab, gebogene Nadeln verketteln die Nähte, und die Motoren der Maschinen schlagen und hämmern wie ein Traktor. Staub wirbelt durch die Luft und setzt sich in der Lunge fest. Mehr als Staub und Krach erschüttert mich der Anblick der Gefangenen. In drei Längsreihen füllen sie die Halle, rhythmisch beugen sie sich hin und her, vor und zurück, drehen den Stoff, greifen nach neuen Beinlingen, werfen die fertige Strumpfhose in einen Korb. Sie arbeiten hastig, die Augen immer auf die sich emsig rührenden Hände gerichtet. Das Bild treibt mir Tränen des Mitgefühls in die Augen. Gekrümmte Rücken, gehetzt, ohne aufzublicken: Galeerensträflinge. Fort! Weg! Fliehen! Raus aus dieser lärmenden, staubigen Halle, nicht länger diese entwürdigten Menschen sehen – nicht eine von ihnen werden.

Die 50 Strafgefangenen einer Schicht werden von vier so genannten zivilen Lenkungskräften beaufsichtigt. Frau Anger, die Leiterin, weist mich an der Maschine ein. Auf meine Bitte um Gehörschutz entgegnet sie: »Da gewöhnse sich dran, wie alle.«

Sie zeigt mir, wo ich mit dem Zusammennähen beginnen muss, wie der Zwickel eingesetzt wird und wie die Nähte verlaufen müssen, und sie nennt mir die Anzahl Strumpfhosen, die ich in einer Schicht schaffen muss. So viele, dass ich erschrecke. Jetzt weiß ich, warum die Frauen blindlings arbeiten. Nur wer das Soll erfüllt, bekommt Post von den Angehörigen, darf sich hin und wieder ein Paket schicken lassen und kann im Gefängnisladen einkaufen. Vor allem die Raucher sind auf diesen Einkauf angewiesen, außerdem müssen wir uns mit Seife und Zahnpasta selbst versorgen, und manchmal kann man im Laden auch Quark, Äpfel oder Zwiebeln kaufen, eine wichtige Ergänzung zu der ungesunden Gefängniskost, die fast nur aus Kohlenhydraten besteht: vor allem Zucker in großen Mengen, Vierfruchtmarmelade, Kartoffeln, Kraut und Brot.

Wir Republikflüchtigen sind in der Minderheit; selten mehr als vier, teilen wir mit mindestens 20 Kriminellen den Verwahrraum. Sie mögen uns nicht, denn wir fühlen uns unschuldig und lassen sie das merken.

»Unschuldslämmer wollt ihr sein? Ha, dass ich nicht lache! Verbrecher seid ihr, und zwar größere als wir«, wütet eine Kriminelle, »nämlich Verräter, pfui Teufel! Ich habe nur ein paar Kleinigkeiten mitgehen lassen, das ist nichts im Vergleich zu eurer Tat. Eure Strafe ist viel zu milde. An die Wand müsste man euch stellen, wie früher.«

Derart hasserfüllte Worte sind selten, meist herrscht eisige Distanz zwischen uns. Das liegt nicht allein an der Art der Delikte und der Frage, ob unschuldig oder nicht, sondern an dem sozialen Unterschied. Bei den RFlern handelt es sich um die Bildungselite des Landes, unter ihnen viele Ärztinnen oder die Ehefrauen von Akademikern. Ganze Familien sitzen ein, die Männer und Söhne in Bautzen oder Cottbus, die Frauen mit ihren Töchtern in Hoheneck. Alle rechnen fest damit, vom Westen freigekauft zu werden. Sie erzählen die gleiche Geschichte, die ich von Rita gehört habe: nämlich von Rechtsanwalt Vogel und dem staatlich organisierten Verkauf der Gefangenen gegen harte Devisen. Ich glaubte Rita nicht. Trotzdem schrieb ich in Halle meinen Protestbrief an die Stasi, und sei es nur, um meine »Unerziehbarkeit« zu demonstrieren, und weil ich nicht in einem Strafvollzug bleiben wollte, der sich als Schlaraffenland entpuppte, in dem Gefangene wie ihre eigenen Bewacher aussehen. In Hoheneck, wo sich alle voller Hoffnung an den Freikauf klammern wie an ein Heilsversprechen, bin ich mir sicher, es handelt sich um eine typische Knastpsychose. Es liegt auf der Hand – was ersehnt ein Gefangener mehr, als den Gittern zu entfliehen? Die Kriminellen, von uns Krimis genannt, schwafeln andauernd von Amnestie, anlässlich des Jahrestags der Gründung der DDR oder anderer staatlicher Feiertage, und die RFler glauben an den mysteriösen Rechtsanwalt Doktor Vogel.

Als wir zur Freistunde im Hof unsere Kreise ziehen, zeigt eine, die schon seit Monaten in Hoheneck einsitzt, hinauf zu einem Fenster im Verwaltungstrakt und flüstert aufgeregt: »Die Milchflasche steht draußen. Bald ist es wieder so weit, sie bereiten den nächsten Transport in den Westen vor.«

Zwischen Mitleid und Ärger schwankend platze ich heraus: »Wie kannst du nur so dummes Zeug reden? Das ist abgrundtiefer Aberglaube, du bist ja krank!«

Sie achtet kaum auf meine Worte, zittert vor Freude: »Die Milch ist das Zeichen! Bisher standen jedes Mal Flaschen draußen auf dem Fensterbrett.«

»Quatsch! Bei der Gefängnisverwaltung interessiert sich kein Mensch für uns, die geben uns doch keine versteckten Hinweise!«

»Dort oben ist nicht die Verwaltung – nein, die Stasi«, raunt mir die Frau zu.

»Na, noch schlimmer! Die Stasi sendet ihren Feinden geheime Botschaften der Hoffnung! Du bist ja irre!« Kaum kann ich mich halten vor Lachen.

»Warte ab, bald wirst du nicht mehr lachen.«

Drei Tage später, während der Arbeit, werden die Namen von zehn RFlern aufgerufen, keine einzige Kriminelle ist darunter. »Fertigmachen zum Transport«, lautet der Befehl. Das Wort »Transport« hallt durch den Fabriksaal, elektrisiert uns. Alle Maschinen stehen still. Wohin der Transport geht, wird nicht gesagt, alle scheinen es ohnehin zu wissen: nach Westen! Die Augen der Aufseherinnen, die den Westtransport missbilligen, verraten es unfreiwillig. Schlagartig sind meine Zweifel beseitigt. Es ist unglaublich, aber es stimmt: Die Bundesrepublik kauft uns frei! Ich kann mir nicht erklären, warum sie das tut. Aber sie tut es!

Die zehn Frauen waren schon lange in Hoheneck; wir beiden Neuankömmlinge, Martina und ich, bleiben als einzige RFler unserer Schicht übrig. Die Krimis werfen uns böse Blicke zu. Eine sagt: »Freut euch nicht zu früh, der Westen ist schlimmer als der Knast. Ihr werdet euch noch zurückwünschen.« Verbissen stürzen sie sich in die Arbeit. Durch Erfüllung der Norm können sie Pluspunkte sammeln, um vielleicht eher rauszukommen.

Martina hat mit einer der auf »Transport« geschickten Frauen ein Code-Wort vereinbart. Sollte sie tatsächlich in den Westen kommen, wird sie Martinas Eltern schreiben und diese bitten, das Wort »Sonnenblume« in einem Brief an Martina zu benutzen. Kurze Zeit später erhält Martina Post. Atemlos lesen wir: »Die Sonnenblumen machen uns dieses Jahr besondere Freude, so prächtig haben sie noch nie geblüht.«

Da Martinas Eltern keinen Garten haben, bedeutet das für uns neue Hoffnung. Martina ist wie ich 25 Jahre alt und kommt aus Leipzig. Sie ist Kunsterzieherin. Für ein von ihr angestrebtes Studium an der Hochschule für Grafik und Buchkunst erhielt sie keine Zulassung. Jetzt hofft sie, im Westen doch noch ihr Ziel zu erreichen.

Aber der eigentliche Grund für den Fluchtversuch ist ihr Freund aus Bayern. Sie haben sich in Ungarn kennen gelernt. Martina muss lachen, wenn sie an die erste Begegnung denkt: »Meine Freundin und ich saßen im Café, als zwei Männer an unseren Tisch traten. Sie versuchten in holprigem Englisch mit uns ins Gespräch zu kommen. Sie hielten uns nämlich für Ungarinnen. Wir spielten ein wenig mit, doch dann entschlüpfte mir ein deutsches Wort, und Sepp rief überrascht: ›Ja mei, des san ja Deitsche‹. Wir verbrachten dann den restlichen Urlaub gemeinsam.«

Wieder zu Hause, wechselten Briefe hin und her. Ihnen war nicht bewusst, dass die Staatssicherheit ihre Post öffnete und mitlas. Sie trafen sich wieder in Ungarn, und Martina verstand sich immer besser mit dem »Klassenfeind«. Die beiden hatten zunächst überlegt, ihr gemeinsames Leben im Osten aufzubauen. Aber das hätte für Martina das Ende der beruflichen Laufbahn, Schikanen und Eingrenzungen bedeutet, denn mit einem Mann aus dem imperialistischen Ausland durfte eine sozialistische Lehrerin keine

Verbindung eingehen. Als Ausweg blieb deshalb nur die Flucht. Sepp nahm Kontakt zu einer Fluchthelfer-Organisation auf, und das Schicksal nahm seinen Lauf.

»Es war gegen Mitternacht, ich versteckte mich hinter einem Gebüsch an der Autobahn Richtung Berlin und wartete auf ein Auto mit Berliner Kennzeichen«, beginnt Martina die Erzählung ihrer gescheiterten Flucht. »Die Leute von der Organisation hatten mir genaue Anweisungen gegeben. Meine Nerven waren zum Zerreißen gespannt. Da bremste ein Auto am Seitenstreifen. Ich sprang auf, rannte zu dem Wagen, sah eine Frau, die den Kofferraum öffnete, und stürzte mich hinein. Die Fahrt schien endlos, ich zitterte am ganzen Körper, fühlte mich hilflos ausgeliefert. Dann wurde das Auto langsamer. Wir näherten uns der Grenze. Es waren Gesprächsfetzen zu hören, die Fahrerin sprach mit den Grenzposten. Hundegebell drang an meine Ohren, dann Winseln und Kratzen am Kofferraum. Plötzlich fuhr das Auto wieder an. Für einen Moment durchzuckte mich ein Hoffnungsschimmer. Doch kurze Zeit später war die Fahrt schon wieder zu Ende. Jemand riss die Heckklappe auf. Als ich von Scheinwerfern geblendet herauskroch, richteten Soldaten ihre Maschinenpistolen auf mich.«

Martina bricht ihre Erzählung ab, zu stark sind ihre Erinnerungen. Sie sagt nur noch: »Und in Westberlin wartete Sepp vergebens auf mich. Er flog allein nach München zurück.«

Martina darf ihrem Freund aus dem Gefängnis nicht schreiben, das wird von den DDR-Behörden strikt unterbunden. Doch ihre Eltern und Sepp finden eine Form, die Kontrollen zu umgehen. Martina zieht unter dem Keilkissen einen Briefbogen hervor, von den Eltern beschrieben und mit Sepps Zeichnung am Briefkopf. Der Hase auf Skiern trägt die Gesichtszüge des Freundes. Wir versuchen die Zeichnung zu entschlüsseln. Sie muss eine tiefere Bedeutung haben. »Vielleicht bin ich Ostern frei und rutsche in den Westen?«, hofft Martina.

Im Gefängnis werden Martina und ich zu Freundinnen. Wir führen heiße Debatten. Nie zuvor habe ich mit jemandem so anregend streiten und diskutieren können wie mit ihr. Sie ist witzig, schlagfertig und lässt sich nicht von Hass zerfressen wie viele andere RFler. Mich beeindrucken ihr klarer Verstand und ihre differenzierten Ansichten. Für sie ist der Westen nicht das gelobte Land, und beide fürchten wir uns vor dem, was uns dort an Unbekanntem erwarten wird.

Das Liebeslied des Salomo

Die Norm zu erfüllen bedeutet acht Stunden Arbeit ohne aufzublicken. Der Gang zur Toilette ist ein Zeitverlust, den man kaum aufholen kann. Bei nur drei Klos für 50 Frauen muss man auch noch anstehen. Nach einigen Wochen schaffe ich die geforderte Anzahl Strumpfhosen und darf, neben meiner elterlichen, eine zweite Postadresse wählen. Ich schreibe an Jürgen und erhalte seinen ersten Brief ausgehändigt, den er bereits vor drei Monaten an mich gesandt hat. Vor Aufregung tanzen mir die Buchstaben vor den Augen. Nur langsam gelingt es mir, die eng beschriebenen Zeilen zu entziffern, und noch länger dauert es, bis ich den Inhalt begreife. Jürgen hat das »Hohelied des Salomo« aus dem Alten Testament abgeschrieben, ein glühendes Liebesgedicht mit beeindruckenden Metaphern, aber warum? Immer wieder studiere ich den Text, um eine geheime Nachricht zu entschlüsseln. Halte den Brief gegen das Licht; sind vielleicht einzelne Buchstaben mit einer Nadel angestochen? Nein. Gibt es einen Zahlencode? Oder ungewöhnliche Buchstaben und Wörter? Mir fällt nichts auf. Ich denke nach, versuche mich an Tricks zu erinnen, die ich in Kriminalromanen gelesen habe. Vergebens. Warum nur schickt Jürgen mir das Lied des Salomo? Seine Gefühle für mich hätte er mit eigenen Worten ausdrücken können, denn es ist nicht verboten, über Liebe zu schreiben. Warum also der Bibeltext? Warum versteckt er sich hinter den Worten Salomos? Für mich ist das Anmaßung und zugleich Schwäche. Glaubt er etwa, mich mit einem gestohlenen Liebesgeständnis beeindrucken zu können?

»Mensch, du bist zu streng«, rügt mich Martina. »Der Junge ist unsicher; er hat dich so lange nicht gesehen und noch nie einen Brief von dir erhalten. Siehst du, hier steht, er hat schon fünfmal an dich geschrieben, ohne Antwort zu bekommen. Außerdem lesen die Wachteln unsere Post, da wollte er sich vor denen nicht so offenbaren. Nun lächle ihn in Gedanken an und schreib ihm was Nettes.«

Zweimal am Tag, morgens und abends, müssen sich die Häftlinge in ihren Verwahrräumen zum Appell aufreihen und militärisch durchzählen, jede ruft laut die Zahl entsprechend ihrer Stellung in der Reihe. Wir RFler nennen öfter eine falsche, als Protest gegen die militärische Pflichtübung. Die Krimis nehmen an unserem Versagen Anstoß. »Nicht mal zählen können sie, aber angeben, dass sie studiert haben!«, giften sie, während die Wachtel stoisch die Zählung von vorn beginnen lässt.

Bei einem dieser Zähltermine wird mir mitgeteilt, dass ich Besuch bekomme. Ich werde in einen Raum geführt und sehe – meine Mutter. Seit der Gerichtsverhandlung im November sind sieben Monate vergangen. Obwohl jedem Häftling alle drei Monate ein Besuchsrecht zusteht, im Gefängnisjargon der »Sprecher«, haben sie mich ohne Angabe von Gründen warten lassen, vermutlich weil ich anfangs die Arbeitsnorm nicht erfüllt habe.

Mutter mustert mich liebevoll und besorgt. »Du siehst aber blass aus, meine Große; darfst du gar nicht an die frische Luft?«

»Fragen zum Strafvollzug sind verboten!«, bellt die Aufseherin dazwischen.

»Doch, Mutti, jeden Tag, aber wo ist Vati?«

»Er wartet draußen und sendet dir liebe Grüße. Es darf immer nur einer rein. Wir wechseln uns ab. Beim nächsten Mal, in drei Monaten, besucht er dich.«

»Wie geht es meinen Geschwistern?«

»Sie lassen dich grüßen. Marlis studiert, sie macht bald ihren Facharzt. Ingo hat seine Zulassung zum Studium in der Tasche, vorher muss er noch zur Armee, und Holger ist ein großer Junge geworden, er ist jetzt 13 und macht sich gut in der Schule. Bei Vati vertritt er dich und geht mit ihm schon zur Jagd. Holger ist mit Leidenschaft dabei und wird bestimmt einmal ein guter Jäger.«

»Hat niemand meinetwegen Schwierigkeiten? Läuft alles so weiter wie vorher? Von meinen Mitgefangenen weiß ich, dass die Angehörigen mit abgestraft werden.«

»Bei uns nicht, mach dir keine Sorgen.«

»Mutti, nehmt bitte Kontakt zu Rechtsanwalt Vogel in Berlin auf. Nur er kann mir helfen.«

Die Wachtel schreitet ein. Der »Sprecher« werde abgebrochen, wenn wir Themen bereden, die mit der Straftat zu tun haben. Meinen Einwand, dass mir ein Rechtsanwalt zustehe, würgt sie ab, ich sei bereits verurteilt, da würde ich keinen Anwalt mehr brauchen.

»Lass gut sein«, sagt meine Mutter. »Wir tun alles für dich, keine Angst, wir haben schon einiges in Gang gesetzt.«

Alle drei bis vier Wochen gehen Transporte von Republikflüchtlingen in den Westen, und immer steht wenige Tage zuvor eine Flasche Milch auf dem Fensterbrett.

Im Gefängnis sind wir von allen Medien abgeschnitten, haben keine Zeitungen, kein Fernsehen, kein Radio. Wie Verstorbene hausen wir in einer zeitlosen, ewig gleichen Unterwelt. Die Welt draußen ist unerreichbar für uns, deshalb sind Neuankömmlinge wie Boten. Ihnen haftet noch der Duft von Sonne, Licht und Freiheit an; sie haben vor kurzem noch gelebt wie normale Menschen. Gierig stürzen wir uns auf jede Neue, umarmen sie, müssen sie berühren und uns so vergewissern, dass die Welt außerhalb des Gefängnisses noch existiert.

Der ständige Wechsel von Häftlingen macht die Belegung der Arbeitsschichten zum Problem. Mal sind es zu wenige Neuzugänge, dann wieder zu viele Abgänger in den Westen. Die Folge sind ständige Umschichtungen. Eines Tages wird Martina von »Esda« zu »Planet« gesteckt, wo sie Bettwäsche nähen muss. Den Trennungsschmerz dämpfen wir durch den Austausch von Kassibern. Auf dem Gang zur Arbeit oder zum Essen schieben wir Zettelchen unter der Türritze der Zellen hindurch. Auch beim Rundgang im Hof, wo Gefangene aus verschiedenen Verwahrräumen zusammenkommen, gelingt es uns meist, trotz strenger Überwachung, Botschaften auszutauschen, und einmal im Monat sehen wir uns im Essensraum beim Schichtwechsel.

Der Speisesaal ist eine Art Keller, gekachelt wie ein Schlachthaus. An Holztischen und schmalen Bänken sitzen wir mit abgehärmten, bleichen Gesichtern. Gehetzt vom Gebrüll der Wachteln schlingen wir das Essen hinunter, fast immer widerliche Krautsuppen oder schwarzfleckige Kartoffeln und vergammeltes Fleisch. Wir bekommen das Schlechteste vom Schlechten, auch verdorbene Nahrungsmittel mutet man uns zu, von denen viele krank werden.

Nur selten gelingt es Martina und mir, beim Essen einige Worte zu wechseln, denn die Wachteln achten streng darauf, dass die Frauen verschiedener Schichten nicht miteinander in Kontakt treten. Ein Blick, ein Lächeln, ein Kopfnicken, dann wissen wir, die andere ist noch da, und wir tanken voneinander Kraft zum Durchhalten. Längst ist abgemacht: Unsere Freundschaft soll den Knast überdauern.

Martinas Bett bleibt nur eine Nacht leer, dann kommt Petra. Wie ein zerrupftes Hühnchen steht sie mit ihrem Bündel im Raum. Die RFler, die sie bedrängen und mit Fragen bestürmen, stößt sie ängstlich zurück. »Was wollt ihr von mir? Ich weiß nichts. Lasst mich in Ruhe!« Sie verkriecht sich ins Bett und zieht sich die Decke über den Kopf. Ich liege im Bett neben ihr. Langsam beginnt sie mir zu vertrauen. Petra ist erleichtert, als sie hört, dass ich keine Kriminelle bin und dass im Raum noch vier Republikflüchtlinge sind. Bei ihr ging es ruck, zuck: Verhaftung, Verhör, Verurteilung, alles in knapp drei Monaten, dann der mehrtägige Ringtransport, bei dem sie mit Kriminellen im Abteil eingesperrt war, vor denen sie sich fürchtete, und schließlich Burg Hoheneck mit ihrem alten Gemäuer und der grauenerregenden Dusche.

»Ich dachte, sie murksen mich ab«, sagt sie und zittert noch immer.

»Wer?«

»Was weiß ich, die Mörderinnen hier, wer auch immer.«

Petra ist 19 Jahre alt. Sie stammt aus Gotha und hat zuletzt im Marienstift von Arnstadt als Krankenpflegerin gearbeitet. Schnell überwindet sie den anfänglichen Schock und fährt ihre Krallen aus, wie eine Wildkatze. Damit macht sie sich unbeliebt bei Ingrid, Irmgard und Ilona, den Ärztegattinnen, die ihr arrogantes Gehabe selbst im Knast nicht ablegen. Ich ignoriere die hochmütigen Damen, aber Petra stürzt sich mit funkelnden Augen in die Auseinandersetzung. Sie giftet und faucht, doch sie unterliegt. Die anderen sind ihr von Alter und sozialer Stellung überlegen, noch dazu sind diese Frauen engstirnig. Sie erkennen nicht, dass Petra mit ihren wütenden Angriffen eigentlich um Anerkennung, vielleicht auch um Zuneigung ringt.

»Freches Gör! Ein Benehmen ist das! Der fehlt die richtige Erziehung. Sie passt besser zu den Kriminellen! Wer weiß, ob sie überhaupt eine Politische ist«, ereifern sie sich.

»Lass sie reden!«, beruhige ich Petra. »Stör dich nicht dran. Uns mit den hochnäsigen Weibern abzugeben, das haben wir nicht nötig.«

Mir gefällt Petra. Sie ist unbekümmert, sprüht vor Einfällen, traut sich, bissig und ungezogen zu sein – mit einem Wort, sie ist so jung, wie ich nie war. Petra ist schön, aber ich erkenne ihre Schönheit erst allmählich. In manchen Augenblicken scheint sich ihre Seele in ihrem zarten Gesicht zu spiegeln, und Wärme, menschliche Wärme, strömt mir entgegen, als würde ihr Inneres nach außen fließen. Ihr Mund wirkt verletzlich, kann sich öffnen wie eine Wunde und dann wieder sanft lächeln oder sich spitzen wie bei einem pfeifenden Gassenjungen. In wenigen Tagen werden wir ein Gespann. Sie ist dabei die Wortführerin und sprüht vor Ideen. Ich bremse sie nur, wenn sie den Bogen überspannt.

Sechs Jahre bin ich älter als sie, habe unermüdlich gelernt und studiert, trotzdem ist Petra mir an Lebenserfahrung überlegen. Schon früh musste sie sich durchboxen. »In Berlin hab ich Typen kennen gelernt«, vertraut sie mir an. »Du würdest staunen, davon hast du keine Ahnung, da war ich mitten drin in der Szene.« Sie singt mir Lieder vor, und zum ersten Mal höre ich den Namen des Liedermachers – Wolf Biermann.

»Wie kommt es nur, dass du so viel weißt? Was hast du in Berlin gemacht?«

»Ich war immer mit Leuten zusammen, die nicht alles hingenommen haben. In der Kirche habe ich sie kennen gelernt. Schon während meiner Schulzeit war ich in der Jungen Gemeinde, das ist die Jugendorganisation der evangelischen Kirche. Damals hab ich schon unbequeme Fragen im Unterricht gestellt. Zuerst wollte ich ja Lehrerin werden, hatte die Illusion, ich könnte den Keim zum kritischen Denken in den Schülern säen, habe sogar in Leipzig angefangen, Geschichte und Deutsch zu studieren. Für eine Seminararbeit wollte ich in der Bibliothek Werke von Sigmund Freud ausleihen. Denkst du, ich hätte sie bekommen? Der Freud passte denen nicht in den Kram, nur mit Sondererlaubnis vom Prof, hieß es. Da bin ich explodiert, du kennst mich ja, konnte meine Schnodderschnauze mal wieder nicht halten; denen hab ich gründlich die Meinung gegeigt. Prompt bekam ich eine Verwarnung. Da hat mich der Teufel geritten, und ich habe Literatur von Solschenizyn bestellt. Natürlich bin ich von der Uni geflogen.«

»Weil du diese Bücher lesen wolltest, haben sie dich exmatrikuliert?«

»Seine Werke sind voller Sprengkraft. Solschenizyn hat in seinen Büchern die Verbrechen Stalins beschrieben, seine Gulags, wo Millionen Menschen ermordet worden sind. Ich wusste schon, was ich tat, wollte denen einen Grund liefern, mich zu feuern. Mit meinen Ansichten passte ich nicht an die Uni, und als Lehrerin hätte ich nie eine Chance gehabt, den Kindern etwas anderes beizubringen als sozialistischen Einheitsbrei, das habe ich schnell kapiert. Ich freu mich noch heute diebisch, wenn ich mir das blanke Entsetzen auf ihren Gesichtern vorstelle, das hättest du sehen sollen – Solschenizyn! Die wagten nicht mal seinen Namen auszusprechen.«

»Als du dein Studium geopfert hast, war es sicher schwierig, etwas Neues zu finden, oder?«

»Leicht war es gewiss nicht, aber ich hatte immer die Freunde aus der Jungen Gemeinde. Sie haben mir die Arbeit im Marienstift vermittelt. Und nun hatte ich auch viel Freizeit, die ich mit ihnen verbringen konnte. Wir waren eine konspirative Gruppe, sind zusammen nach Berlin gefahren, haben uns dort mit oppositionellen Zellen getroffen und diskutiert. Wir haben auch heiße Musik gehört, die es bei uns nicht gibt, und wild getanzt. Leute aus dem Westen waren dabei, die mit einem Tagesvisum nach Ostberlin gekommen sind und uns mit Material versorgt haben.«

»Was für Material?«

»Na, Bücher, Zeitschriften, Informationen darüber, wie die Wirklichkeit außerhalb der DDR aussieht.«

»Bist du deshalb verhaftet worden?«

»Nein, wir waren vorsichtig. Wir haben nur in unserem Kreis offen geredet. Aktionen außerhalb der Gruppe haben wir nicht gemacht, keine Flugblätter oder so was. Nee, ich wollte weg, mir reichte es, ich hatte die Nase voll. Einer von den Westlern hatte das für mich organisiert, doch dann wurde der Schleuser erwischt. Er fuhr von der Autobahn runter, da haben sie ihn geschnappt, bevor er den Treffpunkt erreichte. Im Verhör hat er alles preisgegeben. Die Namen von allen, die flüchten wollten, auch meinen. Sie sind zu mir nach Hause gekommen und haben mich verhaftet.«

Kinderraub

Beim Rundgang im Hof fällt mir eine Frau auf. Sie hält Abstand zu den anderen, spricht mit niemandem. Ganz in sich versunken, schreitet sie hoheitsvoll im Kreis, als wandle sie durch einen Garten. Ihr Verhalten weckt meine Neugier. Sie ist hochgewachsen, selbst die unvorteilhafte Gefängniskluft wirkt an ihr weniger schäbig. Ihre Haare schimmern nussbraun, und weich fallen sie auf ihre Schultern. Ihr Gesicht strahlt eine ungewöhnliche Ruhe aus, wie eine vom Mond beschienene Landschaft. Unauffällig gehe ich in ihrem Gesicht spazieren, mir gefallen sein Ebenmaß und die hochgewölbten Wangenknochen. Ein Geheimnis scheint diese Frau zu umgeben, etwas Dunkles, Tragisches.

»Wer ist sie?«, erkundige ich mich.

»Ach, die Arme ist schlimm dran. Sie wollen ihr die Kinder wegnehmen.

»Warum? Hat sie ihre Kleinen schlecht behandelt?«

»Wo denkst du hin? Die ganze Familie wollte flüchten. Die Eltern wanderten in den Knast, die zwei Kinder ins Heim. Nun sollen sie adoptiert werden, und der Mutter sagen sie nicht einmal, wer ihre Kinder bekommt. Sie wird sie dann nie wiedersehen.«

Ich schweige. Was ich gehört habe, ist so schrecklich, dass es dafür keine Worte gibt. In Hoheneck habe ich schon viel Schlimmes erfahren, zum Beispiel von einer jungen Frau, die mit ihrem Freund über die Grenze fliehen wollte. Sie trat auf eine Mine, ihr wurden beide Beine abgerissen, der Freund ist tot. Trotz dieses Traumas hat man die Verkrüppelte ins Gefängnis gesperrt.

Einer Mutter die Kinder wegzunehmen, nur weil sie mit ihnen in einem anderen Land ein neues Leben beginnen wollte, ist das Unmenschlichste, was Menschen einander antun können.

Beim Rundgang müssen wir in Dreierreihen marschieren. Eine Wachtel bellt ihre Kommandos: »Links, zwei drei! Links, zwei, drei!«

Obwohl Frauen mehrerer Verwahrräume gleichzeitig Freistunde haben, ist es streng verboten, Kontakt aufzunehmen. Wer es dennoch versucht, bekommt zur Strafe seine Post nicht ausgehändigt, der Einkauf wird gestrichen, oder es droht sogar Arrest. Dennoch gelingt es uns immer wieder, die Wachteln auszutricksen. Wenn eine Aufseherin allein den Rundgang kommandiert, ist es relativ leicht, sich in die Reihen der Frauen aus einer anderen Zelle einzuschmuggeln. Sooft die Wachtel in eine andere Richtung blickt, husche ich einige Reihen rückwärts. Endlich habe ich mein Ziel erreicht. Ob sie sich mit mir unterhalten möchte, frage ich die Frau mit den nussbraunen Haaren. Sie zuckt vor Überraschung zusammen, dann trifft mich ein offener Blick, und sie nickt zustimmend. »Ich war bloß in Gedanken und habe gar nicht gemerkt, wo ich bin. Übrigens – ich heiße Ute.«

Ute und ihr Mann Dieter wollten im Westen ein neues Leben beginnen. »Es war erst ein Plan, noch nichts Konkretes«, erzählt sie. »Eines Morgens, noch vor sechs Uhr, wir schliefen fest, klingelt es. Wir fahren beide aus dem Schlaf hoch. Sind natürlich erschrocken, denken, es ist vielleicht der Schornsteinfeger. Handwerker kommen ja manchmal in aller Herrgottsfrühe. Es war die Stasi! Sie haben uns nur Zeit zum Anziehen gelassen. Es ging alles sehr schnell, ich kam nicht zur Besinnung. Sie haben Dieter mitgenommen, zur Klärung eines Sachverhaltes, wie sie sagten.«

»Was für einen Sachverhalt?«

»Das habe ich auch gefragt und erhielt die Antwort: ›Das sagen wir Ihnen jetzt nicht!‹ Eine Umarmung, ein Kuss – Dieter wurde von zwei Männern abgeführt. Ich wusste nicht, wie ich mich verhalten sollte, denn eine Stasi-Beamtin blieb zu meiner Bewachung da.«

»In deiner Wohnung? Konntest du nichts dagegen tun?«

»Hab ich versucht. Sie fuhr mich an: ›Halten Sie den Mund!‹«

»Und dann?«

»Die Kinder waren durch den Lärm aufgewacht. Bob, mein Vierjähriger, kam im Schlafanzug zu mir gerannt. Ich habe ihn fest an mich gedrückt. Kitty stand in ihrem Gitterbett, streckte die Ärmchen nach mir aus. Ich zog die Kinder an, wir frühstückten, alles in Gegenwart der Stasi-Frau. Wieder klingelte es. Ich war erleichtert, dachte, Dieter komme zurück, aber da standen zwei Männer, die mich abholen wollten, auch wegen Klärung eines Sachverhaltes.«

»Und die Kinder?«

»Ich wollte sie so lange zu den Großeltern bringen, denn ich glaubte, ich wäre bald wieder da. Ich ging also mit den Kindern aus dem Haus. Sie wiesen uns zu einem Auto, ich setzte Bob und Kitty hinein. Als ich einsteigen wollte, riss mich einer der Männer gewaltsam zurück, die Autotür schlug zu, und sie fuhren mit meinen Kindern ohne mich davon. Am Rückfenster sah ich noch die weit aufgerissenen Augen von Bob und Kitty und ihre angstvollen Gesichter.«

»Ungeheuerlich, Ute! Sie haben deine Kinder regelrecht entführt!«

»Sie nahmen mich mit und sperrten mich ein. Die Kinder habe ich seitdem nicht mehr gesehen.«

»Es gibt doch ein Besuchsrecht für Eltern und Kinder.«

»Ha! Nur theoretisch. Sie müssen die Kinder vor unserem verderblichen Einfluss schützen, sagt dieses Pack und wirft uns vor, dass wir ihr Leben bei einer eventuellen Flucht gefährdet hätten.«

»Mensch, Ute, das ist grässlich! Kann man denn gar nichts tun?«

»Kitty und Bob sind bis jetzt noch nicht adoptiert. Jedenfalls waren sie vor drei Wochen noch im Heim, das ist die letzte Nachricht, die ich von ihnen habe. Es kann aber jederzeit passieren, oder es ist schon … nein! Ich kämpfe um sie, ich gebe nicht auf! Niemals! Meine Schwiegereltern besuchen die beiden. Gute Freunde von uns haben den Antrag gestellt, Bob und Kitty bei sich aufzunehmen. Das wäre die Rettung, aber Margot Honecker, diese seelenlose … und so eine ist Volksbildungsministerin –, ich hasse sie! Alle Jugendämter hat sie angewiesen, Kinder von Republikflüchtigen an linientreue Genossen zur Adoption freizugeben. Weißt du, was das heißt? Ich würde meine Kinder nie wiedersehen! Ich wüsste nicht einmal, wo sie sind. Sie wären für immer verschwunden!

»Ach, Ute, das darf nicht passieren!«

Die Knast-Akademie

Seit meinem Gespräch mit Ute ist ein Monat vergangen. Ich habe sie nicht wiedergesehen, denn wir haben nur dann gemeinsame Freistunde, wenn unsere Schicht mit der ihren zusammenfällt.

Wieder geht ein großer Transport in den Westen ab, unmittelbar darauf kommt ein Schub neuer Häftlinge. Ich wundere mich über die vielen Republikflüchtigen. Es ist wie ein mechanischer Prozess, wie eine Fabrikation, mit uns als Produkt, fabriziert im Schraubstock der DDR, zwischengelagert im Knast und gewinnbringend an die Bundesrepublik verkauft. Das Geschäft scheint sich zu lohnen. Wie immer, wenn Profit winkt, werden ständig wachsende Zuwachsraten gefordert. Warum sollte es beim Handel mit Menschen anders sein?

Es hat sich herumgesprochen, dass die Regierung ihre eigenen Bürger über das Gefängnis nach drüben verschachert. Auf anderem Wege aus der DDR herauszukommen wird immer schwieriger. Die illegale Grenzüberquerung ist zunehmend lebensgefährlich. In die Fluchthilfeorganisationen haben sich Spitzel eingeschlichen, und an den Grenzen werden überall Hunde und Durchleuchtungsapparate eingesetzt. Daher wählen viele den Weg über den Knast. Sie malen ein Schild: »Die DDR ist ein Unrechtsstaat – ich will in den Westen«, hängen es sich um den Hals und stellen sich vor einem Regierungsgebäude zur Schau. Prompt werden sie verhaftet und können sich freikaufen lassen.

Hoheneck kann die große Anzahl an Neuzugängen kaum noch fassen. Wir werden ständig verlegt, jetzt schon in eine Zelle mit 32 Frauen. Als Erste entdecke ich Martina! Dann Ute! Und Petra! Meine drei Freundinnen! Alle drei! Kann man sich freuen im Gefängnis! Kann man glücklich sein? Vor Freude kommen mir Tränen.

Zusammen sind wir stark. Und wir machen etwas Sinnvolles aus unserer Gefangenschaft. Wir unterrichten uns gegenseitig, bilden uns weiter, richten einen Debattierclub ein, eine Knast-Akademie, die oben auf den zusammengeschobenen Dreistockbetten tagt, beleuchtet von einer nackten 40-Watt-Glühbirne. Wir entwickeln ein Lehrprogramm. Jede unterrichtet die anderen in ihrem Fachgebiet. Martina bringt uns Kunstgeschichte bei, Petra Literatur und Geschichte, Ute Grafik und Werbung und ich Biologie. Bald bitten weitere Frauen um Aufnahme in unsere Akademie – Physikerinnen, Mathematikerinnen, Optikerinnen, Journalistinnen, aber auch eine Ballett-Tänzerin und eine Geigerin.

Uns gelingt es sogar, im Gefängnis unsere Geburtstage zu feiern. Für das Fest backen wir Knasttorte. Lange vorher sparen wir die Stückchen Margarine, die wir zum Frühstück bekommen, und die Butter, die es nur sonntags gibt, 20 Gramm für jede. In sorgsam ausgewaschenen Seifendosen halten wir sie tagelang im Wasser kühl, bis die Menge für die Torte reicht. Zwieback und altbackenes Weißbrot, durchtränkt mit verflüssigter Marmelade, dienen als Kuchenteig. Unsere Torte wird Schicht um Schicht aufgebaut und fantasievoll verziert. Haben die Angehörigen beim »Sprecher« Apfelsinen und Zitronen mitgebracht, wird unser Kunstwerk zu einer besonderen Köstlichkeit. Sogar mit Wein können wir uns zuprosten; von den Krimis gucken wir uns ab, wie man Alkohol herstellt. Einfach Brot, Vierfruchtmarmelade und Wasser einige Tage gären lassen, und fertig ist der Knastwein.

Für das Geburtstagskind basteln wir heimlich Geschenke, malen Bilder und zeichnen Karikaturen, besticken Unterwäsche, nähen Puppen, schreiben Gedichte und heften sie zu einem Buch. Wenn uns eingefallen ist, was der Freundin gefallen könnte, was zu ihr passt, beginnt das Organisieren der Materialien. Aus Stoffen, die uns Strafgefangene von »Planet« heimlich zustecken, ziehen wir bunte Fäden, und von »Elmo« bekommen wir Kupferdraht, aus dem sich Kunstwerke fertigen lassen. Das Basteln muss heimlich geschehen, weder die zu Beschenkende noch das Wachpersonal dürfen etwas mitbekommen. Da es verboten ist, persönliche Gegenstände zu besitzen, und die Verwahrräume immer wieder durchsucht werden, müssen wir uns allerhand einfallen lassen, um unsere Geschenke wirksam zu verstecken. Aus dem Blickwinkel eines Lebens in Freiheit betrachtet, mag unser Tun kindlich erscheinen, aber wir schöpfen daraus Kraft und gewinnen unsere Würde zurück.

Weihnachten! Mein zweites Weihnachten im Gefängnis; ein Jahr und sechs Monate bin ich schon hinter Gittern. Dem Wachpersonal und den unmenschlichen Zuständen zum Trotz feiern wir Weihnachten. Einen geschmückten Baum haben wir zwar nicht, aber »Kerzen« – Blechbüchsen gefüllt mit Bohnerwachs und einem Docht aus wollenem Faden. Die Etagenbetten verhängen wir mit unseren Schlafdecken, damit die Wachteln beim Blick durch den Spion unseren Kerzenzauber nicht erspähen. Wir trinken Brotwein und verspeisen Knasttorte. Da wir uns die Zutaten abgehungert haben und überdies mangelernährt sind, lechzen wir jetzt nach der üppig mit Butter, Margarine und Marmelade gefüllten Köstlichkeit.

Das Bett ist mit einer aus bunten Fäden bestickten Weihnachtsdecke geschmückt, darauf liegen eingewickelt unsere Bastelgeschenke. Nur wir selbst können ermessen, wie wertvoll sie sind.

Die Zeit bis Mitternacht vertreiben wir uns mit unterhaltsamen Spielen, die gleichzeitig viel über uns aussagen. »Wenn ich eine Farbe wäre, was für eine wäre ich?«, lautet eine der Fragen. Die Freundinnen haben die Aufgabe, der Fragenden eine passende Farbe zuzuordnen. Die Frage kann auch heißen: Was für eine Blume, was für ein Tier oder was für ein Baum wäre ich? Die unterschiedlichen Antworten verblüffen mich. Martina mit ihren scharfen Augen blickt am tiefsten, sie trifft mich fast so, wie ich mich selbst kenne. »Warte mal, lass mich genau hinsehen«, sagt sie. »Außen bist du nämlich hell, aber innen ist eine dunkle Farbe, ja, jetzt sehe ich sie, dunkelgrün, wie das Moos im Wald.« Sie hat Recht, ein dunkler Ton passt zu mir, ich selbst hätte für mich das dunkle Lila gewählt, die Farbe der Aubergine. Ute ist anderer Meinung. Sie ordnet mir ein strahlendes Gelb zu und als Pflanze die Sonnenblume. Sie hat nicht ganz Unrecht, aber nur mit ihr zusammen klingt diese Saite in mir an. Sie sieht, was sie selbst durch ihre Gegenwart hervorzaubert.

Um Mitternacht hat unsere Fröhlichkeit ihren Höhepunkt erreicht.

Wir schleichen uns in den Waschraum, trommeln mit Schüsseln, Kannen, Bechern, Löffeln und tanzen wild durcheinander, 32 Frauenleiber, schwitzend, auf engstem Raum. Alle Unterschiede heben sich auf in diesem einen kurzen Augenblick der Ekstase.

Ute hat von uns allen am meisten Grund zum Glücklichsein: Ihre Kinder sind nicht zur Adoption freigegeben worden. Bob und Kitty feiern Weihnachten bei Utes Freunden und dürfen bis auf weiteres bleiben.

Hungerstreik

Seltsam, erst im Gefängnis habe ich Freundinnen gefunden. In meiner Kindheit war ich wegen der Drangsalierungen durch die Lehrerin Außenseiterin geblieben. Im Studium war ich zwar mit Kommilitonen befreundet, aber immer mit der Vorgabe einer Freundschaft auf Zeit, für die Dauer des Studiums. Nun mache ich mit Martina, Petra und Ute Pläne für die Zukunft. Wir wollen in Kontakt bleiben, uns draußen wiedertreffen. »Dann backen wir zum Spaß Knasttorte«, sagt Martina.

Zu viert erträgt sich das Leid leichter, und wir werden übermütig. Die Wachteln merken, dass wir eine verschworene Gemeinschaft sind, und beäugen uns misstrauisch. »Wir müssen aufpassen«, warnt Petra, »sonst trennen sie uns.« Doch wir vergessen die Warnung zu schnell. Groß ist das Verlangen, uns zu wehren, uns gegen die Willkür zu stemmen.

Zum dritten Mal schon wird Sobotnik, der »freiwillige« Arbeitseinsatz am Sonntag, angeordnet. Der wöchentliche Schichtwechsel – von der Früh- auf die Nachtschicht – macht uns schwer zu schaffen, zudem sind wir durch die schlechte Ernährung, den Bewegungsmangel und das Fehlen von frischer Luft geschwächt. Wir brauchen den arbeitsfreien Sonntag, den einzigen freien Tag, um uns zu erholen. Drei Wochen lang haben sie uns keinen Tag freigegeben. »Das ist zu viel! Wir sind doch keine Arbeitssklaven!«, empöre ich mich.

»Genau!«, stimmt Ute zu. »Für diesen Verbrecherstaat krümmen wir freiwillig keinen Finger mehr.«

Wir sind uns einig. Sonntag werden wir nicht zur Arbeit gehen. Zählappell – wie immer vor dem Verlassen des Verwahrraums. Die anderen rücken aus, wir vier bleiben wie verwurzelt stehen. Die Wachteln sind dermaßen verblüfft, dass sie die Tür schließen und uns drinnen lassen. Das gab es noch nie, und sie haben keine Anweisungen, wie sie damit umgehen sollen. Die Tür ist zu. Wir sind allein im Raum, fallen uns in die Arme, lachen, tanzen im Polkaschritt den Gang zwischen den Betten entlang, hopsen ausgelassen herum und feiern unseren Sieg. Die anderen arbeiten, und wir haben frei, genießen unseren ganz speziellen Sonntag.

Natürlich wissen wir, dass unser Verhalten Folgen haben wird. Es ist uns aber wichtiger, dass wir uns wehren, uns nicht mehr ängstlich ducken. Auch im Gefängnis sind wir freie Menschen, wollen wir beweisen.

Sobotnik kennen wir von früher – Aktionen, um der sozialistischen Produktion über Engpässe hinwegzuhelfen, vergleichbar den Ernteeinsätzen der Schüler und Studenten in der Landwirtschaft. Sobotniks sind freiwillig, heißt es offiziell. Wer jedoch einen Studienplatz haben möchte, wer gute Beurteilungen braucht, meldet sich.

»Wir machen doch keinen freiwilligen Arbeitseinsatz für eine Regierung, die uns eingesperrt hat«, erklären wir, als uns Frau Wachtmeister Jäpel zur Rede stellt. Sie findet kein Gegenargument. Doch ihr stehen andere Mittel zur Verfügung: Verbot von Post und Besuch sowie die Trennung unseres Kleeblatts.

Bald runden sich zwei Jahre meiner Gefangenschaft. Ich gehöre inzwischen zu den Republikflüchtigen, die am längsten in Hoheneck einsitzen. Die meisten sind nach der Hälfte ihrer Haftzeit »auf Transport« geschickt worden. Warum bin ich immer noch hier? Stehe ich nicht auf der Liste? Alle außer mir haben in der U-Haft einen Ausreiseantrag stellen können.

Die Vorstellung, dass ich meine Haftstrafe ganz absitzen muss und dann wieder in die DDR entlassen werde, lässt mich erschauern; denn ob mein Antrag nach der Entlassung überhaupt bearbeitet wird, ist völlig ungewiss. Tag für Tag verfolgt mich der Schrecken, zurück in die DDR zu müssen. Ich brauche Klarheit. Auf dem Gang zum Speiseraum hängt ein Briefkasten des Ministeriums für Staatssicherheit, in den man Anfragen und Beschwerden einwerfen kann. Dreimal beantrage ich einen Gesprächstermin, bis ihm endlich stattgegeben wird und ich Frau Leutnant Glück gegenübersitze.

»Sie selbst haben doch erklärt und mit Ihrer Unterschrift bestätigt, dass Sie erst nach Verbüßung Ihrer Haftstrafe einen Antrag auf Ausreise in die BRD stellen wollen«, sagt sie und reicht mir süffisant lächelnd ein Schriftstück. Es trägt tatsächlich meine Unterschrift und das Datum des ersten Verhörs in Halle. Der Vernehmer hatte mir gesagt, wenn ich in die BRD wolle, dann müsse ich das unterschreiben. »Dieses Schriftstück ist ungültig, weil man mich unter Vorenthaltung von Informationen zur Unterschrift überredet hat. Ich erkenne nicht an, dass für mich andere Regeln gelten sollen als für die übrigen Republikflüchtigen, und verlange Gleichbehandlung.«

»Als Strafgefangene haben Sie hier gar nichts zu verlangen. Mäßigen Sie sich im Ton!«, entgegnet mir Frau Leutnant Glück kühl.

Damit ist das Gespräch beendet. Na, wartet, ihr sollt mich kennen lernen! Aufs Äußerste gereizt, hätte ich am liebsten zugebissen, wie eine Ratte im zu engen Käfig. Ich beherrsche mich rechtzeitig und denke darüber nach, wie ich sie zwingen kann, meinen

Ausreiseantrag anzunehmen. Vor allem muss ich mich absichern, denn ich will ihnen nicht hilflos ausgeliefert sein. Hilfe kann ich nur von draußen erwarten.

Mir wird ein »Sprecher« mit meinen Eltern angekündigt. Eilig fertige ich einen Kassiber mit der Bitte, Anwalt Dr. Vogel einzuschalten und ihn über meinen Fall und meine Aktion zu informieren.

Im Besucherzimmer sitzt mir diesmal mein Vater gegenüber. Seit der Gerichtsverhandlung sehen wir uns zum ersten Mal wieder. Die mitgebrachten Geschenke darf er mir nicht aushändigen, weil ich die Arbeitsnorm nicht erfüllt habe.

Seine Augen sprechen zu mir: »Ich hab dich lieb. Ich verstehe dich«, aber mit Worten sagt er das Gegenteil: »Warum, meine Tochter, hast du deine Energie nicht für unsere Sache eingesetzt? Es passt nicht zu dir, einfach die Flinte ins Korn zu werfen. Leider hast du dich für die Vergangenheit entschieden, bei uns aber leuchtet die Zukunft.«

Ich bin entsetzt.

»Vati, behalte deine Ansichten bitte für dich. Ich habe mich geändert, lass uns über persönliche Dinge reden. Was machen meine Geschwister?«

Eine Weile spricht er von unverfänglichen Dingen, dann geht er wieder zu politischen Themen über. Als er mich fragt, ob ich im Gefängnis das »Neue Deutschland«, die Zeitung der SED, lese, springe ich empört auf. »Bringen Sie mich zurück! Ich breche den ›Sprecher‹ ab.«

Traurig blickt mein Vater mich an. Irgendetwas will er mir mitteilen. Aber was? Mit fällt nicht auf, dass er seinen Ringfinger über den Zeigefinger kreuzt. Dieses Zeichen bedeutet, dass alles umgekehrt gemeint ist. Er will die Aufpasserin täuschen und mir mit gekreuzten Fingern seine wahre Meinung mitteilen. Er befürchtet zu Recht, dass alles, was er mit mir bespricht, weitergeleitet wird und ihm schaden kann, zumal er als Lehrer im Blickpunkt der Öffentlichkeit steht.

Mein Anliegen ist es aber, meinen früheren angepassten, positiven Lebenslauf zu revidieren und zu beweisen, dass ich jetzt gegen den Staat bin. Auch wenn ich seine Geste gesehen hätte, auf dieses Spiel hätte ich mich nicht einlassen dürfen. An der Tür drehe ich mich blitzschnell um, springe zu meinem Vater, gebe ihm einen Kuss auf die Wange und drücke ihm meinen Kassiber in die Hand.

Später, auf dem Weg zum Essen, stecke ich eine Erklärung an die Stasi in den Kasten: »Ab sofort werde ich im Strafvollzug nicht mehr arbeiten und auch die Nahrungsaufnahme verweigern. Zu diesem Entschluss bin ich gekommen, weil ich befürchte, wieder in die DDR entlassen zu werden, und ich keine andere Möglichkeit sehe, mich dagegen zu wehren.«

Meine Ankündigung liegt noch im Kasten, als ich mich am nächsten Tag weigere, zur Arbeit auszurücken. Schließerin Jäpel hat Dienst. Sie gerät völlig aus der Fassung, schreit gewaltig herum. Kühl entgegne ich: »Brüllen Sie ruhig noch mehr, damit bewirken Sie bei mir gar nichts, nur Ihre Stimmbänder leiden darunter.« Sie klappt den Mund zu, es arbeitet in ihrem Gehirn. Um sich Instruktionen zu holen, lässt sie mich allein im Raum zurück. Sie erscheint bald wieder und führt mich in eine Arrestzelle, tief unter der Burg, dunkel, feucht und kalt, wie ein mittelalterliches Verlies.

Sie bringen mir knusprige Kartoffelpuffer zum Essen, die verführerisch duften. Die ganze Nacht bleiben sie in der Zelle stehen und verströmen ihren Geruch. Am nächsten Tag setzen sie mir Nudeln mit Schinken und Zwiebeln vor die Nase, Gerichte, die ich in Hoheneck noch nie gesehen habe.

Danach versuchen sie eine andere Taktik. Wer nichts isst, bekommt auch nichts zu trinken. »Ohne Wasser kann ein Mensch nur drei Tage aushalten«, sagen sie triumphierend. Ich schweige. Der Triumph ist auf meiner Seite. Sie wissen nichts von meinem

Wüstentraining. Es hängt immer davon ab, wie hoch Temperatur und Luftfeuchtigkeit sind und welche körperlichen Anstrengungen man bewältigen muss. In dem kalten, nassen Loch könnte ich mindestens zehn Tage aushalten, bevor der Durst unerträglich wird.

Sie lassen es nicht darauf ankommen, bringen mich schon nach sieben Tagen in die Ambulanz und drohen, mich künstlich zu ernähren. Mir ist klar, was das bedeutet. Sie würden mich auf ein Bett schnallen, mir wie einem Komapatienten eine Sonde legen. Damit hätte mein Hungerstreik seinen Sinn verloren. Ich erkläre mich zur Aufgabe bereit und werde im Krankenzimmer mit schmackhafter Schonkost aufgepäppelt. Nach kurzer Erholungszeit schreibt mich Dr. Bernhardt wieder arrestfähig, und sie bringen mich in das Loch zurück. Als Strafe für meinen Hungerstreik werden mir 21 Tage verschärfter Arrest aufgebrummt. Wie damals in Halle erhalte ich nur jeden dritten Tag einen Teller dünne Suppe. Das ist schwerer zu ertragen als vollständiger Nahrungsentzug.

Nachdem ich den Arrest verbüßt habe, werde ich zu einer Stasi-Beamtin geführt und kann plötzlich den Antrag auf Aberkennung der Staatsbürgerschaft stellen. Die Beamtin versteht meine Freude zu dämpfen: »Das heißt noch lange nicht, dass dem Antrag auch stattgegeben wird.«

Allein unter Kriminellen

Zufall oder Absicht? Im Verwahrraum, in den sie mich nun stecken, bin ich die einzige RFlerin. Mit zweijähriger Hoheneck-Erfahrung fällt es mir nicht schwer, mit den Kriminellen auszukommen. Seit Beginn meiner Verhaftung war ich neugierig auf Menschen, die ich im Gefängnis kennen lernen würde. Menschen, die mir im normalen Leben nie begegnet wären. Solange ich mit anderen RFlern zusammen war, habe ich sie nur verschwommen wahrgenommen; die Kluft zwischen ihnen und uns war zu tief. Wenn sich eine Politische den Krimis näherte, stieß sie auf Ablehnung und Verachtung. Ich weiß also, wie ich mich verhalten muss: abwarten, bis sie die Neugier zu mir treibt. Und sie kommen und erzählen mir ihre Geschichten, zuerst Conny und Timmi. Für mich spielt keine Rolle, ob sie die Wahrheit sagen oder lügen, denn hinter jeder Lüge verbergen sich Wünsche und Vorstellungen, wie sie leben möchten.

Conny und Timmi sind ein Liebespaar. Obwohl erst 18 Jahre alt, haben sie einen reichen Erfahrungsschatz an Enttäuschungen gesammelt, das hat sie abgehärtet. Mit dem Gefängnisleben sind sie vertrauter als mit dem Leben draußen – erst Kinderheim, dann Jugendstrafanstalt, jetzt Hoheneck. Sie sind beschädigte Wesen, von Kindheit an hatten sie Pech. Von niemanden geliebt, waren sie überflüssig. Ihr Leben ist ein Chaos. Umso angestrengter klammern sie sich an eine äußere Ordnung. Sauberkeit ist ihr Halteseil, ihr Rettungsnetz. Immer stehen sie als Erste auf, noch vor dem Weckklingeln, denn der Waschraum ist mit sechs Kaltwasserhähnen und zwei Toiletten zu eng für 24 Frauen, die morgens hineindrängen. Conny und Timmi brauchen Zeit und Platz für ihr Waschritual. Sie seifen sich ein von Kopf bis Fuß, waschen täglich ihre Unterwäsche, bürsten jedes Stäubchen von ihrer Kleidung, und ihre Betten sind die ordentlichsten von allen. Die Gestelle stehen zusammen wie ein Ehebett, und sie haben sich dort eingerichtet, wie sie sich ihr Zuhause wünschen: bieder und heimelig, mit Deckchen, Bildern aus Kalendern, Fotos und Postkarten. Wenn wir den Verwahrraum verlassen, müssen sie ihre Schätze verstecken; mehr als einmal haben die Wachteln bei einer Razzia alles zerstört.

Als ich das Resultat einer solchen Durchsuchung zum ersten Mal sehe, will ich nicht glauben, dass Menschen diese Verwüstungen angerichtet haben: Zerfetzte Briefe und Fotos, zerrissene

Kleidung, vernichtete Esswaren liegen, zu einem Müllberg gehäuft, auf dem Boden. Bettwäsche und sogar Matratzen sind aus den Betten gezerrt, so als hätte eine Horde Unholde gewütet. Den Aufseherinnen müssen diese Zerstörungen einen Heidenspaß gemacht haben. Ich denke mir, mit diesen Exzessen wollen sie ihren tristen Alltag aufheitern und ihren Frust an uns wehrlosen Opfern abreagieren.

Wie ein aufgeregtes Huhn rennt Timmi zwischen Schlaf- und Waschraum hin und her, wäscht ihre Haare, bürstet und zupft an sich herum, sucht verzweifelt, was sie noch tun könnte, um den Eltern zu gefallen. Die Aufregung ist umsonst. Timmi wartet und wartet; Vater und Mutter kommen nicht zu Besuch wie angekündigt. Verzweifelt bestürmt sie die Wachtmeisterin, will den Grund wissen. Die zuckt gleichmütig die Schultern: »Deine Eltern haben abgesagt. Warum, weiß ich nicht; sie werden schon ihre Gründe haben.«

Da ist Margot, sie arbeitet wie ein Pferd und schafft weit über die Norm. Sie ist eine fügsame und stille Frau, doch immer wieder beginnt sie zu toben und um sich zu schlagen. Sie ist krank und dürfte gar nicht im Gefängnis sein.

Wer in Hoheneck zum Arzt muss, dem ergeht es besonders schlimm. Ein Arztbesuch unterliegt völlig der Willkür der Aufseherinnen. Nicht selten müssen wir eine Woche und länger warten, bis wir dem Arzt endlich vorgestellt werden. Selbst bei akuten Erkrankungen wird absichtlich nicht reagiert. Eines Abends erleidet eine Frau eine Kolik, wir drücken den Notknopf, trommeln gegen die Tür. Niemand kommt und kümmert sich um die Leidende. Sie quält sich die ganze Nacht. Am nächsten Tag muss sie zur Arbeit gehen, und erst, als sie dort zusammenbricht, wird sie endlich ins Krankenrevier gebracht.

Eine Zeit lang liege ich im Bett neben Peter. Sie ist maskulin veranlagt, mit tiefer Stimme, behaarter Oberlippe und kräftigen Muskeln. Trotzdem war sie verheiratet, konnte ihren Mann aber nur im betrunkenen Zustand ertragen. Auch mit Frauen hat sie wenig Glück. Selbst im Gefängnis, wo sich viele Frauen auf ein lesbisches Verhältnis einlassen, findet sie keine feste Freundin. Peter ist ein Versagertyp, gutmütig bis zur Selbstaufopferung, brummig wie ein Bär und tobsüchtig, wenn sie gereizt wird. Aus Liebeskummer verschluckt sie Löffel. Dreimal ist ihr das schon gelungen, erzählt sie mir, keine Kaffee-, nein, Esslöffel, die sich im Magen quer legten. Sie kam ins Haftkrankenhaus, Bauch und Magen wurden aufgeschnitten und die Löffel herausgeholt. Beim letzten Mal hat der Arzt gesagt, nun dürfe sie nichts mehr schlucken, sonst sei es wegen der vielen Narben lebensgefährlich für sie.

Jeder Verwahrraum hat eine Vorsteherin. Sie macht die Meldung, wenn wir zum Zählappell angetreten sind: »Frau Oberwachtmeister, Verwahrraum E 212 mit 24 Strafgefangenen zum Zählappell vollständig angetreten. Es meldet Strafgefangene Irene Rehfeld.«

Irene passt auch sonst auf, schlichtet Streit und sorgt für Ordnung. Ich brauche eine Weile, um ihre Methode zu durchschauen: Leise, fast unmerklich spinnt sie ihre Fäden und fängt uns alle in ihrem Netz. Sie regiert nicht mit Zepter und Schwert, sondern mit ausgeklügelten Intrigen, streut Nachrichten, hetzt die Frauen aufeinander und bleibt selber immer unangreifbar.

Eines Tages kommt Monde in unseren Raum, nein, sie kommt nicht – sie steht da wie eine goldumflammte Amazone, genießt unsere erstaunten, bewundernden Blicke und lächelt hoheitsvoll. Conny und Timmi begrüßen sie enthusiastisch; sie kennen sich von früher.

Mich übersieht Monde. Sie ist die Einzige neben Irene, mit der ich nicht ins Gespräch komme. Bald sind Conny und sie ein Paar. Timmi leidet wie ein Hund. Mit Ata und einem Topfkratzer scheuert sie sich die Liebesschwüre, die sie sich für Conny eintätowiert hatte, aus der Haut. Von Timmi erfahre ich, dass Mondes Vater ein »hohes Tier bei der Partei« sei, aber Monde habe den Kontakt zu den Eltern abgebrochen. »Sie ist anders, sie ist eine von uns«, sagt Timmi, und es klingt irgendwie stolz.

Ich beobachte Monde, aber sie gehört zu den wenigen Menschen, die ich nicht ergründen kann. Ihre äußere Erscheinung blendet, alles an ihr leuchtet und glänzt, und ich komme ihr nicht nah genug, um zu testen, ob sie echt ist oder mit billigem Katzengold täuscht.

Langsam erlischt mein Interesse, nicht nur an ihr, an allen und allem. Meine Kräfte sind aufgezehrt. Ich fühle mich wie bei der Unterkühlung, als ich durch die Ostsee schwamm. Von außen ergreift mich eine Erstarrung, der innere, warme Lebenskern schrumpft, wird immer kleiner. Ich treibe auf eine gefährliche Grenze zu, hinter der mein Selbst auf Dauer beschädigt wird. Und ich kann nichts dagegen tun.

Bis jetzt hat mich meine Neugier geschützt, mein Hang, jede schwierige Situation als Herausforderung zu begreifen, und meine Fähigkeit, aus der Gefangenschaft ein Abenteuer zu machen, das mit Witz, Humor und Spiel bestanden werden kann. Als wären meine Adern geöffnet worden, verlässt mich zusehends die Lebensenergie. Ich spüre, ich bin am Ende. Ich packe es nicht, ich kann nicht mehr. Für die restlichen acht Monate fehlt mir die Kraft. Ich habe mich verausgabt, durch das Anrennen gegen die Mauern, durch den ständigen Kampf, meine Ausreise nach Westdeutschland zu erzwingen. Die letzten Monate werden mich zerbrechen. Dann die unausweichliche Entlassung in die DDR. Dort werde ich Anträge stellen, wieder und wieder. Wenn ihnen endlich stattgegeben wird, nach drei, vier, fünf Jahren vielleicht, bin ich nur noch Kleinholz, dann ist mein Selbst zersplittert, aufgefasert, verstümmelt – zerstört für immer.

Nichts hilft mir. Ich habe keine Mittel gegen die Verzweiflung. Ich bin ein Mensch, der ohne Glauben und ohne Hoffnung sein Leben bestehen muss. Nie zuvor ist mir das so deutlich geworden wie im Gefängnis. Hier klammert sich jede Einzelne an diffuse Hoffnungen. Ich weiß nicht, wie ihnen das gelingt; ich kann es nicht. Sie leben mit der Hoffnung, dass etwas geschieht, dass ihnen geholfen wird, dass sich alles zum Guten wendet. Mir fehlt diese Gabe. Ich kann nur hoffen, wenn ich weiß. Wenn ich wüsste, dass mein Name auf der Liste von Anwalt Vogel steht, ja – dann hätte ich Grund zu hoffen. Aber ich weiß es nicht, und nichts deutet darauf hin, dass es so sein könnte.

Meinen Genen fehlt die Codierung, die mich zum Glauben und Hoffen befähigen würde, dafür hat mich die Natur im Übermaß mit der Fähigkeit zum Wünschen und Träumen ausgestattet. Dieses Paar bietet einen passablen Ersatz. Normalerweise merkt man keinen Unterschied, obgleich er wesentlich ist. Ein gläubig Hoffender wartet auf Hilfe von außen, von oben. Was auch immer geschieht, er ist geborgen in dieser Vorstellung.

Ich dagegen muss die Verantwortung auf meine Schultern laden, sie in meine Hände nehmen. Ich kann nicht warten, dass sich etwas fügt, ich muss es selbst tun. Da ist niemand, der meine Wünsche und Träume verwirklicht, wenn nicht ich selbst. Mit dieser Lebensstrategie kann ich weit kommen, weiter als viele Menschen, aber ich muss ohne Netz balancieren, denn da ist nichts, das mich auffangen könnte, kein Glaube, keine Hoffnung.

Ich habe mir nicht ausgesucht, so zu leben, mit dieser Bedingungslosigkeit, entweder zu siegen oder unterzugehen. Eine Wahl hatte ich nicht. Ich bin, wie ich bin. Und wenn ich mich noch so anstrenge, ich könnte keine andere werden. Wenn ich zurückdenke, war dieses Muster von klein auf in mir angelegt. Wie war das im Kinderheim? Schon mit vier Jahren kämpfte ich allein gegen die Erzieherinnen. Oder die Igelitschuhe? Ich bat meine Mutter nicht, mir neue zu kaufen. Und die Schikanen der Lehrerin? Ich kam gar nicht auf die Idee, jemanden mit meinen Problemen zu beladen. Beim Tauchen wäre ich beinahe ertrunken. Damals war ich völlig überrascht, dass Johannes mir half. Ähnlich war es bei unserer Flucht: Gerade als ich aufgeben wollte, erschien die »Lübeck«. Als ich sie erblickte, wusste ich, wir sind nicht abgetrieben, wir sind in der Schifffahrtsroute, es hat Sinn weiterzukämpfen.

Jetzt kann ich nicht mehr, das Ziel ist unerreichbar. Ich schaffe es nicht. Es ist zu Ende. Aus. Es geschieht mit mir, und ich muss es geschehen lassen. Ich schrumpfe, atme kaum, dämmere dahin.

Da reißt mich die Stimme der Schließerin Jäpel aus meinem Tief: »Sachen packen! Alles! Verlegung in einen anderen Strafvollzug.«

Sie sagt nicht Transport, sie sagt »anderer Strafvollzug«. Ich bin die Einzige, die gehen muss. Schweigend beobachten die Mitgefangenen, wie ich meine Unterwäsche aus dem Fach hole, mein Waschzeug und alle Habseligkeiten in die Schlafdecke packe, die Zipfel verknote und mir das Bündel auf den Rücken werfe. Ein letzter Gruß, und ich stehe draußen im Gang, wie eine Verstoßene. Was haben sie jetzt wieder mit mir vor? Wohin werden sie mich bringen? So muss sich ein Schaf fühlen, das zur Schlachtbank geführt wird.

Transport

Mit dem Bündel auf dem Rücken laufe ich vor der Wachtmeisterin her, folge automatisch ihren Befehlen – Gang rechts, Gang links, bis sich ein Raum vor mir öffnet. Aufgeregtes Stimmengewirr hallt mir entgegen, Lachen, Ausgelassenheit.

»Was ist los?«, frage ich, und meine Stimme versagt mir fast.

»Transport! Transport! Transport!«, jubeln sie.

»Wohin?«

»Mensch, du kannst fragen! Nach Westen natürlich!«

Die Verzweiflung steckt mir so tief in den Knochen; ich kann mich nicht freuen, und ich glaube es auch nicht. Vielleicht kommen die anderen wirklich »auf Transport«, aber zu mir hat die Wachtmeisterin gesagt: Verlegung in einen anderen Strafvollzug.

Unsere Bündel werden durchsucht. Mir nehmen sie die Briefe meiner Eltern weg und das Liebeslied des Salomo. Die Post komme in die Effekten und werde mir später zurückgegeben. Ich werde nicht von den anderen separiert. Gehöre ich also wirklich dazu? Bevor ich in die grüne Minna steige, die uns zum Bahnhof bringt, will ich es genau wissen und frage die Wachtmeisterin Jäpel: »Warum haben Sie mir nicht gesagt, dass es ein Transport ist?«

»Ha! Du solltest es als Letzte erfahren! Zur Strafe, denn du hast uns so viel Ärger gemacht!«

Was habe ich schon getan, denke ich, ein paar Tage nicht gegessen und zuletzt die Norm nicht mehr erfüllt. Keine Heldentat! Stattdessen hätte ich die Mauern des Gefängnisses einreißen sollen! Bei diesem Gedanken wird mir bewusst, dass wieder Leben in meinen Adern pulst. Werde nur nicht gleich übermütig, ermahne ich mich, du siehst dich schon als Rächer auf einem feurigen Pferd mit dem Schwert in der Hand. Bleib auf dem Boden, noch bist du nicht drüben, noch bist du in ihrer Gewalt.

Unser Trupp wird nach Karl-Marx-Stadt gebracht. Auf dem Kasberg, im ehemaligen Gestapo-Gefängnis, hat sich die Stasi eingenistet und überwacht die Abschiebehaft der Republikflüchtigen.

Ich erhalte die schönste Urkunde meines Lebens. Auf dem Blatt steht wirklich »Urkunde« und »Entlassung aus der Staatsbürgerschaft der Deutschen Demokratischen Republik«.

Zum ersten Mal nach zwei Jahren höre ich Männerstimmen, denn es wird ein gemischter Transport zusammengestellt. Nie zuvor habe ich gespürt, welche Erotik von einer tiefen Stimme ausgeht. Wir können die Männer nicht sehen, nur hören. Mit vier Frauen bin ich in einer Zelle. Wir drängeln uns an der Tür, um ja keinen Laut zu verpassen. Die Männerstimmen elektrisieren uns, wir bekommen Gänsehaut. Ob es den Männern ebenso geht, wenn sie unsere hellen Stimmen hören?

Die Gefängniswärter schreiten nicht ein; sie wissen, bald sind wir fort, dann kehrt wieder Ruhe ein. Wenn ein Paar sich an den Stimmen erkennt, kommt es zu ergreifenden Momenten. Die Männer rufen den Namen ihrer Frau, und eine antwortet: »Hans! Hans! Ich bin es! Gisela! Ich bin da!«

Sein Glücksschrei hallt durch das Gefängnis, die Mauern scheinen zu erbeben. »Gisela! Gisela, weißt du, was wir als Erstes tun? Wir holen unsere Hochzeitsreise nach. Willst du wissen, wohin? Wir fahren nach – Paris! Hörst du mich? Nach Paris!«

Tage der Ungewissheit. Jeden Morgen denken wir: heute! Dann – Schlüsselrasseln. Riegelquietschen. Stimmengewirr. Wir drücken unsere Ohren an die Tür. Geht es los? Ja! Raus aus der Zelle, den Gang entlang, in den Gefängnishof. Ein Bus! Ein richtiger Reisebus mit Scheiben, durch die man nach draußen blicken kann. Als Letzter steigt ein Mann zu, um uns zu verabschieden. Es ist Rechtsanwalt Wolfgang Vogel

In Hoheneck hatte ich manches über ihn gehört. Zusammen mit dem Westberliner Anwalt Jürgen Stange organisiert er den Häftlingsfreikauf. Wolfgang Vogel ist von Erich Honecker höchstpersönlich damit beauftragt, und Honecker hat ihn für seine Verdienste wiederholt ausgezeichnet, sogar mit dem »Vaterländischen Verdienstorden in Gold«. Daher stellte ich mir einen kalten Bürokraten vor, einen Mann, der den Handel mit Menschen zu seinem Beruf gemacht hat, ihn betreibt wie jedes andere Geschäft auch und vermutlich nicht schlecht daran verdient.

Wolfgang Vogel ist anders. Überrascht erblicke ich einen kleinen Mann. Alles an ihm ist rundlich. Dabei wirkt er geschmeidig und beweglich. Offensichtlich ist er aufgeregt, fuchtelt mit den Armen, tritt von einem Fuß auf den anderen. Im Bus ist es eng, der Anwalt hat wenig Platz, seiner Erregung Ausdruck zu geben. Er freue sich, sagt er, würde er doch fast jeden von uns persönlich kennen, denn er habe unser Schicksal vom Tag der Verhaftung an mit Anteilnahme verfolgt. Deshalb könne er ermessen, was der heutige Tag für uns bedeute, da der Augenblick der Freiheit gekommen sei, und vor allem, weil auch zwei dabei seien, die besonders lange auf diesen Moment warten mussten, der eine sechs, der andere sogar neun Jahre lang. Er sei glücklich, dass gerade diese beiden endlich frei sind.

Mich berührt, wie er spricht. Ohne Zweifel, es scheint ihm ein persönliches Anliegen zu sein, uns sein Lebewohl, seine Wünsche für ein neues Leben mit auf den Weg zu geben.

Schade, dass ich erst so spät von ihm erfahren habe. Mit seiner Hilfe wäre meine Haft leichter gewesen, er hätte mir viel Leid und Schmerz ersparen können.

Die Gefängnistore öffnen sich. Im Bus herrscht eine fast atemlose Stille, keiner spricht, nicht ein Laut ist zu hören. Jeder versucht zu begreifen, was jetzt mit ihm geschieht.

Ohne anhalten zu müssen, fahren wir über die Grenze. Der Bus hat automatisch austauschbare Schilder. Hinter dem Schlagbaum versinkt das DDR-Nummernschild, und ein westliches Kennzeichen wechselt an seine Stelle. Ein Arzt und eine Krankenschwester steigen in den Bus, für den Fall, dass jemand die übermäßige Freude nicht verkraften kann und Hilfe braucht. Mitarbeiter vom Roten Kreuz verteilen Obst, Kekse, Getränke und Waschutensilien, denn die Urkunde, die unsere Entlassung aus der Staatsbürgerschaft der

DDR dokumentiert, ist unser einziges Gepäck. Mich überrascht der freundliche Empfang. Es tut gut, endlich wieder wie ein Mensch behandelt zu werden.

Wir werden zum Auffanglager in Gießen gefahren. Ein Lager zwar, aber eines mit offenen Türen und Toren. An meinem ersten Tag in Freiheit wandere ich hinaus in die Felder. An einem Teich setze ich mich ans Ufer, spüre zum ersten Mal seit zwei Jahren die Sonne auf meiner Haut, atme den Geruch feuchter Erde ein, lausche dem Quaken der Frösche und sehe über den Teich hinweg zum Horizont. Zwei Jahre meines Lebens habe ich dafür gegeben, um im Gras an einem Froschteich zu sitzen und in die Ferne zu blicken. Mit allen meinen Sinnen nehme ich meine Umwelt wahr, und ich weiß, dass ich viel mehr gewonnen habe – alles!

Bis ans Ende der Welt

Am Abend erzählte eine Lagerbewohnerin von ihrem ersten Kaufhausbesuch. Das Warenangebot habe sie dermaßen erschüttert, dass sie geweint habe, zuerst vor Freude, dann aus Wut, weil ihr das alles so lange vorenthalten blieb. Ihr Bericht trübte das frohe Gefühl, das mich am Froschteich beflügelt hatte. Gleich war meine alte Befürchtung wieder da, ich sci in der Bundesrepublik die falsche Person am falschen Ort. Aber ich müsste ja nicht bleiben, alle Himmelsrichtungen waren offen. Schlagartig begriff ich, was es heißt, frei zu sein, seine Entscheidungen selbst treffen und verantworten zu müssen. Endlich war ich frei, konnte um die ganze Welt ziehen. Aber wohin und wozu? Ich wollte nicht reisen um des Reisens willen, sondern um eine Aufgabe zu erfüllen, um zu forschen, erkunden, berichten, dokumentieren.

Womit ich nicht gerechnet hatte – in Westdeutschland begegnete ich Menschen, die an meinem Schicksal Anteil nahmen, mir vorbehaltlos halfen und mich ein Stück auf meinem Weg begleiteten. So wurde dieses Land, das ganz anders war, als man mir eingeredet hatte, zu meinem neuen Zuhause.

Jürgen traf ich ein einziges Mal in Bremen. Fünf Wochen früher als ich war er freigekommen und führte ein Leben, das mir nicht gefiel. Er wollte möglichst rasch ein großes Stück vom Kuchen. Mit welchen Mitteln, war ihm dabei egal. Wegen unseres gemeinsamen Schicksals vereinbarten wir, in Kontakt zu bleiben, doch er ließ nie mehr von sich hören.

Meine Freundinnen Martina, Petra und Ute schafften den Sprung nach Westdeutschland, und unser Wunsch erfüllte sich, wir blieben Freundinnen bis zum heutigen Tag. Martina heiratete ihren Sepp aus Bayern, und ich durfte ihre Trauzeugin sein. Sie hat inzwischen drei Söhne und lebt für ihre Kunst, wie sie immer wollte. Jedes Jahr bin ich zu ihren Ausstellungen eingeladen.

Petra lebte zunächst in Westberlin. Sie musste sich ausprobieren, sich suchen und finden, bis sie heiratete und Kinder bekam. Für Ute und Dieter begann nach ihrer Ankunft in Westdeutschland eine bange Zeit des Wartens. Erst ein halbes Jahr später – Eltern und Kinder hatten sich fast drei Jahre lang nicht gesehen – durften Bob und Kitty nachkommen.

Bevor ich meine Vorhaben verwirklichen konnte, musste ich mir eine Startrampe bauen, mit mehr Wissen, Fähigkeiten und Kenntnissen. In Seewiesen am Max-Planck-Institut für Verhaltensforschung erhielt ich ein dreijähriges Forschungsstipendium, um zu promovieren.

Beim Bergsteigen in den Alpen vom Watzmann bis zum Montblanc erprobte ich, ob ich mich als Forschungsreisende überhaupt eigne. Ich war mit Freunden beim Felsklettern in Meteora, den bizarren Konglomeratfelsen Griechenlands, bestieg den Mount

Kenya und den Kilimandscharo und nahm an einer Bergsteiger-Expedition in den Himalaya teil.

Sollte es Wunder geben, hatte ich das Glück, eines zu erleben: die Galapagos-Inseln, das Traumziel. Dort erforschte ich das Verhalten der Meerechsen. Auf Caamano, einer Vulkaninsel mit schwarzer Lavaküste und hellem Sandstrand, die nur von Seelöwen, Vögeln, Meerechsen und Landleguanen bevölkert ist, stellte ich mein Zelt auf und lebte ein Jahr unter Tieren, die keine Angst vor dem Menschen kennen.

Galapagos war für mich die Erfüllung. Das genau war es, was ich immer gewollt hatte – in der Natur leben, wilde Tiere beobachten, ihr Verhalten erforschen, Zusammenhänge begreifen. Dieses Erlebnis machte mir Geschmack auf mehr. Als Nächstes stellte ich mir die Aufgabe, das Andenhochland von Ecuador zu erkunden. Ich wanderte über die Andenkordilleren von Norden nach Süden, durchquerte das Land in seiner ganzen Länge, erlebte die unfassbare Weite und Einsamkeit des Paramo, stieg auf den Cotopaxi, Cayambe, Chimborazo und Tungurahua – Vulkanberge, die mit ihren Schneegipfeln aus der Hochebene herausragen. Einige Monate verbrachte ich bei den Salasaca-Indianern, teilte ihr Leben und schloss Freundschaft mit Marga, einer jungen Salasaca. Ich passte mich so sehr an, dass Marga mich nicht gehen lassen wollte. Sie meinte, ich sei eine von ihnen geworden.

Schon auf den Galapagos-Inseln und bei den Salasaca-Indianern begann ich zu fotografieren und zu filmen. In Peru drehte ich einen Film über die Inka-Kultur, im Auftrag des Instituts für Film, Wissenschaft und Unterricht. Dabei arbeitete ich zum ersten Mal mit dem Filmemacher Walter Jacob zusammen, mit dem mich bis heute eine enge Freundschaft verbindet.

Das nächste Filmprojekt führte uns erneut nach Südamerika. Wir hatten bei den Dreharbeiten zu unserem Inka-Film die Wissenschaftlerin Maria Reiche kennen gelernt. Die Dresdnerin widmete

40 Jahre ihres Lebens dem Vermessen und Kartografieren der Wüstenzeichen bei Nazca. Im Gegensatz zu Erich von Däniken, der von außerirdischen Landebahnen orakelte, sah Maria Reiche in den kilometerlangen, schnurgeraden Linien, geometrischen Mustern und Tierfiguren einen 2000 Jahre alten Sternenkalender, der Datum für Aussaat, Ernten und religiöse Feste bestimmte. Neben einem spannenden Film schrieb ich zum gleichen Thema mein Buch »Botschaften im Sand«, das bis heute nicht an Aktualität verloren hat.

Unterbrochen von meiner schriftstellerischen Arbeit, entstanden in den folgenden Jahren eine Reihe einstündiger Dokumentarfilme über Tango in Argentinien, Fado in Portugal, Cajun und Zydeco in Louisiana und die Musik der Kapverden. Allen diesen Musikstilen ist eines gemeinsam: Heimatlose und Entwurzelte versuchen mit Musik ihren Gefühlen von Verlust und Vergänglichkeit Ausdruck zu verleihen. Das Ergebnis ist oft eine melancholische, aber auch mitreißende Musik, die auf der ganzen Welt verstanden wird.

Zur größten Herausforderung wurde meine Expedition in den Jemen. Der Plan war, auf den Spuren der antiken Weihrauchstraße mit einem Kamel allein durchs Land zu ziehen. Zunächst lernte ich in Sanaa die arabische Sprache, lebte bei Beduinen und übte, mit den eigensinnigen Tieren umzugehen. Das Dromedar Al Wasim, »Der Schöne«, wurde schließlich mein Begleiter. Mit ihm erreichte ich nach einer 1000 Kilometer langen Wanderung über Wüstenplateaus, Berge und Schluchten das sagenumwobene Wadi Hadramaut.

In meinem bisher erfolgreichsten Buch, »Im Land der Königin von Saba«, habe ich die Leser eingeladen, mich auf dieser abenteuerlichen Wüstenwanderung zu begleiten.

Es hat etwas Magisches an sich, wenn sich alle meine Wege mit ihren unterschiedlichen Zielen in einem einzigen Weg zu spiegeln scheinen. Es ist der Pilgerweg nach Santiago de Compostela im Norden Spaniens. Zweimal schon habe ich mich zu Fuß auf den Weg gemacht, um den Spuren mittelalterlicher Pilger zu folgen. Einmal von der Mitte Frankreichs in Begleitung eines Esels bis zu den Pyrenäen und ein andermal von den Pyrenäen bis zum Ziel aller Pilger, dem Jakobsgrab in Santiago. Mich aber zog es weiter, bis zum Kap Finisterre an der Atlantikküste, jenem mystischen Ort, von dem man einst glaubte, er sei das Ende der Welt.

Wie damals auf der rettenden Boje in der Ostsee breitete ich die Arme aus und grüßte die Elemente, die ein Teil von mir sind und ich ein Teil von ihnen. Jetzt war ich angekommen und bereit, neue Wege zu gehen, neue Ziele zu suchen. Die Wege sind nicht eigentlich neu, sie bleiben immer die gleichen. Das Leben ist in ständiger Bewegung wie die Wellen. Weiß schäumen sie auf und schlagen hart an den schwarzen Fels, ziehen sich zurück und sammeln sich von neuem. Es sind die gleichen Wellen und doch immer wieder neue.

Dank

Meine Mutter trug während meiner Haftzeit die Hauptlast. Sie besuchte mich, sooft es ihr erlaubt war, und verfasste Schreiben an Staatsanwalt und Regierung, als ich mich im Hungerstreik befand.

Ich danke ihr für die kritische Durchsicht des Manuskripts. Ihre Korrekturen waren willkommen und hilfreich.

Meinen Vater konnte ich leider nicht mehr um seine Meinung fragen. Ich habe ihn so dargestellt, wie ich ihn sehe, wohl wissend, dass das Leben mehr Facetten bietet, als mir erkennbar sind.

Meinen Geschwistern Marlis, Ingo und Holger danke ich; trotz meiner Eigenwilligkeit akzeptieren und lieben sie mich, und nie hörte ich einen Vorwurf, dass ich durch meine Flucht ihr Studium und ihren Lebensweg hätte gefährden können.

Irmgard und Adolf Frick in Sindelfingen, Schwester und Schwager meines Vaters, nahmen mich bei sich auf, als sei das selbstverständlich. Sie unterstützten mich bei meinen ersten Schritten, taten alles, damit ich mich in dem neuen Land zurechtfinden und eingewöhnen konnte. Irritiert, doch voller Wohlwollen, Verständnis und Liebe akzeptierten sie den »fremden Vogel«, der ihnen ins Haus geflattert war.

Brunhild Wendel, Bürgermeisterin a. D. von Schacht-Audorf, die Schwester meiner Mutter, nutzte ihre Kontakte zum Bundestagsabgeordneten Egon Bahr und bat ihn, Rechtsanwalt Vogel von meinem Fall zu berichten. Nicht meinem Hungerstreik, sondern Brunhild Wendel und Egon Bahr verdanke ich, dass zu guter Letzt mein Name auf der Liste stand.

Meine Tante und ihr Mann Gerhard Wendel nahmen mich in ihr Haus auf, als ich auf der Suche nach meinem Freund Jürgen war. Mit ihrem Sohn Thilo, einem leidenschaftlichen Piloten, konnte ich erstmals die Erde von der Luft aus betrachten.

Martina, Petra, Ute, Sepp und Dieter danke ich für ihre Freundschaft, die mehr beinhaltet und tiefer ist als gemeinhin möglich. Wichtig war für mich, dass sie den Teil des Buches, der unsere Haft in Hoheneck betrifft, beurteilten, und ich danke ihnen herzlich für die Anregungen, Korrekturen und Ergänzungen. Mein besonderer Dank gilt Ute und Dieter für die Durchsicht des gesamten Manuskripts und für die Fotos der Haftanstalt Hoheneck.

Den zweiten Teil des Buches, die Schilderung meiner Haft, gäbe es nicht ohne Walter Jacob. Er erkannte die Stärke und Kraft, die sich in den dunklen Erlebnissen verbirgt. Als ich das Manuskript meiner Flucht über die Ostsee schon abgeschlossen hatte, sagte er entschieden: »Das Gefängnis gehört untrennbar dazu. Schreib darüber!«

Jutta Jahns danke ich für ihr Verständnis, dass ich unserer Freundschaft in diesem Buch nicht mehr Raum geben konnte. Sie war als Einzige in meine Flucht eingeweiht und hat ihr Wissen für sich behalten.

Meine Freundin Helga Birke half mir in einer schwierigen Lebenssituation, nahm mich bei sich auf und besuchte mich auf den Galapagos-Inseln.

Dr. Uta Seibt und Professor Dr. Wolfgang Wickler verdanke ich, dass ich in Seewiesen promovieren konnte und den Forschungsauftrag für die Galapagos-Inseln erhielt. Uta Seibt nahm sich Zeit für ein Vorstellungsgespräch, setzte sich persönlich für mich ein und war mir stets eine verständnisvolle Beraterin und Förderin meiner wissenschaftlichen Arbeit.

In gleicher Weise half mir Wolfgang Wickler. Er erwirkte das Forschungsstudium für mich und bürgte mit seinem Namen beim Dekan der Ludwig-Maximilians-Universität München, da meine Diplomurkunde in den Wellen der Ostsee untergegangen war und die DDR-Behörden eine Zweitschrift verweigerten.

Die Beschreibung der Flucht ist in allen ihren Details authentisch. Das Gleiche trifft auch auf die Gefängniszeit zu. Die Verhöre, Gerichtsverhandlungen und den Aufenhalt in Hoheneck belegen Dokumente, die ich dank der Gauck-Behörde erhalten habe.

Nicht versäumen möchte ich, mich bei Rechtsanwalt Dr. jur. h. c. Wolfgang Vogel zu bedanken. Er hat mir, wie zahlreichen anderen Gefangenen, zu einem Neuanfang verholfen. Durch ihn und seine Kooperation mit dem westdeutschen Anwalt Jürgen Stange wurde ich befreit.

Besonders danken möchte ich dem Frederking & Thaler Verlag, der mir ermöglicht, ein interessiertes Publikum an den ungewöhnlichen Erlebnissen meiner Expeditionen teilnehmen zu lassen.

Gert Frederking ist es zu verdanken, dass dieses Buch entstanden ist. Er sagte eines Tages: »Ihre Fluchtgeschichte klingt so spannend – schreiben Sie doch mal darüber.« Monika Thaler, die mich kennt, ermahnte mich gleich: »Aber nicht so viel, behalten Sie immer die Marke von 200 Seiten im Auge!« Verständnisvoll hat sie akzeptiert, dass es doch einige mehr geworden sind.